ÉTUDE

SUR LES

ELÉMENTS CONSTITUTIFS

DE LA POSSESSION

PAR

RAYMOND SALEILLES

Professeur à la Faculté de Droit de Dijon

DIJON

IMPRIMERIE DARANTIERE

65, Rue Chabot-Charny, 65

—

1894

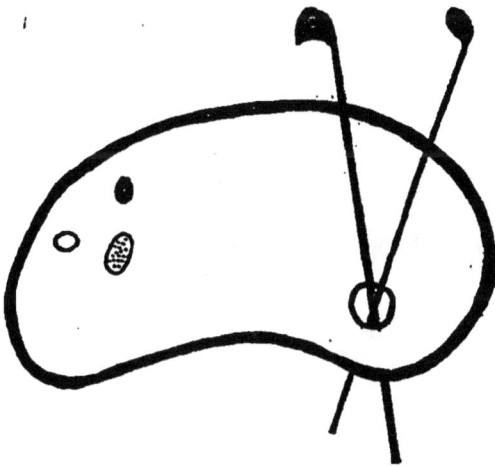

FIN D'UNE SERIE DE DOCUMENTS
EN COULEUR

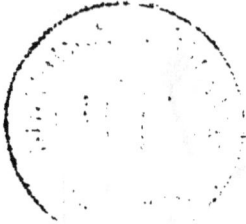

ÉTUDE

SUR LES

ÉLÉMENTS CONSTITUTIFS

DE LA POSSESSION

(Extrait de la *Revue bourguignonne de l'Enseignement supérieur*, années 1893 et 1894).

ERRATA

ÉTUDE

SUR LES

ELÉMENTS CONSTITUTIFS

DE LA POSSESSION

PAR

RAYMOND SALEILLES

Professeur à la Faculté de Droit de Dijon

DIJON

IMPRIMERIE DARANTIERE

65, Rue Chabot-Charny, 65

—

1894

PRÉFACE

Les études, fort insuffisantes, je le reconnais, que je présente ici sur ce vaste sujet de la possession, sont tirées, ou à peu près, d'un cours fait, il y a quelques années déjà, sur cette importante matière.

Je m'étais surtout proposé de faire connaître à nos étudiants, sans autre apparat scientifique, l'ensemble des belles études d'Ihering sur la possession, étant donné que les ouvrages de droit Romain qu'ils ont plus particulièrement entre les mains sont antérieurs, pour la plupart, au dernier ouvrage d'Ihering, celui sur la Volonté possessoire ; il y a là cependant un ensemble d'idées qu'il n'est plus permis aujourd'hui d'ignorer.

C'est dans le même but que j'ai tenu à publier ces leçons dans la Revue de nos Facultés de Dijon : je n'ai pas tenté autre chose qu'une œuvre de vulgarisation dans une matière qui, en France malheureusement, est loin d'être vulgarisée.

En même temps, je n'ai pas failli au devoir qui est celui de quiconque présente à un public d'étudiants les idées d'un autre, fût-ce d'un maître tel qu'Ihering, j'ai librement fait la part de la critique, et cherché à mettre en relief, pour conclure, mes idées personnelles sur le sujet et la conception qui m'a semblé, pour le droit Romain comme pour le droit moderne, dominer toute cette matière de la possession.

Je ne voudrais pas toutefois que l'on se méprît sur le caractère des études qui vont suivre, et sur le but surtout qu'elles avaient en vue, et qui était uniquement de mettre à la portée de ceux de nos étudiants qui voient dans le droit Romain autre chose qu'une étude surannée que l'on croit inutile à la pratique moderne et sur laquelle on passe vite, un petit bagage d'idées plus approfondies et de conceptions un peu plus élevées, dont le développement de la science du droit Romain a seul pu fournir les éléments, et qu'il y a lieu de souhaiter, pour le progrès de la science juridique moderne, de voir s'adapter de plus en plus à nos procédés d'étude du droit actuel.

ÉTUDE

SUR LES

ÉLÉMENTS CONSTITUTIFS

DE LA POSSESSION

———

1º *L'Elément matériel ou* Corpus.

I

1. — Les éléments constitutifs de la possession sont désignés par nos sources elles-mêmes sous les termes de *corpus* et *d'animus*.

Je voudrais donc essayer de grouper autour de ces deux idées tous les développements présentés par M. de Ihering dans ses deux livres sur la théorie possessoire, et qui peuvent être considérés à bon droit comme ce qui a été produit de plus fécond dans le domaine des sciences juridiques depuis longtemps.

Tout d'abord je rappelle les idées admises par tout le monde, ou à peu près, sur les rapports existant entre le *corpus* et l'*animus*.

Pour tout le monde, le *corpus* et l'*animus* sont deux éléments distincts et absolument indépendants l'un de l'autre.

Le *corpus* est l'élément matériel, consistant dans une relation physique entre le possesseur et la chose possédée.

L'*animus* est un élément intentionnel, consistant dans ce fait que celui au profit de qui existe ce rapport matériel avec la chose entend se comporter en maître et en propriétaire.

Ces deux éléments sont si nettement tranchés que l'un peut exister sans l'autre ; que l'un peut disparaître et l'autre subsister.

1*

Nous avons un texte des sentences de Paul qui met les deux choses très nettement en relief, disant : 1° que nous pouvons acquérir la possession en empruntant le *corpus* d'autrui, pourvu que nous ayons l'*animus* personnel ; et 2° que, si nous ne pouvons pas acquérir la possession en n'ayant que l'*animus* (*nudo animo*), nous pouvons, une fois la possession acquise, la conserver *animo solo ;* et Paul en donne pour exemple le cas bien connu des *Saltus hiberni aut æstivi,* dont il était admis qu'on en gardait la possession malgré l'abandon où le possesseur les laissait pendant toute une saison de l'année (1).

Rien n'est plus net ; le *corpus* et l'*animus* nous apparaissent comme deux faits distincts et indépendants l'un de l'autre.

Cependant, si nous y réfléchissons bien, nous verrons que cette indépendance est loin d'être une chose aussi évidente qu'elle peut le paraître au premier abord.

Il semblerait en effet que le *corpus* ne fût qu'un rapport de fait sans aucun mélange d'élément intentionnel, et que l'*animus* par conséquent fût un acte de volonté à l'état purement intellectuel, et qui pût exister d'une façon indépendante de l'état de fait réalisé par le *corpus.*

2. — Il est cependant bien certain que, quelle que soit la définition que nous devions donner du *corpus,* ce dernier comprend forcément déjà un acte de volonté.

Que nous considérions le *corpus* comme une prise matérielle de possession, ou bien, comme le voulait de Savigny, comme une simple possibilité de mettre la chose en notre pouvoir, il est bien certain qu'il s'agit toujours d'un acte qui se trouve spécifié par l'intention même de celui de qui il émane.

En effet, dans aucune théorie on n'a jamais admis que le *corpus* résultât du simple contact de l'homme avec la chose. Le simple fait que vous vous trouvez en contact matériel avec une chose ne

(1) PAUL SENT., lib. V, II, § 1.

suffit pas pour que la prise de possession soit réalisée ; encore faut-il que vous ayez voulu vous emparer de la chose et la dominer : en d'autres termes la réalisation du *corpus* ne consiste pas dans un état passif, elle suppose un acte, et tout acte est la conséquence d'une volonté (2).

Ainsi, et j'emprunte cet exemple à Bruns, voici un bûcheron qui entre avec sa cognée dans une forêt : en somme tous les arbres de la forêt sont exposés à tomber sous ses coups ; direz-vous pour cela qu'il a acquis à l'égard de tous les arbres de la forêt le *corpus* destiné à l'en rendre possesseur ? Evidemment non, il n'en sera ainsi qu'à l'égard des arbres qu'il abattra avec sa cognée ; ce n'est qu'à l'égard de ceux-là qu'il aura manifesté sa volonté de les soumettre à son pouvoir physique (3).

Donc le *corpus* suppose bien un état de fait, mais un état de fait qui n'est pas purement passif et accidentel, qui est voulu et intentionnel ; pour employer la terminologie d'Ihering, il n'implique pas un simple rapport de juxtaposition locale, mais un rapport de détention (4).

Et alors on a pu être ainsi amené à se demander si l'*animus* indiqué par les textes comme élément de la possession ne viserait pas tout simplement cette participation de la volonté à la réalisation du *corpus* ? Et si vraiment il fallait distinguer un nouvel *animus*, qui fût indépendant du premier, c'est-à-dire un second fait d'intention qui fût distinct de ce premier *animus* déjà impliqué dans le *corpus* lui-même ?

(2) IHERING, Rôle de la volonté dans la possession, § 111 (p. 17 suiv.); cf. BRUNS, Recht des Besitzes, p. 468 ; WINDSCHEID, Pandekt. § 153, not. 1ᵉ et PININSKI, Thatbestand des Sachenbesitzes, p. 88 suiv., p. 152 suiv. Cf. KUNTZE, Zur Besitzlehre, p. 81, p. 93 suiv. HIRSCH, Die Prinzipien des Sachbesitzerwerbes und Verlustes (Leipzig, 1892), p. 25 suiv.

(3) BRUNS, Recht des Besitzes, p. 467; v. cependant WINDSCHEID, Pandekt. I, §§ 148 et 153; PININSKI, Thatbestand des Sachenbesitzes, I, p. 151. (Ceci confirmé par la fin du § 1ᵉʳ de la l. 3 (41, 2) ; add. les mots « *oculis et affectu* » de la loi 1, § 21.

(4) IHERING, Rôle de la volonté dans la possession, p. 17 suiv. (V. l'opposition très nette et très exacte qu'il établit entre le « *Blosses Raumverhæltniss* » et le « *Besitzverhæltniss* » (V. *Besitzville*, p. 21.

De sorte que, si on admet qu'il doive en être ainsi, la possession supposerait, d'abord un contact avec la chose, puis en second
lieu la volonté d'exercer ce contact en vue de certains avantages à
en retirer, et, en troisième lieu, une autre volonté qui serait de s'éri-
ger en maître et propriétaire ; si bien que tout rapport de possession supposerait deux faits d'intention, l'un intimement lié avec le
corpus, qui serait la volonté d'entrer en rapport de fait avec la
chose, et l'autre, qui en serait indépendant, et qui serait la
volonté d'exercer ce rapport de fait à titre de propriétaire (5).

On voit par là qu'une analyse pénétrante et subtile des faits a
pu conduire à se demander si l'*animus* dont il est question dans
les textes était bien réellement un *animus* indépendant du *corpus*
lui-même, ou bien si cet *animus* n'était pas purement et simplement le côté intentionnel de ce rapport de fait qui constituait le
corpus.

3. — Il semblerait donc qu'avant d'étudier séparément le *corpus*
et l'*animus*, nous dussions au préalable prendre parti sur la question même que nous venons de poser.

Toutefois ce procédé serait dangereux parce que nous ne pouvons savoir si l'*animus possidendi* est un élément distinct de
l'*animus* que suppose le *corpus* lui-même qu'après nous être fait,
d'après les textes, une idée de ce qu'il faut entendre par cet élément matériel désigné sous le nom de *corpus*.

C'est lorsque nous aurons vu en quoi il consiste véritablement
que nous aurons à nous demander si, pour que la possession existe,
il faut, non seulement que cet état de fait dérive d'un acte de volonté émanant de celui qui l'exerce, ou s'il faut en outre un second
acte de volonté dirigé vers l'idée même de propriété.

Toutefois, je devais, avant d'entrer dans l'analyse du *corpus*
lui-même, signaler ce fait trop souvent négligé que, quel que soit
le rapport de fait que nous allons avoir à déterminer, ce rapport

(5) IHERING, Rôle de la volonté.... § 5 (p. 44 et suiv.).

de fait est un état intentionnel et voulu, reposant par conséquent sur un premier acte de volonté de la part de celui qui l'exerce.

II

4. — Qu'est-ce donc que le *corpus* en matière de possession. En quoi consiste ce rapport extérieur, apparent, visible, qui forme le premier élément d'existence de la possession?

Voici un premier fait qui nous frappe : les textes qui traitent du *corpus* en matière de possession se placent presque tous à un seul point de vue, celui de l'acquisition de la possession et de l'entrée en possession ; ou bien ils se placent au point de vue de la perte de la possession. Ainsi, ils ne nous décrivent pas un état de fait considéré comme subsistant et permanent ; ils se demandent quel est l'acte qui réalisera l'acquisition du *corpus* ; et il est bien certain qu'il s'agit d'un acte qui n'est pas susceptible de se renouveler sous la même forme après que la possession sera acquise ; on sait par exemple que la prise de possession des immeubles au cas de tradition se fait par une remise de la chose faite sur l'immeuble lui-même par le *tradens* au profit de l'*accipiens* : il est bien certain que cette petite cérémonie, une fois faite, ne se renouvellera plus.

Donc le *corpus* est envisagé surtout au point de vue des actes par lesquels il se réalise pour la première fois ; et une fois acquis, il semble qu'il subsiste dans des conditions de fait qui ne sont plus du tout les mêmes que celles par lesquelles il s'est manifesté à l'origine ; c'est ainsi que, pour les immeubles, tout le monde sait qu'une fois la possession acquise, elle peut se maintenir malgré l'abandon apparent du propriétaire : j'ai cité tout à l'heure l'exemple des *saltus hiberni aut æstivi* ; on dit alors que la possession continue *animo solo*, ce qui n'est peut-être pas très exact, mais ce qui prouve tout au moins que les conditions de fait qui constituent le *corpus*, une fois la possession commencée, ne sont plus les mêmes que celles d'où dérive l'acquisition même de la possession.

De sorte que, lorsque l'on se retrouve en présence d'un rapport de fait qui constituerait un rapport de possession, à supposer qu'il y ait eu une première prise de possession valable, on n'est pas sûr du tout, à première vue, que ce rapport de fait soit suffisant pour établir la possession; il sera suffisant si les conditions d'entrée en possession ont été réalisées, sinon il sera insuffisant.

5. — Ainsi, voici un *saltus æstivus* qui, pendant l'hiver, est absolument abandonné; mais on sait d'ailleurs que tel individu qui habite la plaine a l'intention de venir en été occuper les pâturages de montagne qui composent le *saltus* : direz-vous que cet individu en est le possesseur? Cela dépend; il faudra remonter à l'origine de la possession qu'il prétend avoir : s'il a, une première fois, pris possession dans les règles, il est possesseur actuellement encore (6); supposez au contraire qu'il ait acheté ce *saltus* d'un précédent propriétaire et que les deux parties n'aient pas encore procédé à la remise de l'immeuble sur l'immeuble lui-même, dans ce cas, il n'y a pas eu de prise de possession initiale et l'état de fait actuel est insuffisant à fonder un rapport possessoire.

Donc, presque toujours la question de savoir s'il y a ou non possession est une question qui ne peut se trancher qu'en remontant aux conditions initiales d'acquisition de la possession.

Autre exemple qui confirme cette idée : nos textes nous montrent que les conditions d'acquisition de la possession peuvent n'être pas les mêmes suivant que la prise de possession porte sur une chose qui n'était possédée par personne ou suivant qu'il s'agit d'une chose qui eut déjà un possesseur; et l'exemple que j'ai en vue est encore celui de ces *saltus hiberni aut æstivi* (7); on avait

---

(6) Cf. KNIEP, Vacua possessio, § 26.
(7) Cf. PININSKI, loc. cit., pp. 181, 182, suiv.

admis, non seulement que le possesseur en gardait la possession malgré son absence et l'abandon où il laissait momentanément son domaine, mais même qu'il en gardait la possession malgré la prise de possession qu'un autre en aurait réalisée en son absence ; cet usurpateur du bien d'autrui, bien qu'il réunît toutes les conditions d'acquisition de la possession, ne devenait pas possesseur, du moment qu'il s'était emparé du domaine en l'absence du précédent possesseur : les textes disent qu'il y a une possession clandestine ; mais cela ne suffit pas, puisqu'en principe une possession clandestine n'en est pas moins une véritable possession. Le vice de clandestinité empêche bien l'intrus de triompher dans l'interdit, à l'encontre du précédent possesseur, car c'est à l'égard de ce dernier qu'existe le vice de clandestinité ; mais à l'égard de tout autre, le possesseur clandestin, en règle générale, peut intenter avec succès les interdits. Eh bien donc, dans le cas de possession clandestine des immeubles, on alla plus loin, on dénia au possesseur clandestin la possession elle-même : ce qui voulait dire qu'il ne pourrait intenter les interdits contre qui que ce fût. Certains auteurs l'ont nié (8), parce que, disent-ils, il réunit toutes les conditions nécessaires à l'acquisition de la possession et que, d'autre part, le but pratique de protection de la propriété n'exigeait qu'une chose, c'est que l'ancien possesseur pût recouvrer sa possession, et pour cela, il suffisait de la clause « *quod nec vi, nec clam, nec precario* » insérée dans l'interdit ; mais on ne voit pas pourquoi ce possesseur clandestin à l'égard de tout autre ne serait pas un véritable possesseur jouissant des interdits. Cette opinion ne résiste pas aux textes (9) qui tous

---

(8) Vᵣ Discussion dans PININSKI, loc. cit., I, p. 202; cf. BRUNS, Besitzklagen, p. 143 suiv.; KNIEP, Vacua possessio, § 59 ; PERNICE, Labeo, t. 1ᵉʳ, p. 186.

(9) Cf. PININSKI, I, p. 202, not. 6 et voir les textes rassemblés (p. 192, 193). Spécialement, L. 3, § 7 (41, 2) « *Licet alius in fundo sit, adhuc tamen possides* » — L. 6 § 1 (Eod tit.) « *Retinet ergo possessionem is qui ad nundinas abiit* » — L. 46 (Eod. tit.). « *Quamvis saltus proposito possidendi fuerit alius ingressus, tamdiu priorem possidere dictum est, quamdiu possessionem ab alio occupatam ignoraret.* »

disent de l'ancien possesseur qu'il retient la possession *animo solo*, malgré l'occupation clandestine ; il ne la perd que si, ayant été averti de l'usurpation, il n'a pas essayé d'expulser le ravisseur. Ce dernier n'acquiert donc la possession que si l'ancien possesseur, après avoir connu l'usurpation, ne fait rien pour chasser l'usurpateur, ou encore si, ayant essayé de le repousser, il a dû lui-même céder devant la force.

Or, il est bien certain qu'il n'en serait plus du tout de même si cet usurpateur s'emparait d'une terre abandonnée qui ne fût plus possédée par personne ; je ne suppose pas forcément qu'il s'agisse d'une terre sans propriétaire, mais ce peut être une terre dont le propriétaire ait perdu la possession, par exemple un *saltus æstivus* dans lequel le propriétaire n'ait pas reparu depuis plusieurs saisons : ici l'usurpateur acquerrait la possession immédiatement et cela alors même que sa prise de possession fût clandestine (10).

Donc, pour savoir si un usurpateur clandestin d'un immeuble a acquis la possession, il faut se demander si, au moment où il en a pris possession, l'immeuble avait un possesseur ou s'il n'en avait pas ; et, à supposer que l'immeuble fût dans la possession d'autrui, il faut se demander si l'ancien possesseur a connu ou non l'usurpation, ou si, l'ayant connue, il a été à même de tenter de repousser l'intrus, ou enfin si, ayant essayé de le repousser, il n'a pas été repoussé lui-même.

Il résulte de là que le rapport extérieur qui constitue la possession n'est pas un fait indiscutable et visible qui suffise, par le seul fait de l'état actuel, à révéler la possession et le possesseur ; il faut encore remonter aux conditions d'acquisition, il faut s'enquérir de savoir si la chose avait ou non un possesseur, et enfin voir quelle a été l'attitude de ce précédent possesseur par rapport au possesseur actuel.

Voilà bien des recherches compliquées, et bien des conditions

(10) PININSKI, loc. cit., I, p. 182.

à vérifier, et que ne révèle pas du tout l'état de choses actuel, ou le rapport de fait actuel dans lequel se trouve vis-à-vis de la chose elle-même celui qui occupe l'immeuble.

Ceci nous explique que nos textes qui se placent à un point de vue pratique aient dû surtout résoudre la question du *corpus* par rapport au *corpus* nécessaire à l'acquisition de la possession.

Plaçons-nous donc également à ce point de vue ; et demandons-nous en quoi doit consister le *corpus* nécessaire à l'acquisition de la possession.

III

7. — On peut signaler sur ce point trois groupes d'opinions dont le développement présente ceci de curieux que l'ensemble constitue comme une série d'étapes dans le sens de la prédominance des vues économiques et de l'adaptation du droit aux faits de la vie réelle. L'une de ces opinions est tout à fait d'accord avec l'ancienne conception du formalisme romain, et je suis tout disposé à croire qu'elle représente en effet la doctrine originaire ; la seconde opinion est la manifestation d'une tendance déjà très nette à se dégager du formalisme primitif, et la troisième enfin marque une vue plus arrêtée encore de mettre le droit en harmonie avec les faits du monde économique et de la vie réelle.

Chacune de ces opinions peut s'appuyer sur des solutions insérées au Digeste ; et ceci me fait croire que ces différents systèmes présentés par les auteurs correspondent bien en effet au développement historique de la doctrine romaine en matière de possession (11). C'est donc un tort de la part de ceux qui soutiennent ces théories, en apparence exclusives l'une de l'autre (12), de

(11) Cf. KLEIN, Sachbesitz und Ersitzung, p. 8.
(12) Voir surtout Meischeider et Bekker qui ont admirablement mis en relief les points de vue contradictoires que présentent les solutions romaines en

vouloir attribuer, chacun à la sienne, une valeur absolue, comme si du premier coup la doctrine romaine avait donné à la théorie possessoire sa forme définitive; il n'y a rien de plus faux que ces vues systématiques; la théorie possessoire, comme toute théorie soumise à l'évolution doctrinale, a commencé par une conception très étroite qui s'est élargie peu à peu, de façon à s'harmoniser de plus en plus avec les besoins de la vie réelle.

8. — La première opinion est celle des glossateurs, et qui prévalut jusqu'à l'époque de Savigny (13); elle se plaçait surtout au point de vue des textes qui exigent une prise de possession matérielle de la chose, une main mise sur la chose.

Le *principium* de la loi Iʳᵉ insérée au Digeste au titre relatif à la possession nous donne d'après Paul une étymologie plus ou moins exacte du mot *possessio*, où il est dit que ce qui caractérise la *pos-*

matière de possession, mélange de droit et de fait, et prédominance tantôt de l'état de fait actuel, tantôt de l'état de fait fondé sur le titre, si bien qu'en se plaçant à ce dernier point de vue on a pu nier la conception normale de la possession en tant qu'exercice de fait d'un état de droit, pour en faire un droit relatif, une demi-propriété fondée, pour la facilité de la preuve, sur de simples constatations de fait, comme en matière de Publicienne. Sans aller jusqu'à cette dernière conception qui est celle de Seitz, Meischeider et Bekker ont signalé mieux que personne la dualité de points de vue qui paraît avoir inspiré la théorie possessoire des Romains et l'impossibilité de ramener toutes les solutions romaines à une seule formule dominante qui en eût inspiré toutes les conséquences pratiques. Cette unité de conception, ce point de vue systématique ne sont que des essais de construction juridique imaginés après coup par le besoin de logique des commentateurs et des auteurs de systèmes, analogues aux constructions juriques dénoncées et stigmatisées par Ihering dans ses derniers ouvrages (Voir ce que j'en ai dit dans les Annales de droit commercial de 1892, *Ann. Droit commercial*, 1892, II, p. 287 et suiv.). Cf. sur cette idée d'un droit relatif, SEITZ, *Besitzrecht*, p. 19 suiv. et dans *Grundlagen der Geschichte der rœmischen possessio* (1806) passim. Sur la possession considérée comme droit subjectif, HIRSCH, *loc. cit.*, p. 46 suiv.; et pour les idées émises par Meischeider et Bekker, voir MEISCHEIDER *Besitz und Besitzschutz*, § 2 (et sur le livre de Meischeider le compte rendu de PERNICE dans *Zeitschrift für Handelsrecht*, t. XXII, p. 415 suiv.) et BEKKER, Recht des Besitzes, p. 192 suiv. (cf. BEKKER, *Ueber Besitz und Besitzklage* dans *Kritische Viert. Jahresschrift*, t. XVIII, p. 16).

(13) V. Indications bibliographiques dans SAVIGNY, Traité de la possession, § 14 (traduction Stœdtler, p. 189 et suiv.); cf. tout le 1ᵉʳ chap. de KLEIN, Sachbesitz und Ersitzung; cf. BIERMANN, *Traditio ficta*, p. 37 et suiv.

sessio c'est le fait de s'établir sur la chose (*rei insistere*)(14). D'autre part en matière d'immeubles il semble bien résulter des textes que le fait normal d'acquisition de la possession soit le fait de mettre le pied sur l'immeuble et d'en prendre ainsi possession.

Paul a soin de nous dire qu'il ne sera pas nécessaire d'en parcourir toutes les parties et qu'il suffira de prendre pied sur l'immeuble. Le soin que met Paul à prévenir toute interprétation trop rigoureuse de la règle est une preuve suffisante de la nécessité d'une main mise et d'une prise de possession matérielle (15); plus tard sans doute on s'écarta de cette rigueur, puisque Celsus (16) assimile à l'entrée sur le fonds le fait par les deux parties, au moment de la tradition, de se montrer le fonds d'une tour voisine; mais la façon dont s'exprime Celsus montre bien que c'était là une extension exceptionnelle et que la règle restait encore l'entrée sur le fonds lui-même.

De même en matière de meubles la règle primitive est l'appréhension *corpore et tactu* (17), c'est-à-dire la main mise sur la chose. Sans doute on admit également que la prise de possession par le regard pourrait suffire, mais ceci encore n'est qu'une extension de la règle primitive; et enfin il en fut de même des décisions relatives à la remise des clés : pour les marchandises renfermées dans un grenier on admit en effet, avant même toute livraison matérielle, que la remise des clés suffisait à en faire acquérir la possession (18); c'est qu'il paraissait puéril d'exiger que l'*accipiens* touchât de la main les sacs eux-mêmes; et ce

(14) L. I, pr. (41, 2) « *quia naturaliter tenetur ab eo qui ei insistit.* » Cf. WINDSCHEID, Pandekt., § 148, not. 1.

(15) L. III, § 1 : « *Quod autem diximus... non utique ita accipiendum est, ut qui fundum possidere velit, omnes glebas circumambulat; sed sufficit quamlibet partem ejus fundi introire.* »

(16) L. XVIII, § 2 : « *Si vicinum mihi fundum mercato venditor in mea turre demonstret.* » — V. MEISCHEIDER, Besitz und Besitzschutz, p. 229; PININSKI, loc. cit., I, p. 182, p. 344; KLEIN, loc. cit., p. 79 suiv. p. 89.

(17) L. I, § 21 (tit. 2); cf. KLEIN, loc. cit., pp. 4 suiv.

(18) Cf. PININSKI, I, p. 287.

qui semble bien prouver que cette remise des clés était, non pas
une formalité destinée à manifester l'intention de transférer la
propriété, mais une formalité destinée à remplacer la prise de
possession, en d'autres termes un symbole de prise de possession, c'est qu'on exigeait que cette petite cérémonie eût lieu en
présence du magasin ou du grenier qui renfermait les marchandises. C'est du moins ce qu'exige un texte de Papinien, quoique
les autres fragments qui prévoient l'hypothèse aient omis de
signaler la remise faite sur place (19).

De tout cela les Glossateurs avaient conclu que ce qui constituait
le fait normal d'acquisition de la possession, et par conséquent le
corpus nécessaire à l'acquisition de la possession, c'était l'appréhension matérielle, la main mise sur la chose ; et ils considéraient
tous les cas où par exception on avait admis la réalisation du *corpus* sans qu'il y eût appréhension matérielle comme des hypothèses de tradition symbolique, ou de prise de possession symbolique.

9. — Je ne suis pas éloigné de croire en effet qu'il ait dû en
être ainsi au début de la théorie possessoire, à l'époque où tous
les rapports juridiques devaient avoir pour base un acte matériel ou symbolique.

Et il est bien certain par exemple dans la théorie qui voit l'origine des interdits possessoires dans la collation des *vindiciæ* que
la mise en possession par le préteur lors de l'instance en revendication, ou la confirmation par lui d'une possession préexistante,
impliquait une prise de possession matérielle de la part de celui
à qui les *vindiciæ* étaient attribuées (20).

Mais ce qui est incontestable aussi, c'est qu'on s'était peu
à peu dégagé de ce formalisme étroit et rigoureux, comme le

(19) L. 74 (18, 1), cf. L. I, § 21 (41, 2) : « *Et vina tradita videri, cum claves*, etc. L. 9, § 6 (41, 2). Cf. MEISCHEIDER, loc. cit., p. 235, not. 3 ; PININSKI,
loc. cit., p. 290.
(20) Cf. BEKKER, Das Recht des Besitzes, pp. 229, 230.

prouvent tous les textes qui n'exigent plus à proprement parler la prise de possession effective, mais une sorte de prise de possession idéale en présence de l'objet.

Ce sont tous ces cas dans lesquels les anciens romanistes voyaient des hypothèses de tradition symbolique.

10. — Savigny au contraire (21), et j'arrive ainsi à la seconde opinion que j'aie à développer, vit dans ces hypothèses, non plus des cas exceptionnels et dérogatoires, mais l'expression même de l'idée dominante en matière de possession. Ce qui résultait des solutions données par les textes, remise des clés faite sur place, prise de possession par le regard, et autres de ce genre, c'est qu'il s'agissait de faits qui révélaient de la part de l'*accipiens* la volonté de s'emparer de la chose, de la dominer, et d'autre part la possibilité immédiate de réaliser cette volonté, en soumettant la chose à son pouvoir et en écartant les tiers quels qu'ils fussent qui voudraient s'en emparer : cette possibilité immédiate de domination résultait d'un fait matériel et d'un fait d'ordre intellectuel : le fait matériel était la présence de la chose et la possibilité par conséquent pour l'*accipiens* de la mettre sous sa main dès qu'il le voudrait ; et le fait d'ordre intellectuel résultait de la présence du *tradens* qui faisait lui-même la remise de la chose, et qui par suite semblait garantir à l'*accipiens* une jouissance régulière, paisible et à l'abri de toute réclamation.

Cet ensemble de faits suffisait à révéler le pouvoir de domination que le possesseur voulait exercer sur la chose , et c'est là, d'après Savigny, ce qui forme l'élément constitutif de la possession : la possession résulte d'un acte matériel qui révèle clairement la domination que celui qui l'accomplit prétend avoir sur la chose.

Donc le *corpus* n'implique pas forcément une prise de possession matérielle déjà réalisée, mais une prise de possession prête à se réaliser.

---

(21) SAVIGNY, Traité de la possession, § 14 et suiv. RANDA, der Besitz, § 11. Cf. WINDSCHEID, § 153 ; KINDEL, Grundlagen des rœmischen Besitzrechts, § 11.

Il suppose un acte extérieur et visible qui manifeste l'existence d'une domination de fait sur la chose elle-même ; or les conditions de fait desquelles résultera la réalisation de cette prise de possession au sens intellectuel que je viens d'indiquer seront : 1° le fait d'être près de la chose, 2° la possibilité directe et immédiate de la soumettre à son pouvoir physique, 3° enfin celle d'écarter toute main mise étrangère.

11. — On a pu dire qu'avec cette conception de Savigny, l'élément spiritualiste entrait dans le domaine de la théorie possessoire (22), puisque les faits d'où va résulter le *corpus* en matière de possession n'auront en quelque sorte pas de valeur pour eux-mêmes, et en tant que faits matériels ; ils n'auront de valeur que en tant qu'ils révèlent une intention et un pouvoir d'ordre intellectuel : ce n'est plus la main mise brutale qui est prise en considération, c'est la manifestation par les faits d'une volonté et d'un pouvoir de domination : la prise de possession doit révéler le dominateur de la chose ; je dis le dominateur plutôt que le maître de la chose, pour bien mettre en relief l'idée de puissance physique qui est au fond de la théorie de Savigny, pour bien montrer que d'après lui le possesseur est celui qui, dans le monde des faits extérieurs, a la chose en son pouvoir de telle sorte qu'il ne soit plus possible à qui que ce soit de s'en emparer malgré lui : la chose possédée n'est pas forcément une chose sous la main d'autrui, mais c'est une chose sous la garde d'autrui, garantie et défendue par celui qui la possède et dont personne ne peut être à même de s'emparer si ce n'est par surprise ou violence. J'insiste sur ces idées parce que j'exposerai pour finir une autre conception de maî-

(22) Tout au moins la théorie possessoire entre-t-elle dans le domaine de l'abstraction ; c'est ce qu'Ihering a si merveilleusement mis en relief dans son dernier livre sur la volonté possessoire (*Besitzwille*) : voir ce qu'il dit, à propos du jurisconsulte Paul, de la facilité avec laquelle cette théorie de la possession se prête à l'invention de toutes les conceptions individuelles (*Besitzwille*, p. 235, traduct. franç., pp. 239, 240) ; cf. KLEIN, loc. cit., pp. 1, 2 suiv.

trise plus large et moins matérielle, dans laquelle le possesseur apparaîtra comme le maître plutôt que comme le dominateur de la chose, manifestant ainsi moins un pouvoir physique qu'un pouvoir économique par rapport à la chose possédée ; n'étant pas forcément à même de la défendre sur l'heure contre toute tentative d'appréhension et d'en écarter immédiatement l'intrus qui voudrait s'en emparer, mais apparaissant, en dépit de cette domination insuffisante, comme celui qui retire profit de la chose et la fait servir à ses besoins économiques. Je ne fais qu'esquisser pour le moment cette différence de conception ; j'ai voulu seulement expliquer par là dans quel sens littéral il fallait entendre cette idée de domination et de pouvoir qui est le fond même de la théorie de Savigny et qui implique, sinon que la chose soit sous la main de celui qui la possède, mais qu'elle soit sous sa garde directe, de façon qu'il puisse s'en servir quand et comme il le voudra et que lui seul puisse s'en servir : c'est le pouvoir physique, sinon déjà réalisé, du moins réalisable, au profit exclusif d'un seul.

12. — On voit par là que de cette idée de domination, par cela même qu'elle impliquait possibilité physique et immédiate de s'emparer de la chose, résultaient encore certains éléments de caractère purement formaliste, comme par exemple la présence près de l'objet.

Savigny l'exigeait parce que les textes qui abandonnent la condition rigoureuse d'une main mise effective semblent tout au moins considérer comme nécessaire la remise faite sur place en présence de l'objet. Savigny voyait là une condition rigoureuse et essentielle; aussi, comme certains textes que nous analyserons parlent d'acquisition de la possession sans dire expressément que le possesseur ait été présent, Savigny sous-entendait toujours dans tous les cas la condition de présence.

Pour lui, c'est la condition essentielle, car s'il n'exige pas le pouvoir physique déjà réalisé, il veut qu'il y ait possibilité immédiate de le réaliser; c'est là ce qui révèle la domination au profit

exclusif du possesseur et cette possibilité n'existe que si la remise
a lieu en présence de la chose, de même qu'il doit en être ainsi
pour réaliser toute certitude d'exclusion des tiers et faire apparaître
le possesseur comme le seul dominateur de la chose, puisque toute
remise loin de l'objet laisserait place à une appréhension possible
effectuée au moment même par un tiers et ne serait plus qu'une
prise de possession symbolique à la façon de celles imaginées par
les glossateurs : elle ne fonderait pas ce pouvoir exclusif qu'exige
l'idée de possession. En résumé, comme je le disais tout à l'heure,
au lieu de la prise de possession effective déjà réalisée, Savigny
se contente, mais il l'exige, de la prise de possession immédiatement réalisable.

13. — Je dois maintenant compléter ces idées de Savigny en
disant quelques mots de sa théorie sur la *Custodia* (23).

Savigny se trouvait en effet en présence d'une solution qui paraissait terriblement contredire sa théorie.

Cette solution nous est donnée par Celsus dans la Loi 18, § 2 à notre titre (24) : il y est dit que si par mon ordre le vendeur dépose
dans ma maison l'objet acheté par moi, j'en deviens possesseur
immédiat par le seul fait du dépôt chez moi, alors même que je
n'eusse pas été là lorsqu'on a apporté la chose, alors même que
mes esclaves qui l'ont reçue ignoraient l'achat que j'avais fait et
que j'ignorasse moi-même que le dépôt ait eu lieu (25), donc en un
mot avant toute prise de possession effective.

(23) SAVIGNY, loc. cit., § 17.
(24) L. 18, § 2 (41, 2) : « *Si venditorem quod emerim deponere in mea domo
jusserim, possidere me certum est, quamquam id nemo dum attigerit* »; et
cf. les termes de la loi 9, § 3 (23, 3) : « *Quid enim interest, inferantur vo-
lente eo in domum ejus an ei tradantur ?* »
(25) Les textes que je viens de citer disent bien en effet que l'acheteur a
donné l'ordre de dépôt, ils ne disent pas qu'il ait connu la réalisation de
l'ordre donné; la possession lui est acquise avant qu'il ait su que la marchandise ait été apportée chez lui. Ils exigent la volonté d'acquisition, mais ils
s'en contentent, ils n'exigent pas la connaissance de l'acquisition elle-même.
Beaucoup de partisans de la théorie dominante sur l'*animus possidendi* n'ont
pu accepter cette solution; car l'*animus possidendi* est pour eux la volonté
de posséder coïncidant avec la prise effective de possession; il ne suffit donc

En résumé il se trouvait que la possession était acquise au possesseur sans que la remise ait eu lieu en présence de ce dernier : le possesseur n'était pas là au moment du dépôt, donc il a acquis la possession par une remise effective sans qu'il fût en présence de la chose.

L'explication donnée par Savigny est alors assez ingénieuse : d'après lui, la présence près de l'objet n'était pas, comme pour les Glossateurs, une condition de forme, mais elle était exigée en vue de manifester et de réaliser la possibilité d'une main-mise immédiate sur la chose et de révéler par conséquent cette idée maîtresse de domination qui est l'élément essentiel de la conception : par conséquent Savigny considère que le dépôt dans la maison de l'acheteur aura une valeur équivalente et devra produire le même effet, parce que tout ce qui est dans la maison d'un individu est censé être sous la garde de celui qui habite la maison ; et pour le maître en effet qui occupe la maison, l'idée de pouvoir et de domination s'étend à toutes les choses qui sont chez lui sous sa garde, sous sa *custodia* ; non-seulement le propriétaire de la maison se révèle comme le maître de tout ce qu'elle renferme, cette maîtrise n'existe encore qu'au point de vue de l'utilisation économique dont je par-

pas d'une volonté qui existe par avance, il faut une volonté s'appliquant à l'acte de prise de possession, donc qui ait connaissance de cette main mise sur la chose : d'après cela la possession ne peut commencer au profit du possesseur que lorsque ce dernier a connaissance de la réalisation à son profit du *Corpus* possessoire ; et lorsqu'en matière d'acquisition de possession par mandataire la loi se contente de l'ordre préalable sans exiger la connaissance de son exécution et fait ainsi acquérir la possession au mandant dès la prise de possession et avant qu'il l'ait connue, les auteurs voient là une exception à la règle générale (cf. *Accarias*, Précis de Droit romain, t. I⁰ʳ, n° 300, p. 780, 781) ; si bien qu'en matière de *Custodia* ils avaient à se demander s'il fallait appliquer la règle ou l'exception, autrement dit retarder l'acquisition de possession jusqu'à ce que l'acquéreur ait connaissance du dépôt ou la réaliser à son profit dès le fait même du dépôt dans sa demeure. C'est ainsi que plusieurs auteurs exigent la connaissance acquise à l'acquéreur (cf. principalement Exner, Rechtserwerb durch Tradition, p. 92, not. 14 ; Bekker, Besitz, pp. 186-187). Mais nos textes paraissent absolument contraires à cette exigence ; de sorte que si l'on accepte l'acquisition de possession du moment même du dépôt effectué, on est obligé de voir là une exception à la règle, ce qui cependant ne ressort guère de la façon dont s'expriment les textes.

lais tout à l'heure, mais il se révèle comme le dominateur même de la chose, au sens exigé par Savigny, parce que cette possibilité physique de main-mise immédiate et d'exclusion des tiers, qui constitue d'après Savigny le *corpus* possessoire, se trouve réalisée par le fait même que tout ce qui est dans la maison est gardé, sinon par le maître, du moins par ses esclaves, et protégé par là contre toute atteinte des tiers : l'enceinte de la maison suffit à écarter les tiers et à donner au maître de la maison le pouvoir exclusif sur la chose; comme la présence de ce dernier lors de la prise de possession n'était exigée que pour manifester ce pouvoir d'exclusion, on comprend que le dépôt dans sa maison ait la même valeur et soit une condition équivalente. En d'autres termes la *custodia* sert de garantie et de sécurité à l'égard des choses ainsi déposées et elle remplace par conséquent la remise effective aux mains de l'*accipiens*.

La maison, a-t-on dit, est un instrument d'appréhension à raison de la *custodia* qui couvre tout ce qui s'y trouve déposé (26).

(26) EXNER, Rechtserwerb durch Tradition, p. 93. Cf. LENZ, Das Recht des Besitzes, p. 195 suiv.; RANDA, Besitz, p. 338 suiv. V. sur la *Custodia* la théorie tout à fait extensive de BARON dans la *Revue de Ihering* (Jahrbücher für die Dogmatik des deutschen, rœmischen und deutschen Privatrech, t. VII, auu. 1865). Du reste la plupart des auteurs (Vᵉ cependant *contra*, MEISCHEIDER, *loc. cit.*, p. 233, cf. *Windscheid*, Pand. (7ᵉ éd.), I, p. 438) étendent la notion de la *Custodia* bien au delà du domaine de la maison elle-même, et ils en appliquent la conception à tout ce qui est, d'après la nature de l'objet en cause, sous la garde visible du possesseur; comme par exemple, lorsqu'il s'agit d'objets qui d'après leur nature doivent être apportés, non dans la demeure, mais dans un jardin ou un champ à découvert, comme des engrais que le vendeur transporterait sur la pièce de terre à laquelle l'acquéreur les destine, bien que celle-ci soit ouverte à tout venant et nullement sous le couvert de son propriétaire : et il faut bien reconnaître que cette extension de l'idée de *Custodia* ne s'explique plus par les motifs indiqués par Savigny, puisqu'il ne peut plus être question à aucun moment de garde matérielle exercée par le possesseur ou ses gens sur ce qui est déposé à ciel ouvert sur son champ ou dans son jardin non clos; à plus forte raison s'il s'agit, et Randa va jusque-là, de marchandises déposées en pleine rue devant sa porte (RANDA, loc. cit., p. 339; cf. EXNER, loc. cit., p. 104-105). Cette transformation de l'idée de *Custodia* s'explique chez les auteurs qui, comme Randa, abandonnent, comme nous le verrons, la nécessité d'une possibilité de domination immédiate et n'exigent plus par suite, comme condition forcée, la présence près de la chose : le dépôt sur un champ ou devant la porte est une indication de

J'ai déjà exprimé et formulé plus haut cette idée, que le *corpus* pour Savigny n'est pas à proprement parler le pouvoir sur la chose, mais la chose sous le pouvoir, autrement dit en la garde directe du possesseur ; la conception de la *custodia* nous apparaît ainsi, non pas comme une extension, mais comme le fond même de la théorie de Savigny, que l'on pourrait appeler la théorie de la *custodia* (27), par opposition à la théorie de main-mise effective sur la chose, qui était celle des Glossateurs.

domination, ce n'est plus une garantie immédiate de domination et encore moins une sûreté d'exclusion des tiers. Mais je ne ferais pas les mêmes objections à l'application de l'idée de *Custodia* aux pièces d'argent déposées dans un tronc à l'intérieur d'une église : ici se retrouvent exactement tous les motifs indiqués par Savigny : reste toujours la question de savoir quand l'Eglise, représentée par la fabrique, en acquiert la possession, est-ce seulement du moment où les pièces d'argent sont retirées du tronc par un agent de la fabrique qui s'en empare en son nom et pour son compte, est-ce au moment même où les pièces sont déposées dans le tronc par les fidèles? Il n'y a pas de doute pour moi qu'il faille appliquer ici la théorie de l'acquisition *ipso facto*, telle que je l'ai exposée *suprà*, à la note 25 : mais alors comment l'expliquer au point de vue de la théorie régnante? (cf. l'explication toute différente et très particulière de Hirsch, sur laquelle d'ailleurs je vais revenir, HIRSCH, loc. cit., p. 161). Il faut rapprocher de toutes ces hypothèses ce que je dirai plus loin de la prise de possession d'animaux vivant à l'état sauvage par voie de capture dans un piège (cf. *infrà*, not. 35 et 37).

(27) Au lieu de cette explication qui jusque-là, sous sa forme extensive tout au moins (V. *suprà*, note 26), avait été acceptée à peu près par tout le monde, même par les auteurs les plus éloignés de la théorie de Savigny (cf. PININSKI, loc. cit., p. 247, p. 252; et IHERING, Fondement des interdits possessoires, p. 144 suiv., pp. 172-173), Hirsch, dans un livre récent que j'ai déjà plusieurs fois cité, a proposé, pour les hypothèses qui précèdent, une conception toute différente et très originale; il a vu là une application de la théorie de Rümelin, sur les contrats passés avec soi-même (le *Selbstcontrahieren*).

Hirsch, en effet, s'en tient très fermement à l'idée de pouvoir physique et exige d'une façon absolue pour l'acquisition de la possession la présence de l'acquéreur près de la chose : il faut un contact matériel; de sorte que la théorie de la *custodia* lui paraissait en contradiction complète avec sa notion de la possession. Aussi a-t-il vu là une tradition opérée par le *tradens*, jouant à la fois le rôle de *tradens* pour son compte et de mandataire pour le compte de l'*accipiens*.

C'est l'application à la tradition de la théorie des contrats passés avec soi-même dans lesquels Rümelin, pour répondre aux objections juridiques et psychologiques qui avaient été soulevées contre la possibilité d'une opération de ce genre, a vu, ce qui est bien la réalité, un acte unilatéral, mais susceptible de produire des effets réciproques entre deux parties, entre la partie de qui l'acte émane et une autre partie qu'elle est censée représenter.

Telle est, dans ses principaux développements, la théorie de Savigny sur le *corpus* possessoire ; elle est, en somme, fort bien con-

Si l'on admet ce point de départ, il n'y a plus d'objection à faire contre l'adaptation de cette conception juridique à la tradition ; soit qu'on voie en elle la succession de deux actes indépendants, une remise de possession suivie d'une prise de possession, soit qu'on en fasse un véritable contrat et qu'on relie ainsi ces deux actes par un lien contractuel, il n'y avait aucune difficulté à cumuler les deux rôles dans la personne du *tradens* ; d'autant qu'en cette matière, lorsque l'*accipiens* a donné ordre au mandat de prendre possession en son nom, il n'y a pas de conflit d'intérêts possible, comme en matière de contrats proprement dits où il s'agit de la part de celui qui réalise le contrat à lui tout seul d'en fixer les conditions réciproques. Bien entendu il faudrait entendre cela de la tradition pure et simple en tant que transfert de possession, et non de l'acceptation de livraison en tant qu'elle impliquerait vérification et acceptation de la marchandise livrée, car l'essence de cette dernière opération étant d'être une opération de contrôle personnel de la part de l'*accipiens*, on ne conçoit pas sur ce point le cumul des deux rôles en la même personne. Tenons-nous-en donc à la tradition proprement dite. Et on conçoit que cette conception réponde à des hypothèses très pratiques : voici par exemple un négociant, mettons un négociant en vins, qui donne ordre à un commissionnaire, après la récolte, de lui acheter, en s'en remettant à lui pour ce qui est des conditions, une certaine quantité de fûts de vin. Le commissionnaire, qui est également propriétaire de vignes, réserve à son commettant une partie de sa propre récolte : il passe donc la vente avec lui-même, agissant pour une part au nom de son mandant. Or, il n'est pas indifférent, dans une législation qui subordonne le transfert de la propriété à la tradition proprement dite et par conséquent qui n'admet pas la règle de notre art. 1138 Cod. civ., de savoir quand la tradition sera censée réalisée et par suite la propriété acquise à l'acheteur. Il est donc intéressant de constater que le commissionnaire qui a mandat pour acheter a également mandat pour prendre livraison, donc il a mandat pour en faire tradition à lui-même en tant qu'il représente l'*accipiens* ; or un mandataire ordinaire prend livraison par tous les moyens admis de droit commun pour la réalisation de la tradition et entre autres par la main-mise sur la chose ; mais ici ce mandataire de l'*accipiens* est le *tradens* lui-même, il aurait donc beau mettre la main sur une chose qui est chez lui et en sa possession, le rapport extérieur dans lequel se trouve la chose livrée n'en serait pas modifié pour cela ; et le transfert de possession exige une modification apportée dans les relations existantes entre la chose, objet de la possession, et l'individu qui doit en être le titulaire. Il ne suffirait même pas qu'il écrivit à son commettant qu'il s'est fait tradition et qu'il a pris livraison pour son compte : cet avis pourrait bien spécialiser l'époque de la tradition, il n'apporterait pas de modification extérieure aux relations existantes en fait entre la chose et celui qui la possède ; la lettre peut bien rendre définitive la vente avec soi-même, car un contrat résulte d'une manifestation de volonté, elle ne suffit pas à réaliser la tradition avec soi-même, car une simple manifestation de volonté ne suffit pas à réaliser le transfert de possession. Il faudra donc ici que la tradition se manifeste par un acte visible qui intervertisse au point de vue des faits extérieurs le rapport de possession, par exemple envoi à l'acquéreur des clefs du cellier où se trouvent les fûts, ou apposition sur ceux-ci d'une

struite et très logique ; elle part de cette idée que le pouvoir physique et la domination peuvent se révéler autrement que par

marque spéciale, ou enfin transport et dépôt des fûts chez l'acheteur lui-même.

Or ce serait, d'après Hirsch, ce dernier procédé de réalisation de la tradition avec soi-même que signaleraient et viseraient les textes qui parlent d'acquisition de possession résultant du dépôt chez l'*accipiens*; et il y aurait à cela cet avantage pratique que l'on échappe aux difficultés relatives à l'exigence de la part de l'acheteur de la connaissance acquise de la prise de possession, puisque, en vertu d'une exception bien connue, le mandataire acquiert la possession au mandant avant que ce dernier ait eu connaissance de la prise de possession.

Enfin Hirsch applique la même théorie aux invitations faites au public de réaliser tradition au profit d'un individu déterminé au moyen de dépôts faits chez lui, ou dans des récipients aménagés à cet effet, et l'exemple le plus ordinaire est celui des boîtes aux lettres placées à l'extérieur des maisons : il y a par le fait même ordre à tous ceux qui ont un pli cacheté à remettre au propriétaire de le déposer dans la boîte et de lui en faire tradition par là même, ce qui revient à dire que celui qui se conforme à cette invitation entend prendre tradition au nom du destinataire de la lettre qu'il dépose dans sa boîte, et de ce moment même la propriété en est acquise à ce dernier; même théorie en ce qui touche les pièces de monnaie déposées dans les troncs aménagés pour les recevoir.

Telle est la thèse : restait à prouver que c'était bien celle de nos textes et en particulier de la L. 18, § 2 (41, 2). On invoque pour cela les deux idées suivantes : 1° que le texte parle d'un *jussus* émanant de l'*accipiens*, d'où on induit la preuve d'un mandat donné au *tradens* de faire et recevoir tradition pour l'acheteur; et 2° que l'objet de ce *jussus* est de *deponere in domo mea*, ce qui vise, non pas le simple transport, mais le dépôt et l'aménagement de la chose chez l'*accipiens* dans les conditions de soin et de préservation que ce dernier aurait remplies lui-même, s'il avait été là pour la recevoir.

Je suis très loin de croire que la possibilité d'une tradition avec soi-même ait été en contradiction avec les principes du droit romain; seulement ce dont je suis absolument certain c'est que l'auteur de la loi 18, § 2 (41, 2) n'a songé à rien de pareil : les raisons qu'on en donne montrent bien qu'il y a eu ordre de transport et de dépôt, il n'y a pas un mot qui laisse croire que ce *jussus* impliquât en outre mandat de prendre livraison au nom de l'*accipiens*; et voici maintenant la preuve directe qu'il ne s'agit absolument pas d'un mandat de ce genre.

Il fallait lire le texte dans son entier, on aurait vu qu'il établissait un rapprochement entre le dépôt chez l'*accipiens* en l'absence de ce dernier et la tradition d'un fonds conclue en vue de ce fonds, mais sans que les parties fussent sur le fonds lui-même : ce que vise l'auteur du texte, c'est donc la possibilité d'une tradition réalisée sans que l'*accipiens* soit au moment même en contact direct avec la chose; or, si, au cas de dépôt, il y avait mandat pour le *tradens* de se faire tradition à lui-même pour le compte de l'acheteur, celui-ci se trouverait avoir pris contact avec la chose par l'intermédiaire de son représentant, et le but cherché par le jurisconsulte de fournir des exemples de traditions en l'absence de tout contact direct avec la chose serait absolument manqué.

le fait de tenir la chose et de l'avoir en mains : si on est prêt à
mettre la main dessus au moindre danger d'appréhension par autrui, il est bien certain qu'on est seul au monde à l'avoir en son
pouvoir aussi bien que si on la tenait déjà ; mais il faut pour cela

D'autre part, s'il s'agissait là d'un *Selbstcontrahieren*, le fait de dépôt chez
l'*accipiens* n'aurait par lui-même aucune valeur propre et ne serait qu'un
exemple et un procédé de réalisation ; puisque même en principe celui qui
réalise cette *Selbsttradition* aurait dû pouvoir la réaliser chez lui, comme un
mandataire ordinaire par une simple prise de possession ; sans doute j'ai
montré qu'il ne pouvait le faire par un acte pur et simple de main-mise qui,
accompli par lui, n'eût été qu'un acte symbolique, et nous n'admettons plus
la théorie des glossateurs de traditions purement symboliques ; il faut donc
qu'il y ait eu modification apportée à l'état de fait matériel, et interversion
du rapport de rattachement extérieur de l'objet possédé à l'individu qui est
le titulaire de la possession, donc interversion du rapport subjectif, mais ceci
peut se faire sans que le *tradens* enlève la chose de chez lui, par l'apposition d'une marque par exemple, ou la mise en réserve des marchandises dans
un lieu clos dont on envoie les clés à l'*accipiens* : je ne suppose pas que ce
soit l'*accipiens* qui fasse apposer sa marque, ou qui reçoive les clés en personne, car cela rentrerait dans les cas de prise de possession par l'*accipiens*
en personne, cas que nous étudierons plus loin : mais c'est le *tradens* qui,
pour réaliser cette *Selbsttradition*, fait un acte qui spécialise les choses et qui
suffise à les rattacher à un autre sujet, en tant que titulaire de la possession :
il s'est donc dessaisi des clés, peu importe qu'elles n'aient pas encore été
remises aux mains de l'accipiens, ou bien il a fait lui-même marquer les fûts.
Or, dans tous ces cas, et on pourrait en trouver d'autres, car je ne cite que
des exemples, la marchandise est restée chez le *tradens* : il y a *Selbsttradition* et transfert de possession au profit de l'acheteur. Le fait de dépôt chez
l'*accipiens* n'a donc plus rien de spécial en tant que réalisation de la *Selbsttradition*, ce n'est qu'un exemple sans autre portée doctrinale, et de fait la
Selbsttradition se réalisera le plus souvent sans que les marchandises aient
été déplacées et alors qu'elles sont encore chez le vendeur. S'il en est ainsi
nous sommes loin de la loi 18, § 2 (41, 2) qui rattache la solution qu'elle donne
au fait matériel du dépôt, considéré à titre principal, et non comme simple
application d'un principe plus général ; c'est le dépôt dans la maison qui est
par lui-même générateur de possession, ce n'est pas l'acceptation du dépôt
par le *tradens* pour le compte et au nom de l'*accipiens*.

Donc le fait du dépôt considéré comme élément d'acquisition de possession
ne peut s'expliquer que par une théorie analogue à celle de la *Custodia*, entendue dans un sens plus ou moins extensif ; il n'a rien à voir avec l'hypothèse d'une tradition réalisée par le *tradens* seul, agissant à la fois comme
tradens et comme représentant de l'*accipiens*.

Je ne veux pas dire que cette seconde opération, d'une *Selbsttradition*,
ne soit pas possible ; je dis simplement qu'à côté de la théorie de la *Selbsttradition*, il y a place pour une théorie de la *Custodia* entendue soit au sens
de Savigny, soit peut-être en un sens plus large, ce qui importe peu ici pour
le point que je viens de traiter (Pour tout ce qui précède, voir HIRSCH, loc.
cit., pp. 148-161).

qu'il soit certain que personne ne pourra s'en emparer à votre insu, sinon l'idée d'exclusivité n'existerait plus, et voilà pourquoi Savigny exigeait une possibilité immédiate de main-mise, et, comme garantie de cette possibilité immédiate, la présence près de la chose, ou, à son défaut, la *custodia* réalisée par la sécurité matérielle et le pouvoir d'extension que procure la maison elle-même avec ceux qui la gardent. Sans cette condition de possibilité immédiate il reste place, dans l'intervalle, pour l'appréhension par un tiers, et le possesseur n'est plus forcément le dominateur exclusif, donc les faits extérieurs ne lui donnent plus la possession.

Il faut absolument insister sur ce point, car quelques disciples de Savigny ont cru pouvoir, pour se mettre d'accord avec certains textes, considérer cette idée d'actualité comme secondaire (28) et se contenter de la possibilité de domination, sans exiger forcément qu'elle fût immédiate ; je reviendrai plus tard sur ce point : ils ne se sont pas aperçus qu'avec cette condition supprimée c'est tout l'échafaudage de la théorie qui s'ébranlait et que ce qu'ils regardaient comme l'accessoire, et la partie susceptible d'élimination, du système, en était au contraire l'essentiel et la base fondamentale.

Étudiée, comme je viens de le faire à la suite de celle des glossateurs, cette théorie nous apparaît comme formant l'intermédiaire entre la théorie purement formaliste des anciens Romanistes et la théorie d'Ihering franchement dégagée de tout élément formel, reposant uniquement sur la seule constatation des faits de la vie réelle.

Déjà pour Savigny les éléments de fait de la possession n'étaient que la manifestation d'un rapport tout intellectuel : ils manifestaient la prétention à la domination de la chose.

15. — La théorie d'Ihering (29) va développer encore ce pro-

---

(28) RANDA, Der Besitz, § 11, p. 316; not. 4ª ; p. 317, not. 5 ; p. 322 suiv.; cf. WINSCHEID, Pand., § 153, not. 8; GOLDSCHMIDT, Handelsrecht, t. 1er 2, p. 1233.
(29) Exposée dans son livre sur le fondement de la protection possessoire

cédé et cette méthode qui consistent à ne voir dans l'état de fait possessoire que l'expression d'un rapport intellectuel et juridique.

Rappelons la pensée maîtresse qui domine toute la conception possessoire pour Ihering : pour lui la possession n'est qu'un moyen de protéger la propriété ; elle ne peut exister que là où la propriété est possible ; donc de même elle doit exister là où la propriété est manifestée par son exercice visible; en d'autres termes la possession doit être le côté extérieur de la propriété. Là où se trouve l'exercice de la propriété, là aussi l'existence du droit de propriété doit être présumée ; et c'est cette existence possible du droit de propriété qu'il faut protéger et défendre à travers et au moyen de l'exercice de fait de la propriété ; en d'autres termes il faut s'en tenir aux apparences pour protéger la réalité.

D'où il suit que le côté matériel de la possession, ce sera l'ensemble des actes, ou encore ce sera l'état de fait, par lesquels se manifesterait le droit de propriété par rapport à la chose qui en est l'objet.

Autre définition : l'élément matériel de la possession se résume dans le fait de se conduire vis-à-vis de la chose comme le ferait le propriétaire.

L'élément matériel de la possession c'est, comme dit Ihering, la visibilité de la propriété, son côté extérieur, ce qui révèle et rend en quelque sorte visible le propriétaire.

Or il est par trop certain que la propriété ne se révèle pas exclusivement par la domination, ou la possibilité immédiate de domination, sur la chose : le propriétaire, s'il s'agit d'immeubles

Ueber den Grund des Besitzesschutzes) (traduct. franç. de Meulenaere « Fondement des interdits possessoires »). Vr § vi et § x. Vr sur la théorie d'Ihering KINDEL, Grundlagen des rœmischen Besitzrecht, § 11; WINDSCHEID, Pand. § 148, not. 6 et § 153, not. 8; PININSKI, loc. cit., t. I, § 8, p. 160 suiv. pp. 330 suiv.; RANDA, loc. cit., les notes du § 11 et p. 324 suiv. Il est reconnu d'ailleurs que la théorie de Ihering, abstraction faite de la question de savoir si elle reproduit exactement la conception des jurisconsultes romains, ne répond absolument pas à la pratique du droit commun actuel de l'Allemagne (cf. BIERMANN, Traditio ficta, p. 396).

par exemple, exerce son droit sans être en perpétuel contact avec
son fonds, sans même être toujours à portée de le défendre
contre les usurpateurs : l'idée de domination matérielle à laquelle
s'en tenait encore exclusivement Savigny peut bien être un criterium de l'existence de la propriété, elle n'en est pas le criterium
exclusif ; elle cesse par conséquent d'être l'élément essentiel de la
conception de possession.

Au lieu de l'idée de domination apparaît celle de l'exercice du
droit de propriété.

16. — Mais vous comprenez bien que l'exercice du droit de
propriété n'est pas le même pour toutes les choses soumises au
droit de propriété : un propriétaire d'immeubles ne se comporte
pas vis-à-vis de son domaine comme le ferait le propriétaire d'un
objet mobilier. Le propriétaire d'un objet mobilier l'a généralement dans sa maison ou sous sa main, il ne l'abandonne pas : s'il
l'abandonnait, il ne se conduirait plus en propriétaire. Le propriétaire d'un immeuble au contraire, je le disais tout à l'heure, n'est
pas à perpétuité sur son immeuble : s'il s'agit d'une maison, il
l'habite ou il la loue ; mais tout en l'habitant, il peut s'en éloigner
à certaines saisons, et même à ce moment la laisser sans gardien ;
s'il s'agit d'un champ, il le cultive aux époques requises, et en
dehors de cela il peut se faire que ni lui ni ses gens n'y mettent
le pied.

Puis il faut distinguer parmi les immeubles : il y en a qu'on
abandonne forcément pendant toute une saison de l'année ; les
Romains avaient déjà l'exemple de leurs *saltus hiberni aut œstivi* :
nous pourrions aujourd'hui citer celui de nos maisons de campagne, des hôtels et magasins de villes d'eaux que l'on ferme une
fois la saison passée, et bien d'autres de ce genre (30).

17. — Donc, ce qui constitue le *corpus* en matière de possession, ce n'est pas un fait matériel précis et déterminé, tel que

(30) IHERING, Fondement des interdits possessoires, p. 164 et not. 201.

l'appréhension corporelle, comme disaient les glossateurs, ou encore la tradition faite en présence de la chose, comme le voulait Savigny ; on ne peut désigner d'avance aucun fait précis qui incarne en soi la réalisation du *corpus* possessoire. Le *corpus* en matière de possession, c'est un rapport de fait entre le possesseur et la chose, rapport tel qu'il révèle le propriétaire et qu'il corresponde à ce que serait l'exercice d'un véritable droit de propriété.

Or on ne peut pas dire d'avance en quoi ce rapport consiste, car il dépend du mode d'exercice de la propriété, et le mode d'exercice de la propriété dépend lui-même des trois éléments suivants : 1° la nature de la chose ; 2° son mode d'utilisation au point de vue économique et 3° les usages, toujours variables, du pays et de l'époque, usages qui indiquent comment les propriétaires d'un pays donné, dans un état de civilisation donnée, jouissent de leur chose conformément aux mœurs dominantes de l'époque.

Donc la configuration du *corpus* possessoire dépend de la nature de la chose, des faits économiques et des usages de la vie à une époque donnée.

La possession dans une théorie de ce genre devient ce qu'il y a de plus élastique et de plus souple au monde ; pour savoir si tel individu qui est en rapport avec la chose, possède, il faut se demander ceci : comment ceux qui sont propriétaires d'une chose de ce genre ont-ils l'habitude de se comporter vis-à-vis de cette chose et d'user de leur droit de propriété ? Ce n'est plus le droit avec ses formules raides et précises qui peut donner la réponse ; c'est l'ensemble des usages et des pratiques économiques.

On ne peut nier que cette théorie dans son point de départ ne constitue un progrès considérable, puisqu'elle tend à réaliser ce que j'ai déjà appelé l'adaptation du droit aux faits de la vie réelle.

IV

18. — Restait à établir que cette conception en matière possessoire correspondait à la véritable théorie romaine.

Et il fallait pour cela, d'abord mettre en lumière les contradictions existant entre les textes et les théories formalistes antérieu-
res, celle de Savigny entre autres ; puis en second lieu prouver
l'accord entre les textes et la conception nouvelle que l'on présentait.

Voici tout d'abord, si nous nous plaçons au premier point de
vue, quelques solutions tirées du Digeste, qui, d'après Ihering, paraissent bien être en contradiction directe avec les idées de Savigny.

On se souvient de la théorie de Savigny sur la *custodia*;
elle constitue une exception apparente, et uniquement apparente,
je l'ai montré, au système de Savigny sur la nécessité d'une
remise faite sur place, en présence de la chose ; et Savigny l'explique par cette idée très exacte que la surveillance que l'on
exerce, par soi-même ou par ses gens, sur les choses placées
dans sa maison, manifeste le pouvoir du maître de maison tout
autant que la tradition faite en présence de la chose.

Eh bien, ceci posé, Ihering objecte (31) qu'il est d'autres faits
par lesquels se manifeste tout aussi bien cette possibilité de domination et qui cependant, d'après Savigny, ne seraient pas générateurs de possession.

Par exemple, Savigny déclare, en se fondant sur un texte de
Papinien, que j'ai déjà cité, que la remise des clés ne confère la
possession que si elle est faite en présence du grenier *apud horrea* (32). Ihering se demande alors si le fait d'apporter les clés à

---

(31) Fondement des interdits, § x.

(32) L. 74 (18, 1) « *Clavibus traditis ita mercium in horreis conditarum
possessio tradita videtur, si claves apud horrea traditæ sint.* » SAVIGNY, loc.
cit., p. 144. Sur la conception de la tradition par remise des clés chez les
glossateurs et son application à la tradition de bâtiments, églises ou maisons
v. BIERMAN, Traditio ficta, p. 96 suiv.

l'accipiens dans sa propre demeure ne manifesterait pas tout aussi bien la domination de celui-ci sur les choses ainsi enfermées dans le magasin dont on lui remet les clés que le fait de déposer une chose dans sa maison, en son absence, peut-être même dans son vestibule ouvert, et à son insu. On m'apporte des fûts de vin qu'on dépose dans ma cour; je suis absent et même, si vous le voulez, je n'ai personne chez moi, ni esclave ni autre, pour veiller, en mon absence, à la conservation de ce qui se trouve ainsi déposé chez moi. En quoi donc suis-je plus maître de ces objets que de ceux qui sont enfermés dans un magasin qui est peut-être sans doute le magasin d'autrui, mais dont je suis seul à posséder la clé et où personne ne peut entrer que moi? Qu'importe au point de vue de cette idée d'un pouvoir sur la chose ou d'une possibilité de domination, que les clés m'aient été remises sur place ou qu'elles m'aient été apportées chez moi?

Et cependant, d'après Savigny, je serai possesseur des marchandises qu'on aura déposées chez moi, même en mon absence, dans mon vestibule ouvert, et je ne serai pas devenu possesseur de celles qui seront enfermées dans le grenier d'autrui dont je serai seul à posséder la clé, mais dont la clé m'aurait été apportée chez moi au lieu de m'avoir été remise sur place.

19. — Voilà donc, d'après Ihering, une première contradiction que présenterait la théorie de Savigny, et que nous pouvons résumer ainsi : Le droit romain n'accepte pas comme faits générateurs de possession tous les faits par lesquels se révèle la possibilité de domination sur les choses corporelles.

Je sais bien que les partisans de Savigny (33) ont pu répondre à cela que, dans l'exemple cité, s'il y avait possibilité de domination, il n'y avait pas possibilité immédiate, puisque celui à qui on apporte les clés chez lui peut être fort éloigné du grenier où

---

(33) Cf. *supra* n° 12 et not. 32 add. RANDA, loc. cit., § 11, not. 26ᵃ. En ce qui touche la controverse, v. BARON, loc. cit. Jahrb. f. Dog. p. 128 suiv.; EXNER, loc. cit., p. 100; cf. PININSKI, loc. cit., p. 290.

se trouvent les marchandises ; mais cette réponse me paraît insuffisante, non pas parce que cette condition d'actualité ne serait que
secondaire et qu'elle pût être éliminée, comme l'ont fait quelques-
uns, de la théorie de Savigny, j'ai au contraire montré ce qu'elle
avait d'absolument essentiel ; mais parce qu'elle n'est pas exigée
pour elle-même, comme le montre très bien la théorie sur la *custodia*, mais comme condition d'exclusivité du pouvoir de domination qui appartient au possesseur, et que, par suite, cette exclusion des tiers peut paraître aussi bien garantie et manifestée lorsqu'il s'agit d'un grenier dont le possesseur a la clé que lorsqu'il
s'agit de marchandises déposées chez lui à son insu.

Il est vrai qu'on pourrait objecter, et je serais bien tenté de le
faire si j'avais à défendre la théorie de Savigny, que ce qui, dans
le cas de la *custodia*, manifeste et réalise l'idée d'exclusivité, c'est
la garde effective dont le maître est censé entourer tout ce qui
est chez lui, tandis que cette garde n'existe plus pour ce qui est
déposé dans le grenier d'autrui, puisqu'à supposer qu'elle existe,
elle existerait du chef de l'ancien possesseur et non du nouveau
et qu'elle tendrait par conséquent à faire attribuer la possession
au premier plutôt qu'au second.

20. — Admettons toutefois que cette distinction soit un peu
subtile et qu'il faille dire avec Ihering qu'il n'y avait en droit comme
en pratique, aucune bonne raison à faire une différence entre le
cas de remise des clés, même loin du grenier, et celui de dépôt
dans la maison, et en l'absence du possesseur, parce que dans
l'une et l'autre hypothèse, celui-là seul peut s'emparer de la chose
qui a le droit et la possibilité matérielle de pénétrer là où elle est,
je comprends bien alors que le reproche de contradiction puisse
être adressé à Savigny, mais je ne suis plus aussi sûr, et je dirai
pourquoi tout à l'heure, qu'il puisse être formulé contre la théorie
de Savigny, à la supposer reconnue comme étant la véritable
théorie romaine de la possession ; c'est que si le droit romain est
parti du point de départ mis en lumière par Savigny, en le sup-

posant du moins et toutes réserves faites sur le principe, rien ne prouve qu'il ait admis les mêmes conséquences que celles que Savigny lui attribue, et que par suite la théorie de Savigny ait exactement les mêmes applications dans Savigny lui-même et dans le Digeste, à la supposer admise par le Digeste. On voit donc dans quel sens et sur quel point je fais mes réserves; mais si nous acceptons pour le moment toutes les solutions de Savigny comme correspondant aux véritables solutions romaines, il sera vrai de dire avec Ihering que la théorie de Savigny nous présente une première contradiction, qui serait inexplicable, et qu'il faudrait formuler ainsi :

Le droit romain n'accepterait pas comme faits générateurs de possession tous les faits par lesquels se révélerait la possibilité de dominer une chose, et de s'en servir à l'exclusion de tout autre ; et par suite l'idée de domination exclusive resterait indifférente et étrangère à la conception Romaine de la possession.

21. — Voici maintenant une seconde contradiction qu'Ihering attribue à la théorie de Savigny (34) : Savigny, sauf l'exception relative à la *custodia*, exige toujours la présence de la chose ; or nous avons des textes qui admettent l'acquisition de la possession même en l'absence du possesseur, sans qu'il y ait personne pour prendre possession à sa place, et bien entendu sans qu'il puisse être fait application de l'exception relative à la *custodia*.

Donc de même que le droit romain ne reconnaît pas qu'il y ait possession partout où il y a possibilité de domination exclusive, il admet à l'inverse l'existence de la possession dans des cas où cette possibilité n'existe absolument pas ; c'est donc que l'idée de domination effective est indifférente à l'existence de la possession. Et en voici la preuve.

La loi 55 (41. 1) suppose un sanglier qui s'est pris dans les pièges que j'avais dressés ; un passant le dégage et s'en empare :

(34) IHERING, p. 145.

on se demande si le sanglier, par le seul fait qu'il était tombé dans le piège dressé par moi, était devenu ma propriété et si celui qui s'en empare s'empare ainsi d'une chose qui m'appartenait. Demander si le sanglier en se prenant dans mes pièges est devenu ma propriété, c'est demander par le fait même si j'en suis devenu possesseur, puisqu'il s'agit ici d'une acquisition de la propriété par voie d'occupation, donc par le seul fait de la prise de possession. Or il est bien certain qu'en pareil cas celui qui a dressé les pièges n'est pas là sur place au moment où la bête se prend ; il n'est pas là pour s'emparer d'elle immédiatement ; il semblerait donc que la question n'eût pas même dû se poser et que d'un mot le jurisconsulte aurait dû repousser l'idée même d'une possibilité d'acquisition de possession ; et cependant, loin de répondre ainsi par la question préalable, le jurisconsulte Proculus met en relief toutes les nuances sous lesquelles la question peut se présenter, afin de voir s'il n'y a pas lieu de distinguer et de donner une solution différente suivant les cas : or dans aucune des hypothèses qu'il prévoit il ne peut être question de la présence de celui qui a tendu les pièges. Il y aurait lieu de voir, dit-il (35), si les pièges ont été tendus sur un terrain public ou sur un terrain privé, et, dans le cas où ils l'eussent été sur un terrain privé, il faudrait voir si c'était un terrain qui appartînt à celui qui a dressé les pièges ou à un tiers ; et enfin, si le terrain appartenait à autrui, encore faudrait-il distinguer si le chasseur y a dressé les pièges à l'insu du propriétaire ou de son consentement.

Je vous demande un peu à quoi servirait de faire toutes ces distinctions si le seul fait que le chasseur n'était pas là au moment où le sanglier est tombé dans le piège eût suffi à l'empêcher de devenir possesseur.

(35) « *Laqueum videamus ne intersit in publico an in privato posuerim.*
Et si in privato posui, utrum in meo ann alieno.
Et si in alieno utrum permissu ejus cujus fundus erat, an non permissu ejus posuerim. »

Quant à Proculus, il déclare que pour lui toutes ces distinctions ne font rien à l'affaire (36) et qu'il n'y a qu'un point qui soit décisif, c'est de savoir si la bête est prise de telle façon qu'il n'y ait aucune chance pour elle de se dégager, de telle sorte que par le fait seul elle soit en mon pouvoir. C'est donc là ce qui importe, que le sanglier soit désormais soustrait à sa liberté naturelle ; dès qu'il n'a plus sa liberté naturelle il tombe sous la possession de celui qui a tendu le piège, sans qu'il y ait à s'inquiéter de savoir si ce dernier était là au moment de la capture, ni même de savoir si le terrain où il a tendu le piège lui appartenait ou non (37).

22. — J'ajoute cette parenthèse que cette solution est en harmonie parfaite avec celle que nous donnent les Institutes et Gaius sur l'occupation des animaux poursuivis à la chasse : on se demandait si le seul fait d'avoir blessé l'animal suffisait à en faire avoir la possession et par suite la propriété, et un parti imposant dans la doctrine exigeait pour cela que le chasseur se fût emparé de l'animal ; Justinien se décide même en faveur de ce dernier système sous prétexte que le fait de la blessure ne suffit pas à assurer au chasseur la capture de l'animal.

---

(36) Ce n'est cependant pas tout à fait l'avis de BARON (loc. cit. Jahrb. f. Dog. VII, p. 64).

(37) « *Summam tamen hanc puto esse, ut, si in meam potestatem pervenit, meus factus sit.* » Savigny entend cela d'une prise de possession effective par le chasseur, celui qui avait tendu le piège (cf. *loc. cit.*, p. 205, not. 3). De cette façon il évite de se mettre en contradiction avec lui-même. Mais cette interprétation est démentie par le texte, lequel suppose ensuite qu'un tiers vienne, après que la bête prise au piège est déjà considérée comme étant la propriété du chasseur, la rendre à sa liberté naturelle, et l'on se demande quelle action le chasseur aura ainsi contre le tiers. On admet donc que la bête a pu devenir la propriété du chasseur avant que celui-ci s'en fût emparé effectivement. Savigny veut-il dire qu'il suffise pour que cette prise de possession par le chasseur se trouve réalisée que celui-ci fût venu sur place et eût constaté la capture ? Mais tout ceci est puérile. Il tombe sous le sens que le jurisconsulte entend purement et simplement, pour que la propriété, et par suite la possession, soit acquise à celui qui a tendu le piège, que la bête soit prise de façon à ne plus pouvoir s'échapper. Cf. PININSKI, loc. cit., p. 62-64 ; BŒCKING, Pandekten, § 124, not. 32 ; BEKKER, Recht des Besitzes, p. 183 suiv. Voir pour les opinions divergentes de Cujas et de Pothier, VILLEQUEZ, Du droit du chasseur sur le gibier, pp. 53, 54, pp. 60, 62 ; HIRSCH, *loc. cit.*, p. 70 suiv.

L'animal blessé peut se cacher dans un fourré; remarquez que la chasse à courre n'était pas pratiquée des Romains (38); l'animal peut être introuvable et malgré sa blessure il n'est pas forcément soustrait à sa liberté naturelle.

Tandis que le sanglier tombé dans un piège est déjà par le fait même soustrait à sa liberté naturelle avant même que le chasseur s'en soit emparé.

Voilà pourquoi dans ce dernier cas la possession est acquise au chasseur avant toute appréhension de fait.

23. — Remarquez que dans la théorie de Savigny on pourrait peut-être être tenté de faire rentrer le cas de l'animal pris au piège dans les hypothèses relatives à la *custodia*; mais, pour qu'il en fût ainsi, il faudrait dire que le chasseur qui a tendu le piège doit être considéré comme déjà maître des animaux qui s'y prennent au même titre qu'il pourrait l'être des choses déposées dans sa demeure. Eh bien, l'analogie serait absolument inexacte; car ce qui justifie l'exception admise par Savigny pour le cas de dépôt dans la maison de l'*accipiens*, c'est la présomption que la maison est gardée et surveillée, tandis que les pièges sont à la disposition du premier venu qui passe et qui peut par conséquent s'emparer de l'animal (39) : c'est même le cas prévu par notre texte. Le piège ne donne donc aucun pouvoir de fait immédiat ou exclusif au chasseur : le piège peut bien révéler celui qui veut être propriétaire, ou d'une façon plus large celui qui veut s'attribuer la chose et en jouir, il ne révèle pas celui qui dès mainte-

---

(38) VILLEQUEZ, loc. cit., p. 155, nos 63 et appendice n° 1, pp. 300 suiv.
(39) RUDORFF, dans ses notes sur Savigny a parfaitement reconnu du reste que la théorie de la *Custodia* ne pouvait s'appliquer ici (cf. SAVIGNY, Possession, appendice, not. de Rudorff, n° 71 sur § 18, traduct. franç., p. 644, not. 1). Quant à Randa, il en déduit que la question de savoir si la présence du chasseur ou sa proximité, est nécessaire, est une question de fait à résoudre par les circonstances, comme le laisse parfaitement entendre Proculus lui-même. C'est aussi mon avis et cela prouve que la question de savoir si on est possesseur dépend de circonstances très variées et très complexes, changeant avec les usages et les faits économiques, au lieu d'être déterminés par des faits aussi nets et aussi précis que ceux indiqués par Savigny et ses partisans.

nant en est maître de façon à défendre contre qui que ce soit sa
maîtrise et sa possession ; et c'est précisément la conclusion
qu'Ihering en tirera au profit de sa théorie : La possession, dira-
t-il, résulte d'un état de fait qui manifeste le propriétaire, alors
même qu'il n'en résulterait pas pour ce dernier la possibilité d'une
main mise immédiate sur la chose.

24. — Je ne parle pas bien entendu de ceux qui, comme Randa,
acceptent la théorie de Savigny sur la possibilité de domination
sans exiger qu'elle pût se réaliser à volonté et par conséquent immédiatement (40), puisque, c'est un point que j'ai déjà établi et que
l'exemple de notre texte vient si nettement confirmer, cette condition supprimée, plus rien n'empêche qu'un tiers s'empare de la
chose avant le possesseur, comme c'est le cas que le texte nous
signale, et que par suite cette prétendue possibilité de domination
cesse alors d'être une réalité, pour devenir une fiction, ou plutôt
l'indication d'un simple rapport de maîtrise, qui devient purement
intellectuel sans réalité effective; ce qui est sans doute une théorie possible, et peut-être bien la seule exacte, mais ce qui n'est
plus du tout, on le voit sans peine, la théorie de Savigny.

25. — Voici donc, et cette fois très nettement accusée et sans
réserves possibles, une seconde contradiction offerte par la théorie de Savigny :

La possession peut être acquise au possesseur en dehors de sa présence, en dehors de sa *custodia*, en dehors de tout fait qui lui garan-
tisse la possibilité immédiate d'une prise effective de possession.

26. — Enfin, d'après Ihering, la théorie de Savigny présenterait
une troisième contradiction en ce que le droit romain nous offri-
rait des cas où existe pour celui qui veut acquérir la possession
la possibilité d'une main-mise immédiate, où par conséquent toutes les conditions exigées par Savigny se trouvent réunies, sans
que cependant la possession soit acquise.

(40) SUPRA, not. 88.

Ihering cite comme exemple la décision qui paraît avoir prévalu en matière de trésor : tout le monde était d'accord sur ce point que le propriétaire d'un fonds dans lequel un trésor fût caché n'en devînt pas possesseur par cela seul qu'il fût possesseur du fonds, s'il ignorait l'existence du trésor ; on se demandait seulement si, par le seul fait qu'il apprenait l'existence du trésor, il en devenait immédiatement possesseur, et l'opinion qui prévalut fut qu'il devait avoir extrait le trésor et s'en être emparé ; et cependant, dit Ihering, lorsque le trésor est caché dans mon fonds, surtout s'il s'agit d'un enclos, en quoi est-il moins sous mon pouvoir de fait que les marchandises déposées dans ma cour ou que celles déposées dans un grenier dont on m'a remis les clés (41) ?

Voilà donc un cas où existe le pouvoir de fait et par conséquent où d'après Savigny la possession devrait exister, et où cependant les jurisconsultes romains ont dénié la possession.

Ihering l'explique par cette idée que les propriétaires n'ont pas trop l'usage d'enfouir ce qui leur appartient dans des cachettes inaccessibles, de telle sorte qu'ils ne puissent plus se servir de ce qui se trouve ainsi caché, et que par conséquent les conditions de fait que présente le cas du trésor étant en contradiction avec l'exercice même de la propriété, il ne peut y avoir possession que lorsque le possesseur s'est comporté en propriétaire à l'égard du trésor, ce qu'il fait en s'en emparant (42).

27. — Toutefois sur ce point particulier Savigny et les partisans de sa doctrine ont prévu l'objection et admis, pour y répondre, une distinction entre le cas où le trésor est enfoui dans un fonds proprement dit, ce que supposent bien nos textes, et le cas où il serait caché dans une maison (43) ; Savigny croit qu'en cette dernière hypothèse, à raison de la *custodia* du maître sur toutes les choses placées sous son toit, les jurisconsultes partisans de la

(41) IHERING, loc. cit., pp. 146-147.
(42) IHERING, loc. cit., pp. 174-175.
(43) SAVIGNY, loc. cit., p. 213, not. 1 ; RANDA, loc. cit., § II, note 27 et 28.

théorie de Sabinus, puisque c'est cette dernière que Paul adopte
et qui finit par triompher, auraient accepté une autre solution.
C'est en effet sur le défaut de *custodia* que s'appuyait Sabinus
et son école pour exiger un déplacement matériel (44). A quoi on a
objecté un autre texte qui donne la possession sans autre condition à celui qui, partant pour voyager, avait enfoui de l'argent ou
des objets précieux dans son fonds ou dans le fonds d'autrui, et qui
à son retour a perdu le souvenir de sa cachette (45) ; ce qui prouve
bien que la *custodia* ne s'entend pas ici du seul fait d'avoir un objet placé sous son toit et que d'autre part elle peut exister même
si la cachette se trouve dans un fonds à ciel ouvert, voire même
dans le fonds d'autrui ; et ceci nous révèle cette fois une
notion toute différente de la *custodia* (46) : la *custodia* n'ap-
partiendrait plus forcément à celui qui aurait la garde actuelle
de la chose, mais à celui qui a voulu la mettre en sûreté, rapport
tout intellectuel et non plus rapport de surveillance actuelle ; cela

---

(44) L. 3, § 3 D. (41,2) (Paulus, I, LIV *ad Edictum*)... in fine: « *Quidam putant Sabini sententiam veriorem esse nec alias eum qui scit possidere, nisi si
loco motus sit, quia non sit sub custodia nostra, quibus consentio.* » Il semble
bien d'ailleurs, comme on l'a observé, que les deux grandes écoles dissidentes
de jurisconsultes aient eu chacune une conception divergente en matière d'acquisition de possession, les Sabiniens exigeant d'une façon générale l'appréhension matérielle, et les Proculiens, se contentant d'un rapport intellectuel, à
la façon de Savigny (cf. PININSKI, loc. cit., pp. 93, 94 suiv.). Pour d'autres
l'acte d'appréhension matérielle, le *loco movere* eût été, au point de vue historique, la condition nécessaire exigée au début pour toute acquisition de possession (cf. KLEIN, loc. cit., pp. 5 et suiv.).

(45) L. 44, pr. D. (41,2) : « *Peregre profecturus pecuniam in terra custodiæ
causa condiderat : cum reversus locum thesauri memoria non repeteret, an desis-
set pecuniam possidere, vel, si postea recognovisset locum, an confestim possidere inciperet, quæsitum est. Dixi, quoniam custodiæ causa pecunia credita
proponeretur, jus possessionis ei, qui condidisset, non videri peremptum, nec
infirmitatem memoriæ damnum adferre possessionis, quam alius non invasit...
Et nihil interest pecuniam in meo an in alieno condidissem, quam si ipsius rei
possessionem supra terra adeptus fuissem. Itaque nec alienus locus meam pro-
priam aufert possessionem, cum supra terram an infra terram possideam
nihil intersit.* » Cf. PININSKI, loc. cit., p. 95 suiv.

(46) C'est ici le cas de rappeler la théorie très particulière de BARON sur la
Custodia dans l'article cité de la *Revue d'Ihering* (*Zur Lehre vom Erwerq
und Verlust des Besitzs*, dans Iahrbüch, f. Dogm. VII, 3, 1864). On en trouvera le résumé et la réfutation par Rudorff en appendice à l'ouvrage de M. de
Savigny sur la possession (SAVIGNY, loc. cit., appendice n° 71, p. 639).

paraît bouleverser toutes les idées reçues ; et je me réserve, en exposant la conception qui me paraît avoir prévalu en matière de *corpus* possessoire, d'en fournir l'explication. Je constate seulement que la distinction qu'avait proposée Savigny pour répondre par avance aux objections qu'il avait pu prévoir est loin de fournir une solution satisfaisante ; car si c'est le possesseur du fonds qui a fait la cachette on n'exige plus de déplacement matériel, et on lui laisse la possession, à raison, dit-on, de sa *custodia*, qu'il s'agisse de maison ou de fonds de terre ; tandis que je crois bien que si l'auteur de la cachette est inconnu il faudra dans tous les cas, qu'il s'agisse de maison ou de fonds de terre (47), une appréhension matérielle pour faire acquérir la possession au possesseur de l'immeuble.

Nous pouvons donc constater que l'objection d'Ihering subsiste entière.

28. — Ihering cite enfin dans le même ordre d'idées un autre texte qui a également donné lieu à d'assez minutieuses explications. Il s'agit d'un essaim d'abeilles qui a émigré sur mon fonds et qui a déposé sur un de mes arbres des rayons de miel ; il est bien certain que je ne suis pas devenu possesseur des abeilles par le fait seul que l'essaim s'est posé sur un de mes arbres, car les abeilles sont des bêtes vivant à l'état de liberté naturelle et, pour en acquérir la possession, il faudrait les soustraire à cet état de liberté ; mais on aurait pu croire que je fusse devenu tout au moins possesseur des rayons par le fait seul qu'ils ont été déposés sur un de mes arbres ; absolument, dit Ihering, comme je deviens possesseur de l'animal tombé dans un de mes pièges ; cependant on décidait que ce fait à lui seul n'était pas suffisant à me rendre possesseur, et par suite propriétaire, des rayons, et que par conséquent celui qui s'en emparerait avant moi ne commettrait

(47) V. dans le sens que je propose d'une absence complète de distinction entre le fonds ouvert à tout venant, l'enclos ou la maison, Hirsch, *Die Prinzipien des Sachbesitzerwerbes und Verlustes*, p. 100 et p. 101, not. 1.

aucun vol à mon préjudice (48) ; et Ihering voit là une contradiction à la théorie de Savigny qui subordonne l'acquisition de la
possession au seul fait de la possibilité d'une main mise sur la
chose ; au poit de vue de la théorie de Savigny cela semble donc
bien inconciliable avec la décision relative au sanglier pris au
piège sur le terrain d'autrui, lequel tombe immédiatement
en la possession du chasseur, avant même que celui-ci s'en fût
emparé.

Au point de vue de la théorie d'Ihering la différence de solution
était absolument justifiée ; car dans le cas du sanglier, le chasseur,
en disposant les pièges, a organisé un aménagement extérieur qui
révèle ses prétentions à l'acquisition de la propriété, qui lui rattache par conséquent l'exercice xetérieur du droit de propriété, tandis que le possesseur du fonds où les rayons de miel ont été dis-
posés n'a rien fait pour les recevoir et se les approprier ; comme
il n'est pas d'usage qu'un propriétaire d'abeilles ait ses abeilles,
et par suite leurs rayons, sur les arbres de son jardin, on ne peut
donc voir dans le fait accidentel du dépôt des rayons sur un arbre
de mon fonds quelque chose qui corresponde le moins du monde à
l'exercice des droits d'un propriétaire d'abeilles.

29. — On a bien cherché à atténuer la portée de l'objection en
disant que le texte ne dit pas que le propriétaire du fonds ait
connu l'existence des rayons déposés sur ses arbres ; et s'il en est
ainsi, il n'a pas pu avoir la volonté d'en devenir possesseur : l'animus lui ferait défaut (49) ; c'est comme pour le propriétaire qui
ignore l'existence du trésor. Mais il va de soi que si le propriétaire du fonds n'a pas su qu'un essaim d'abeilles se fût posé sur un
de ses arbres, si donc l'animus lui manque, il serait par trop naïf

(48) L. 3, § 3 D. (41, 1) : « *Favos quoque si quos hœ (scilic. APES) fecerint,
sine furto quilibet possidere potest : sed ut supra quoque diximus, qui in alienum fundum ingreditur, potest a domino, si is providerit jure prohiberi ne
ingrediretur.* »
(49) RANDA, loc. cit., p. 321, not. 11 a.

d'avoir prévu la question et d'avoir supposé qu'un doute pût exister (30). Mais la suite du texte prouve bien d'ailleurs que le propriétaire a parfaitement l'intention de s'emparer des rayons, puisqu'il suppose un tiers qui veut pénétrer sur le fonds pour enlever le miel qui s'y trouve et le propriétaire, qui a prévu la chose, s'opposant à ce qu'il y mette le pied. Dès lors le propriétaire a eu connaissance de la chose, il a parfaitement l'intention de s'emparer des rayons, peut-être même s'est-il approché de l'arbre pour constater leur présence, rien ne manque aux conditions exigées par Savigny pour qu'il y ait possibilité immédiate de main mise sur la chose ; et cependant ici, comme pour le trésor dont on vient d'apprendre l'existence, il ne suffit pas d'une possibilité d'appréhension, il faut l'appréhension matérielle elle-même. Cela prouve donc que pour les choses qui ne font pas partie intégrante de l'objet possédé, le trésor, par exemple qui ne fait pas partie de l'immeuble, les nids, les œufs, les rayons de miel déposés sur les arbres toutes choses qui ne font pas partie intégrante du fonds, il ne suffit pas de la volonté d'en être propriétaire jointe à la possibilité d'en devenir maître de préférence à tout autre, il faut un acte de maîtrise, une fois réalisé et qui ait établi extérieurement et d'une façon définitive ce rapport de maîtrise, que le simple désir ou la simple possibilité ne manifestent pas suffisamment.

30. — On pourrait enfin, et dans le même ordre d'idées, ajouter aux exemples cités par Ihering, les cas dans lesquels on peut conjecturer que la *traditio longa manu* n'était pas applicable, bien que l'*accipiens* fût en présence de la chose, qu'il eût la volonté de l'acquérir, que d'autre part le *tradens* eût celle de la lui livrer, et que par suite rien ne s'opposât à la possibilité d'une main mise immédiate. Il est en effet à remarquer que les textes qui parlent de la possibilité d'une tradition effectuée *oculis et affectu* supposent tous les deux parties présentes et l'échange des consente-

(50) PININSKI, loc. cit., pp. 83, suiv.

ments ayant lieu en présence de l'objet (51) ; on nous laisse entendre en outre que cette tradition *longa manu* n'aurait d'abord été admise que pour les objets d'un déplacement difficile, comme les colonnes, c'est l'exemple d'un de nos textes, objets pour lesquels on ne pouvait attendre que l'enlèvement matériel fût effectué pour déclarer réalisé le transport de propriété ; puis ce n'est que par voie d'analogie que l'exception admise pour les objets difficilement transportables fut étendue aux autres, mais toujours avec le même caractère de règle exceptionnelle (52) ; et enfin dans tous les cas on signale la présence des deux parties et la tradition se faisant ainsi auprès de l'objet. On en a conclu que si même les deux parties fussent d'accord pour faire tradition mais que *l'accipiens* fût seul près de la chose pour prendre livraison, sans que le *tradens* fût là, lui ou son représentant, pour la lui remettre, la possession ne pourrait être acquise à *l'accipiens* par le seul fait de sa présence et qu'il faudrait alors en revenir à la règle générale de l'appréhension et de l'enlèvement matériel (53). Ce serait donc encore, si cette opinion devait être acceptée, une hypothèse où en dépit de la possibilité immédiate de main mise sur la chose la possession n'est acquise que par la main mise elle-même, le *loco movere*, comme pour le trésor et les rayons de miel.

31. — Ainsi donc il est des cas où la possibilité immédiate de domination n'existe pas et où la possession est acquise, témoin le cas du sanglier pris dans les pièges du chasseur ; et d'autres où

(51) L. 1, § 21 (41, 2) ; L. 79 (46, 8), L. 31, § 1 (39, 5) ; *Fr. vatican*, § 254, § 265 ; PAULI SENT. V. 11, § 1.

(52) L. 1, § 21 (41, 2). « *Si jusserim venditorem procuratori rem tradere cum ea in præsentia sit, videri mihi traditam Priscus ait, idemque esse, si nummos debitorem jusserim alii dare. Non est enim corpore et tactu necesse adprehendere possessionem sed etiam oculis et affectu, agumento esse eas res quæ propter magnitudinem ponderi moveri non possunt, ut columnas, nam pro traditis eas haberi, si in re præsenti consenserint.*

(53) Cf. PININSKI, loc. cit., pp. 268 suiv. Pour la réfutation des idées émises sur ce point par Pininski, v. HIRSCH, loc. cit., pp. 126 et suiv.

elle existe sans que la possession en soit la suite directe; c'est donc que cette conception d'une possibilité de domination n'est pas l'idée à laquelle on s'attache comme étant l'élément décisif en matière de théorie possessoire : il faut donc trouver autre chose, la conception de Savigny est reconnue incapable d'expliquer à elle seule la théorie possessoire.

V

32. — Après avoir établi que le système de Savigny était en désaccord avec les textes, Ihering devait démontrer la concordance entre ces derniers et les idées acceptées par lui comme bases de la théorie possessoire.

Autrement dit, après avoir renversé, il lui fallait reconstruire.

Je rappelle tout d'abord ce qui fait le fond de la théorie d'Ihering sur ce point.

Pour lui ce qui constitue la possession, ce n'est plus la possibilité d'une main mise immédiate, c'est le fait de se comporter en propriétaire, ce qu'il traduit ainsi: *Omnia ut dominum fecisse oportet* et ce qu'il résume dans cette formule concise : *La constatation de fait de l'intention d'être propriétaire* (54).

Il s'agit donc d'un état de fait visible pour tout le monde, et d'un état de fait qui ne se traduit pas forcément par un pouvoir de domination, mais par une façon d'agir correspondant aux

(54) IHERING, *Fondement des interdits possessoires*, pp. 172, 176 (cf. c. 2 Cod. (*de poss.*), 7, 32).

habitudes des propriétaires, conforme par conséquent aux usages de la vie réelle, aux pratiques économiques.

Essayons maintenant de vérifier ces idées en en faisant l'application, d'abord aux immeubles, puis aux meubles.

33. — En ce qui touche les immeubles, il y a un fait qui vient apporter à la théorie d'Ihering un appui considérable ; il est vrai que ce fait concerne plutôt la perte de la possession que l'acquisition même de la possession ; mais peu importe.

C'est la décision relative aux *saltus* et qui s'est généralisée ensuite.

Il est certain que si l'on décide que le propriétaire d'un *saltus* n'en perd pas la possession malgré l'abandon où il le laisse pendant toute une saison, c'est que l'on perd de vue toute idée de pouvoir physique sur la chose pour ne s'attacher qu'aux rapports économiques et aux habitudes de la vie réelle, aux usages de la propriété.

Le fait d'abandonner des pâturages d'été pendant l'hiver est conforme aux usages de tous les propriétaires de *saltus* ; donc ce fait rentre dans l'exercice même de la propriété : donc il se concilie avec l'existence de la possession et il ne peut pas constituer une perte de la possession (55).

Reste, il est vrai, en matière d'acquisition de la possession immobilière l'exigence, celle-ci incontestable, d'une tradition faite sur place : cela, tous les textes l'exigent, et je rappelle que la seule atténuation apportée à cette rigueur, c'est la possibilité d'une tradition faite en vue de l'immeuble, au lieu d'une tradition faite sur l'immeuble (56).

Comment donc concilier le maintien de cette petite cérémonie formaliste et matérielle avec la théorie d'Ihering qui fait dépendre la possession du seul fait de se conduire en propriétaire ?

Il semblerait que le seul fait d'un accord entre le *tradens* et

---

(55) IHERING, *loc. cit.*, p. 177.
(56) Cf. sur ce point KARLOWA, *Rœmische Rechtsgeschichte*, t. II (1892), p. 335.

l'*accipiens* aurait dû suffire par cela seul que l'*accipiens*, une fois cet accord conclu, se fût comporté en propriétaire vis-à-vis de la chose.

Il faut remarquer cependant que, lorsqu'il s'agit d'immeubles, les faits extérieurs et visibles d'où peut découler la manifestation du droit de propriété sont souvent d'une nature ambiguë et incertaine ; et cela précisément parce qu'il n'est pas d'usage pour le propriétaire d'être en contact perpétuel avec son fonds.

Ainsi nous avons vu que l'absence momentanée du propriétaire ne lui faisait pas perdre sa possession ; par conséquent le fait de voir un nouveau venu s'installer sur un domaine ne prouve pas que l'immeuble n'ait pas un autre possesseur ; or il ne peut pas y avoir deux possesseurs du même immeuble ; par conséquent le fait seul de l'installation sur un domaine ne suffit pas à révéler le propriétaire, puisqu'il peut y avoir un autre individu qui, tout en restant absent, se conduise pourtant en propriétaire, et se manifeste, lui aussi, comme le propriétaire visible, donc comme le possesseur.

Et voilà pourquoi, c'est une remarque que j'ai déjà faite, il faut chercher cette manifestation du droit de propriété dans les circonstances qui ont accompagné la prise de possession.

Il faut, en d'autres termes, remonter à l'origine de la possession et s'attacher aux faits qui sont de nature à révéler le propriétaire.

34. — Or cette origine de la possession peut avoir deux causes très distinctes, ou bien un transfert auquel ait participé le précédent possesseur, ou bien une occupation unilatérale, à laquelle par conséquent le précédent possesseur soit resté étranger.

S'il s'agit de transfert, le fait le plus éclatant qui puisse révéler le propriétaire visible de la chose, c'est l'accord conclu entre l'ancien et le nouveau possesseur, accord en vertu duquel l'*accipiens* est précisément désigné comme le nouveau propriétaire de l'immeuble. Mais en matière de possession il faut que tout se traduise par des faits visibles et extérieurs ; aussi cet accord, tant qu'il reste purement verbal, fût-il même constaté par écrit, ne compte pas au point de vue de la possession : il faut donc, pour qu'il ait une valeur de fait que tout le monde admette, qu'il se soit traduit par un fait apparent et public, et ce fait ne pouvait être que la tradition en présence de l'immeuble.

Ainsi la tradition en présence de l'immeuble n'a pas pour but, comme le voulait Savigny, de procurer la possibilité d'une main mise immédiate, ce qui serait absurde, car cette main-mise ne saurait jamais être qu'une prise de possession symbolique, s'agissant d'un fonds et d'un domaine; mais elle a pour but de manifester le transfert de la propriété, donc de révéler le propriétaire et de donner en quelque sorte sa signification et sa valeur juridiques au rapport de fait du possesseur avec l'immeuble, puisque j'ai montré tout à l'heure que ce simple contact avec l'immeuble ne suffisait pas à lui seul à rendre visible la propriété (57).

35. — Passons au second cas, celui de l'occupation. Ici, comme précisément le propriétaire peut être absent et rester encore possesseur, le seul fait de l'occupation ne suffit pas à faire acquérir la possession ; il faudra, pour que la possession soit acquise, un acte émanant du précédent possesseur, et cet acte pourra être, ce sont là des choses que je ne fais que rappeler ici, ou bien le fait de la part du précédent possesseur d'avoir connu l'occupation étrangère et de n'avoir pas cherché à la faire cesser, ce qui constitue un abandon tacite de la possession, ou bien le fait d'avoir essayé de chasser le nouveau-venu sans avoir pu y réussir, ce qui constitue un abandon devant la force brutale.

(57) Cf. sur tous ces points le dernier article d'IHERING sur la possession, Der Besitz, § 9; article qui avait paru dans le Handwœrterbuch der Staatswissenschaften (t. I, p. 406 suiv., 1891) et qui a été publié à nouveau par la revue d'Ihering après la mort du Maître (Iherings Iahrbücher fur die Dogmatik des heutigen rœmischen und deutschen Privatrechts, ann. 1893, p. 41); voir spécialement dans cette dernière revue, p. 77 suiv. — Cf. RICCOBONO, La teoria del possesso nel Diritto Romano (dans Archivio Giuridico, 1893, t. I, p. 230 suiv.), et JEAN APPLETON, Essai sur le fondement de la Protection possessoire (Larose, 1893), p. 44. — Add. tous les auteurs primitivement cités sur la question.

Donc, de toutes façons, il faut qu'à l'occupation du nouveau-venu se joigne un fait d'abandon réel ou tacite du précédent possesseur.

Il s'agit donc d'un acte extérieur et public par lequel le précédent possesseur ait cédé la place au nouveau-venu, et c'est cet abandon de l'ancien possesseur qui révèle et manifeste le nouveau possesseur comme le seul maître de l'immeuble.

En d'autres termes c'est cet acte émanant de l'ancien possesseur qui donne sa véritable signification, au point de vue possessoire, au rapport de fait existant entre le détenteur actuel et l'immeuble.

Tout ceci concorde très bien avec la théorie d'Ihering; passons à la possession des meubles.

VI

36. — Un premier point à poser en matière de meubles (58), c'est que toujours, dans tous les cas, la détention matérielle suffira pour la réalisation du *corpus* possessoire : Quiconque aura une chose mobilière en mains aura le *corpus* nécessaire à lui faire acquérir la possession, et on ne distingue pas, comme en matière d'immeubles, s'il y a eu de sa part occupation clandestine ou non. C'est que en matière de meubles l'abandon de la chose même momentané, ne rentre plus dans les usages des propriétaires, et par conséquent la détention matérielle est le signe le plus éclatant de la visibilité de la propriété. On ne peut plus objecter au

(58) Pour tout ce qui va suivre les principales références sont déjà été indiquées à propos de l'exposé de la théorie de Savigny ; il me suffit d'y renvoyer : je rappelle principalement, outre les ouvrages fondamentaux de Savigny, Randa, Ihering, Meischeider et Bekker, l'étude si suggestive de Pininski et l'ouvrage de Hirsch précédemment cités. Je comble ici une lacune, que j'aurais regrettée, en indiquant en outre deux excellents articles anglais qui m'ont été surtout révélés par la thèse de M. Jean Appleton (v. *supra*, note 57) et dont j'ai pu depuis apprécier toute la valeur (JOHN LICHTWOOD, *Possession in Roman Law* dans *Law quaterly Review*, janvier 1887 ; HENRI BOND, *Possession in the Roman Law*, dans *Law quaterly Review*, juillet 1890).

possesseur qui s'est emparé d'un meuble qu'il peut y avoir un autre possesseur actuel de la chose, car il répondrait que ce prétendu possesseur, n'ayant pas la chose en mains, n'a plus les apparences de la propriété mobilière et que, lui seul, à raison de sa détention, peut être considéré comme le propriétaire apparent, donc comme le seul possesseur.

On voit donc bien la différence ainsi établie sur ce point entre meubles et immeubles et cette différence est une confirmation des idées d'Ihering que la possession étant l'image de la propriété, doit s'exercer d'une façon différente relativement aux meubles, et relativement aux immeubles.

Donc toute appréhension matérielle d'un meuble fait toujours acquérir le *corpus* possessoire : il n'y a pas de doute sur ce point.

La seule question à poser est celle-ci : y a-t-il des faits qui, en dehors et à défaut d'appréhension corporelle, puissent réaliser le *corpus* possessoire ?

Or ici encore, comme en matière d'immeubles, il faut chercher une affirmation extérieure du droit de propriété ; et cette constatation de fait de la propriété peut être plus ou moins rigoureuse, cela se comprend, suivant qu'il s'agit de tradition ou d'occupation.

Plaçons-nous donc, comme pour les immeubles, dans les deux hypothèses.

37. — Prenons d'abord le cas de tradition.

Il y a trois hypothèses principales dans lesquelles, au cas de tradition, les textes nous laissent supposer qu'il pouvait y avoir acquisition de possession en dehors de toute prise de possession matérielle : c'est au cas de remise des clés, au cas de marque apposée sur des marchandises achetées et laissées chez le vendeur, enfin au cas de remise des titres de propriété en matière de vente d'esclaves.

Nous avons donc à voir si ces hypothèses sont en harmonie avec la thèse d'Ihering ou si elles lui sont contraires ; à rechercher en d'autres termes si, dans ces différentes hypothèses, la raison d'acquisition de la possession consiste en ce que les faits sur lesquels cette acquisition de possession se trouve fondée sont suffisants, en dehors de toute appréhension matérielle, à révéler l'idée de propriété.

Bien entendu je laisserai de côté dans cet exposé ce qui a trait à la *custodia*, le cas par conséquent où les marchandises sont déposées chez l'acheteur; car sur ce point tout le monde est d'accord: ce fait vaut tradition, en dehors de toute prise de possession, et cette solution s'explique dans les deux théories : dans celle de Savigny, par le pouvoir du maître sur tout ce qui est dans sa demeure, et dans celle d'Ihering, par l'idée que le maître de la maison apparaît pour tout le monde comme le propriétaire visible de tout ce qui est chez lui.

38. — J'examine donc d'abord le cas de remise des clés. Il en est question dans quatre passages différents; un seul, le texte de Papinien (L. 74 D., 18, 1), exige expressément que cette remise ait été faite près du grenier. Un autre, qui est un fragment de Paul (L. 1, § 21 D., 41, 2), semble bien supposer aussi, quoique la chose soit déjà moins évidente, que la remise ait eu lieu *apud horrea*; mais les deux autres se taisent sur cette condition d'une remise *apud horrea*. Ces deux autres passages, qui semblent bien se contenter d'une remise quelconque, faite sur place ou non, peu importe, sont, l'un un fragment de Gaius, l'autre un passage des Institutes de Justinien (59).

Que la remise faite sur place soit suffisante à faire acquérir la possession, cela s'accorde avec toutes les théories ; d'abord avec celle de Savigny puisque l'*accipiens* étant sur place il peut ouvrir le grenier et s'emparer de la marchandise, ce qui manifeste la possibilité d'une mainmise immédiate sur la chose. Mais cela s'accorde aussi avec la théorie d'Ihering puisque cette remise des clés en présence de la chose équivaut absolument à ce qu'est en

(59) L. 9, § 6 D (41, 1) et Instit., II, 1, § 45.

matière d'immeubles la tradition faite sur place : elle manifeste par un acte antérieur et visible le transfert de la propriété (60).

Cette assimilation ressort indirectement d'ailleurs d'un de nos textes (61) : il y a un cas en effet où en matière de choses mobilières on avait dû forcément se contenter d'une tradition *oculis et affectu,* comme en matière d'immeubles; c'est lorsqu'il s'agissait de meubles difficilement transportables, et le Digeste cite l'exemple d'une colonne : il suffira pour que la tradition en soit opérée que la remise en soit faite par le *tradens* à l'*accipiens* en présence de l'objet. Or c'est précisément à la suite de cette hypothèse relative aux objets d'un déplacement difficile que le jurisconsulte Paul passe aux marchandises enfermées dans le grenier : on voit (62) que la transition est ici évidente et l'assimilation absolument visible; ces marchandises forment un ensemble également d'un déplacement compliqué : il suffira donc, comme pour ce qui est des colonnes, et comme pour ce qui est des immeubles, que la tradition en soit effectuée *oculis et affectu.*

Seulement, pour ce qui est des marchandises enfermées dans le grenier, il y avait un moyen d'appropriation qui ne pouvait exister, ni pour les immeubles ni pour les colonnes, c'était de livrer les clés à l'*accipiens* : il est certain que cette remise des clés, ainsi faite sur place pour bien indiquer de quelles marchandises il s'agissait, était le signe le plus éclatant, le plus visible, du transfert de la propriété.

Donc la remise faite sur place se concilie avec les deux théories.

39. — Restent les textes qui parlent de remise de clés sans spécifier que cette remise ait été faite sur place. Faut-il, comme le fait Savigny, sous-entendre la tradition *apud horrea?* Faut-il croire au contraire qu'on avait fini par s'affranchir de ce procédé un peu formaliste et par se contenter d'une remise de clés quelconque

(60) V. cependant GOLDSCHMIDT, *Studien zum Besitzrecht,* p. 15, not. 43.
(61) L 1, § 21 D (41, 1).
(62) Cf. PININSKI, *loc. cit.,* I, p. 287.

pourvu que l'intention de transfert soit constatée par un fait visible et que la détermination des marchandises soit absolument spécifiée ?

Remarquez qu'en fait le marché venant de se conclure sur place, il était tout naturel que la remise des clés fût faite immédiatement et sur place; cela explique qu'on ait surtout prévu cette hypothèse. Si ce n'est à l'acheteur en personne que la remise ait été faite, c'était à l'un de ses esclaves, et peu importe. Tout cela était dans les usages de la vie.

Mais, si nous supposons que le vendeur ait apporté lui-même les clés à l'acheteur, dans la demeure de ce dernier par exemple (63), faut-il croire que, dans ce dernier cas, faute d'une petite formalité dont on ne s'explique guère la nécessité, il n'y aura pas acquisition de possession ?

Remarquez tout d'abord qu'on ne peut pas assimiler cette remise faite loin du grenier à une tradition purement verbale d'un immeuble, qui par conséquent serait faite loin de l'immeuble ; car dans ce dernier cas, il n'y aura aucun fait apparent, en dehors de la convention, qui manifeste extérieurement le transfert de propriété.

Au contraire, lorsqu'il s'agit de nos marchandises, le fait du transfert s'incarne et prend corps dans un acte parfaitement apparent et aussi significatif que possible, la remise des clés, qui équivaut, de la part du *tradens*, à un véritable abandon de possession, puisque lui-même ne peut plus pénétrer dans son grenier.

Par conséquent tout porte à croire (64) que Gaius, lorsqu'il parle de remise des clés, sans ajouter qu'elle doive avoir lieu *apud horrea*, a entendu qu'une remise quelconque devrait suffire ; et cela me paraît surtout évident de la part de Justinien, puisque dans ses Institutes il devait forcément spécifier au plus juste les

(63) PININSKI, I, p. 290.
(64) Cf. MEISCHEIDER, *loc. cit.*, p. 235.

conditions d'acquisition de la possession. Or, du moment qu'il parle de remise en général, sans exiger autre chose, c'est donc très certainement qu'il n'exige plus forcément la remise sur place. Assurément cette solution est absolument d'accord avec la thèse d'Ihering.

Ceci ne fait pas de doute ; puisque au point de vue de la constatation de l'idée de transfert et de la manifestation de l'idée de propriété, le seul fait de la remise des clés garde une signification tout aussi nette et tout aussi certaine, que cet acte ait été fait sur place ou non.

40. — Reste à voir si cette même solution d'une acquisition de possession par une remise de clés loin du grenier se trouve également d'accord avec la théorie de Savigny qui, sans prendre en considération l'idée de propriété, exige la possibilité de domination.

Sur ce point, il faut bien reconnaître, et je le dis en m'appuyant sur Ihering lui-même, que cette solution se concilie très bien encore avec le point de vue de Savigny ; et peut-être Ihering s'est-il mis ici un peu en contradiction avec lui-même en ce qui touche sa polémique avec Savigny.

Que l'on se souvienne en effet qu'il se faisait une arme contre Savigny de ce que ce dernier n'admettait pas la remise loin du grenier ; et Ihering trouvait cette solution inconciliable avec la prédominance de l'idée de domination matérielle et exclusive, parce que, disait-il, au point de vue de l'idée de domination matérielle, du moment que l'acheteur a les clés, peu importe qu'il se trouve, lorsqu'on les lui remet, près ou loin du grenier ; lui seul peut y entrer, donc lui seul est le maître des marchandises qui s'y trouvent ; et si par conséquent c'est à l'idée de domination qu'on s'attache, il est contradictoire de distinguer suivant que la remise a eu lieu près ou loin du magasin où les marchandises sont déposées.

Tel était le raisonnement. Si donc nous admettons avec les textes que l'on finit par se contenter d'une remise quelconque, il faudra en conclure, d'après Ihering lui-même, que cette remise faite en un lieu quelconque révèle tout aussi bien la possibilité d'une main mise sur la chose qu'elle ne révèle l'idée de propriété, et que par conséquent cette solution concorde avec la théorie de Savigny comme avec la thèse d'Ihering ; et du même coup la contradiction qu'Ihering reprochait à Savigny disparaît, puisque les textes se trouveraient avoir admis l'acquisition de la possession pour tout fait susceptible de procurer à l'*accipiens* une véritable possibilité de domination sur la chose.

Sans doute la contradiction reste dans l'ouvrage même de Savigny, mais là n'est pas la question ; au point de vue de l'exactitude de la théorie de Savigny, il s'agit de savoir si, à supposer cette théorie admise en droit Romain, les solutions données par les textes se trouvent en concordance avec elle ; et sur ce point particulier de la remise des clés nous venons de voir, c'est Ihering lui-même qui m'a fourni les termes du raisonnement, que les solutions données se trouvent également en parfait accord avec le point de vue de Savigny.

41. — Tout ce que l'on pourrait peut-être objecter c'est que si la remise est faite loin du magasin, cette mainmise sur la chose ne peut plus être immédiate ; aussi certains disciples de Savigny acceptant comme conforme au droit romain la solution d'Ihering sur la remise loin du grenier, et désireux de la mettre d'accord avec le point de départ adopté par Savigny, ont-ils cru devoir modifier celui-ci en supprimant dans la conception initiale l'idée d'actualité. J'ai déjà dit en quoi cette altération, à condition qu'elle fût généralisée, était le renversement même de la doctrine ; acceptée au contraire pour un cas spécial comme celui qui nous occupe, elle cesse d'être une altération proprement dite, et s'explique, comme je l'ai montré, par l'idée d'exclusivité dont la condition d'actualité n'est que la conséquence, et qui, dans le cas particulier, se trouvant maintenue par suite de la possession exclusive des clés, c'est-à-dire des moyens de domination, par l'*accipiens*, n'a plus besoin d'entraîner l'actualité. Dans ces conditions il est vrai de dire que la solution concrète admise par Ihering d'une acquisition de possession par une remise de clés quelconque, même loin du magasin, se concilie tout aussi bien avec la théorie de Savigny sans qu'il soit besoin d'apporter à celle-ci la moindre modification.

Donc tout ce que nous pouvons conclure des solutions relatives à la remise des clés, c'est que, pour être d'accord avec la thèse d'Ihering sur la manifestation de l'idée de propriété, il fallait que l'on se contentât d'une remise quelconque, et c'est en effet ce que les textes nous montrent ; mais par là même le fait de se contenter d'une remise quelconque donne également raison à Savigny en ce qui touche la possibilité de domination sur la chose enfermée dans le grenier ; et du coup disparaît l'un des reproches adressés par Ihering à la théorie de Savigny. La remise des clés n'apporte donc pas un appui très net à la théorie d'Ihering, elle tendrait plutôt à l'affaiblir, puisqu'elle a pour effet de fortifier indirectement la théorie de Savigny.

VII

·

42. — Donc passons au second cas, celui où un individu a acheté des marchandises qu'il a laissées chez le vendeur, sans qu'elles soient, il est vrai, enfermées en lieu clos, mais qu'il a marquées d'un signe spécial pour s'assurer de leur identité : il a apposé sa marque.

Cela suffit-il à lui en procurer la possession?

Nous savons par le Digeste qu'il y avait eu controverse à cet égard entre les jurisconsultes romains.

Voyez la loi 1, § 2 (18-6) : Ulpien suppose un fût resté chez le vendeur et sur lequel l'acheteur a apposé sa marque ; Trebatius voulait que cela suffît à en opérer la tradition : *Si dolium signatum sit ab emptore Trebatius ait traditum id videri.* Mais Labeon au contraire refusait d'y voir une tradition par la raison que cette apposition d'une marque, dans l'intention des parties, avait ordinairement pour but uniquement de spécialiser l'objet, de façon à empêcher toute substitution ultérieure, et qu'elle n'avait pas pour but en général d'en effectuer la tradition ; et Ulpien approuve l'opinion de Labéon :

Labeo contra, quod et verum est ; magis enim ne summutetur signari solere, quam ut traditum videatur.

En sens contraire nous avons un texte de Paul qui déclare sans aucune distinction que l'apposition de marque vaut tradition (65).

Paul traite la question au point de vue des risques : il se place dans une hypothèse où, s'agissant d'une vente, le transport des risques à la charge de l'acheteur ne résulte que de la tradition. On sait que c'est là un cas exceptionnel ; de droit commun les risques passent à l'acheteur du jour de la conclusion du contrat, avant toute tradition. Par exception dans certains cas les risques ne se déplacent que par l'effet de la tradition, et l'une des hypothèses où il en est ainsi est celle où l'objet de la vente n'a pas été spécialisé. J'ai acheté un certain nombre d'objets à prendre dans un genre que j'ai désigné, mais je n'ai pas encore fait mon choix ; ou si le choix appartient au vendeur, celui-ci n'a pas encore mis à part les objets qu'il entend me fournir. Il est clair que dans ce cas c'est la tradition qui individualise l'objet de la vente et que c'est à ce moment seulement que s'opère le déplacement des risques.

Tout porte à croire que le texte de Paul auquel je fais allusion se plaçait dans une hypothèse de ce genre, car il emploie l'expression très indéterminée de *Materia : « Materia empta si furto peris-*

(65) L. 15 (14) D (18, 6).

set. » Il s'agit de matériaux ayant fait l'objet d'une vente et qui viennent à être volés, si bien qu'on ne peut plus les retrouver ; c'est comme s'ils avaient péri : on se demande donc qui en supportera le risque. Ce sera, dit Paul, l'acheteur, s'il y avait eu tradition, autrement ce serait le vendeur.

D'où la question de savoir quand cette tradition sera censée opérée, et sur ce point voici la réponse : « *Videri autem trabes traditas quas emptor signasset.* » Il s'agissait de poutres dans l'espèce, et Paul nous dit que l'apposition d'une marque par l'acheteur sera considérée comme valant tradition.

Tels sont nos textes.

43. — Nous sommes déjà avertis par la façon même dont s'exprime Ulpien qu'il y a avant tout une question d'intention à poser.

La marque a-t-elle eu pour objet, dans l'intention des parties, d'empêcher uniquement une substitution d'objets, a-t-elle eu pour but en outre d'effectuer la tradition ? On peut supposer aussi que la marque puisse avoir un troisième but, celui, étant donné qu'une véritable tradition ait déjà eu lieu, d'en fournir la preuve matérielle et visible (66).

De sorte que le seul fait qu'une marque ait été apposée ne suffit pas à révéler le but que les parties ont poursuivi et ne suffit pas à démontrer qu'elles aient voulu réaliser par le fait même la tradition de la chose marquée.

De là en présence de ces diversités d'interprétation une question subsidiaire qui devait se poser (67). Au cas de doute, dans quel sens devait être la présomption ? Devait-on considérer la marque comme ayant été, dans l'intention des parties, l'élément constitutif de la tradition, ou bien, à supposer la tradition déjà faite antérieurement, comme la preuve de la tradition effectuée, ou enfin comme un simple fait de spécialisation en vue d'empêcher toute substitution d'objet ?

(66) Cf. RANDA, *loc. cit.*, p. 336, p. 357.
(67) PININSKI, *loc. cit.*, § 16, p. 292 suiv.

Il semble bien que c'est exactement sous cette forme que la question s'était posée dans la controverse que rapporte Ulpien et qui s'était élevée entre Trebatius et Labeo ; c'est qu'en effet la raison de décider que donnait Labéon ne se réfère guère qu'à cette question de présomption : il déclare que la marque est ordinairement apposée en vue d'empêcher toute substitution plutôt qu'en vue d'opérer tradition ; il en conclut que dans l'espèce il n'y aura pas eu tradition en ce qui touche les fûts. La question qui se posait était donc de savoir quel sens il fallait attribuer à la marque apposée sur les fûts : fallait-il y voir un élément constitutif de la tradition ou un moyen de spécialisation de l'objet ? c'est dans ce dernier sens que Labéon se décide, et Ulpien avec lui.

Mais remarquez qu'il ne faut pas confondre cette question de présomption avec la question de validité de la tradition, qui est la question même que nous posons. Cette question de validité de la tradition est donc celle-ci : à supposer qu'il n'y ait pas de doute sur l'intention des parties, à supposer par conséquent que l'acheteur ait entendu, sans contestation possible, prendre tradition par le fait seul de la marque apposée, cela suffira-t-il à opérer cette tradition ?

Les parties ont voulu opérer tradition par l'apposition d'une marque : ce qu'elles ont voulu, juridiquement l'ont-elles pu ?

C'est exactement ainsi que la question se pose.

Or la question étant ainsi posée, il semble bien que toute contradiction disparaisse entre nos deux textes.

Paul de son côté affirme que l'apposition de marque vaut tradition, et quant à Ulpien la raison qu'il donne en faveur de l'opinion contraire c'est le doute possible sur l'intention des parties ; c'est donc que si l'intention des parties n'était pas douteuse, il ne verrait plus aucun motif de ne pas donner satisfaction à cette intention aussi clairement manifestée ; c'est donc qu'il admettait comme Paul que, si on a voulu, par l'apposition d'une marque, opérer tradition, on l'a pu.

J'en tire pour le droit des pandectes les deux conclusions suivantes :

1º Que, si l'intention d'opérer tradition n'est pas douteuse, l'apposition d'une marque par l'acheteur suffit pour la prise de possession ;

2º Que, si cette intention est douteuse, la présomption devait
être que la marque avait pour but d'assurer l'identité de l'objet,
et non d'en opérer tradition.

47. — Il est bien certain cette fois que, si l'interprétation qui
précède est exacte, nous sommes loin de l'idée de Savigny sur la
possibilité d'un pouvoir de fait sur la chose, et nous nous rappro-
cherions du point de vue d'Ihering qui s'attache à la révélation de
l'idée de propriété, puisqu'ici la marque a précisément pour but
de révéler le propriétaire.

Les partisans de la théorie de Savigny ont proposé toutefois certaines distinctions, ou bien ils ont essayé d'expliquer la solution
par certaines circonstances qui seraient sous-entendues.

Voici les deux explications les plus généralement adoptées (68) :

La première consiste à dire que l'apposition de la marque suppose les deux parties consentantes et présentes et que par suite
a tradition résulte de la présence des parties près de la chose, donc
que la marque n'intervient qu'après, comme preuve de la tradition effectuée. On sait cependant que la tradition *oculis et affectu*
n'est admise que pour les objets non transportables, comme les immeubles, ou d'un déplacement difficile, comme les colonnes dont
nous parle un de nos textes; pour les meubles ordinaires, ceux
tout au moins qui ne constituent pas une masse d'ensemble, la
règle est la prise de possession effective, et non le simple fait
d'une remise de possession fictive en présence de la chose ; tout
au moins nous n'avons pas d'exemple du contraire dans les textes.

J'ai déjà expliqué précédemment d'ailleurs le sens qu'il faut at-

(68) RANDA, *loc. cit.*, p. 357 et not. 53 et p. 346, not. 19.

tribuer à ceux qui pourraient fournir une induction opposée, comme par exemple ceux qui parlent de tradition *longa manu;* et je rappelle la conséquence que j'ai tirée de cet ensemble de solutions à l'encontre de la théorie même de Savigny.

La seconde explication, l'explication courante, est qu'il y aurait ici un cas de ce que l'on appelle le constitut possessoire : les deux parties étant présentes, le vendeur accepterait de posséder désormais pour le compte de l'acheteur. Mais ceci suppose tout au moins l'intention chez le vendeur de se constituer détenteur pour autrui et par conséquent de devenir un véritable dépositaire de la chose ; or nos textes ne disent rien de tout cela. De plus le texte de Paul dit positivement que c'est la tradition au profit de l'acheteur qui est réellement effectuée par l'apposition d'une marque, donc que cette dernière est l'élément constitutif de la tradition elle-même.

Toutes ces explications sont donc inacceptables.

D'autres ont voulu distinguer (69) ; mais les distinctions proposées sont tellement invraisemblables que je crois tout à fait superflu de les rapporter ici.

En réalité il ne me paraît guère douteux que les jurisconsultes romains aient admis que la marque à elle seule, s'il n'y avait aucun doute sur l'intention des parties, suffisait à réaliser l'élément matériel de la possession.

Mais n'oubliez pas qu'il y avait avant tout une question d'intention très délicate à régler et que sur cette question toute différente la présomption était contraire à l'idée de tradition. Sur ce point le texte d'Ulpien est très net.

45. — Quelques auteurs modernes ont voulu à l'inverse considérer la solution d'Ulpien comme une décision d'espèce absolument exceptionnelle et tenant ici à la nature de l'objet, il s'agit de *dolia signata* : or, a-t-on dit, le *dolium* romain n'était pas un fût

---

(69) Cf. MEISCHEIDER, *loc. cit.*, § 53, p. 255 suiv.

comme nos tonneaux actuels, destiné au transport du liquide ; c'était plutôt un fût de grande dimension dans lequel on conservait le vin, mais qui ne servait pas à le transporter. Donc l'acheteur n'achetait pas le fût avec le vin, mais il devait transvaser celui-ci dans des récipients qu'il fournissait lui-même, les *vasa*, et on comprend que la livraison, et par suite la prise de possession, ne pouvait résulter que de ce transvasement du liquide dans les tonneaux destinés au transport. Cette explication a été présentée par M. le professeur Kohler, si bien que, d'après lui, s'il se fût agi de tout autre objet que de ces *dolia signata*, Ulpien eût accepté l'apposition de marque comme mode de tradition (70)

Cette explication est certainement ingénieuse ; nous trouvons en effet dans la même loi toute une suite de renseignements des plus intéressants sur la manipulation du vin chez les Romains : on nous laisse entendre, entre autres choses, que les *dolia* étaient de gros fûts que l'on louait le plus souvent au moment de la vendange, et qu'une fois le vin vendu, celui-ci était transvasé dans des récipients de moindre dimension appelés *vasa*, afin de permettre la restitution des *dolia*, ou afin de les rendre libres pour la récolte suivante.

Cependant cette explication, si ingénieuse soit-elle, me paraît un peu subtile ; car le fût a beau ne pas être vendu avec le vin, en apposant la marque sur le fût, c'est le vin lui-même qui se trouve ainsi individualisé par le fait même, et, si l'on admet que ce procédé valait tradition pour les marchandises en général, il fallait forcément l'admettre même pour le vin en fût, et si à l'inverse on n'accepte pas que le fait de marquer les fûts vaille tradition, c'est qu'en général la présomption, au cas de marque, était contraire à l'idée de tradition.

(70) KOHLER, *Das Signiren als Besitzergreifungsakt* dans *Revue de Grünhur*, t. XII, p. 1 suiv.); cf. PININSKI, *loc. cit.*, p. 296, not. 1; GOLDSCHMIDT, dans *Zeitschrift für Handelsrecht*, I, p. 79 suiv. et dans *Studien zum Besitzrecht* (aus Festgabe für Gneist), p. 15, not. 43.

C'est bien la solution que j'ai admise avec Ulpien.

Du reste il est tout à fait inutile de faire remarquer que l'interprétation donnée par Kohler ne contredit en rien la solution de principe que j'ai admise et ne ferait encore que confirmer les idées d'Ihering : ceci est incontestable.

VIII

46. — Je passe à la troisième hypothèse, celle de la remise des titres de propriété.

Nous avons sur ce point un passage d'un rescrit des empereurs Sévère et Antonin inséré au Code de Justinien, et qui a donné lieu aux plus grandes difficultés.

Ce rescrit avait été rendu pour un cas de donation d'esclaves, et il a été inséré au Code au titre *de donationibus* (Cod. 8, 53, L. 1re) (71).

Il s'agit d'une donation d'esclaves qui s'est réalisée par la remise des titres de propriété; et ces titres de propriété sont ici les actes de vente; constatant par conséquent le titre d'acquisition du donateur; ce donateur remet donc au donataire les pièces constatant la vente qui lui avait été faite des esclaves qu'il donne.

Et les empereurs décident, comme chose qui doive aller de soi, que par le seul fait de cette remise des titres la tradition des esclaves se trouvera réalisée.

Savigny, pour expliquer la solution du rescrit, sous-entendait la présence des esclaves et l'on comprend en effet, d'après ce que j'ai dit plus haut, que les esclaves soient de ces objets auxquels puisse s'appliquer ce que l'on a appelé la tradition *longa manu* et que la présence des deux parties soit cette fois encore suffisante

---

(71) « *Emptionum mancipiorum instrumentis donatis et traditis et ipsorum mancipiorum traditionem factam intelligis : et idem potes adversus donatorum in rem actionem exercere.* »

avant tout déplacement matériel : je veux bien l'admettre et ne
discute pas la légitimité de la solution. Enfin aujourd'hui encore
la plupart des auteurs s'en tirent grâce à cet expédient (72).

Eh bien, si ces prémisses sont exactes, à savoir la possibilité de
tradition, s'il s'agit d'esclaves, par la seule présence des parties
et de l'objet livré, avant même toute appréhension de fait, il faut
reconnaitre que ce mode de tradition devait être le droit commun ;
et alors si la tradition d'un esclave par la remise de possession en
présence de l'esclave lui-même constitue le droit commun, à quoi
bon s'adresser à l'empereur et lui demander une décision qui
tranche la question? Donc l'explication de Savigny est invraisemblable.

Et surtout il serait invraisemblable que le rescrit déclarât la tradition opérée par la remise des titres alors qu'en réalité la tradition
ne résulterait nullement de cette remise de titres, mais de la livraison de l'esclave lui-même, lui et les parties présentes.

Donc nous n'avons pas le droit de sous-entendre la circonstance
dont le texte ne parle absolument pas, et qui même le rendrait
inexplicable, de la présence des esclaves.

Ihering (73) n'a vu là que l'application d'un principe plus général sur la preuve en matière de tradition, principe qui consisterait
en ce que on en fût arrivé en matière de tradition, comme on
sait que cela eut lieu en matière de stipulation, à se contenter
d'un acte écrit constatant que tradition avait été faite de l'objet,
sans qu'il y eût à prouver la réalité même du *corpus* possessoire.

C'est là une idée très hardie pour le droit romain de l'époque
romaine; qu'il doive en être ainsi dans le droit romain allemand,
comme développement des tendances qui se manifestaient déjà à
l'époque des jurisconsultes romains, cela me paraît incontestable;

---

(72) SAVIGNY, *Besitz*, p. 220 suiv. RANDA, *loc. cit.*, p. 358, not. 54. GOLDS-
CHMIDT, *Handelsrecht*, § 67, not. 7 (opinion différente dans ses *Studien zum
Besitzrecht* p. 5, not. 3)

(73) IHERING, *Fondement des interdits possessoires*, p. 182, not. 220.

mais il ne faut pas confondre les développements pratiques que les Allemands ont donnés au droit romain en vue de son application actuelle avec les solutions du droit romain historique.

En réalité cette assertion de Ihering, en ce qui touche le droit classique, ou même le droit de Justinien, reste une pure conjecture (74), qui ne repose sur rien, pas même sur notre texte relatif aux donations d'esclaves, puisqu'il ne s'agit pas ici d'un acte dressé pour faire preuve de la tradition, et au besoin pour la remplacer, mais bien de la remise des titres de propriété appartenant au donateur.

D'autres ont vu là un mode de transfert de la propriété en dehors de toute question de possession : on déclare que dans la pratique et dans les usages on en serait arrivé, malgré le principe que la propriété ne peut se transférer par le seul consentement, à admettre le transfert par la seule remise du titre de propriété indépendamment de toute question d'acquisition de la possession (75).

Tout au moins pourrait-on être spécialement tenté de l'admettre pour ce qui est des ventes d'esclaves; on a en effet rapproché la décision de notre rescrit de formules de ventes d'esclaves qui ont été trouvées dans des mines de Transylvanie, et insérées sur des tablettes en forme de tryptiques. Elles font partie de la série de monuments épigraphiques connus sous le nom de tryptiques de Transylvanie (76). Ces formules constatent que le plus souvent on mentionnait que l'esclave vendu avait été payé à celui de qui le vendeur actuel l'avait acheté et que quittance du prix avait été donnée; l'esclave au sujet duquel quittance avait été ainsi fournie est mentionné sous le nom de *servus apocatus* (77) (du mot

(74) Cf. GOLDSCHMIDT, *Studien*, p 6.

(75) Cf. BRUNNER, *Zur Rechtsgeschichte der rœmischen und germanischen Urkunden*, I(1880), p. 114 suiv.

(76) BRUNS, *Fontes Juris Romani antiqui* (éd. 1887), p. 256 ; GIRARD, Textes de droit Romain (édit. 1890),p. 722.

(77) Cf. BRUNNER, *loc. cit.*, p. 114 suiv.

apocha qui signifie quittance). Cela indiquait que le vendeur actuel était en règle vis-à-vis de son propre vendeur, donc qu'il était bien devenu propriétaire, puisqu'en matière de vente on sait que le transfert de propriété était en général subordonné au paiement du prix. Il est donc probable que cette quittance était remise à l'acheteur en guise de titre de propriété. Sans doute les formules dont je parle ne disent pas que le transfert se fût opéré par le seul fait de cette remise des titres, puisque au contraire elles parlent encore de *mancipatio*. Mais elles nous signalent tout au moins l'importance que jouait déjà dans les ventes d'esclaves la remise des titres de propriété. Aussi on croit pouvoir présumer que, dans la suite, une fois la *mancipatio* tombée en désuétude, le transfert se serait réalisé dans la pratique par la seule remise du titre et que notre rescrit ne serait qu'une manifestation de cet usage probablement récent.

Naturellement on rapproche ces inductions des *traditiones per cartam* de l'époque des lois barbares et l'on voit dans ces dernières le maintien d'une pratique romaine du droit vulgaire, comme se sont conservées à la même époque les expressions de la langue populaire, alors que tombait et se déformait la langue polie et élégante de la société aristocratique romaine.

Assurément je ne voudrais pas nier absolument que la *traditio per cartam* eût été une pratique du droit romain vulgaire, dans certains pays tout au moins, dès avant l'époque des invasions. Mais ce que je sais bien c'est que cet usage, s'il a existé, n'a jamais été accepté que comme simple tolérance et qu'il n'y en a pas trace dans tout le *Corpus juris*. Par conséquent nous n'avons pas plus le droit de l'invoquer à titre d'explication du droit officiel que nous ne serions autorisés à introduire dans la langue de la bonne société de l'époque une expression vulgaire que nous ne connaîtrions que par l'emploi qui en fut fait plus tard dans la langue du moyen âge primaire.

Je crois d'ailleurs que la préoccupation dominante des auteurs qui ont émis cette opinion (78) était le désir de trouver dans le droit romain une base historique à l'institution moderne des titres d'incorporation de droits. J'appelle ainsi, faute d'une expression meilleure, les titres qui incarnent une qualité juridique, de telle façon que le droit incorporé au titre passe et se transfère avec le titre lui-même, par exemple les warrants et connaissements comme titres incorporant un droit de propriété, nos obligations au porteur comme titres incorporant un droit de créance.

Ce qui est certain en tout cas, c'est que cette explication ne peut rendre raison du texte qui nous occupe, car il est par trop évident que le texte implique que la possession des esclaves a suivi celle des titres de propriété; et dans l'opinion que j'expose l'acquisition de propriété serait indépendante de la question de possession : si l'on prétend au contraire que la remise des titres aurait opéré le transfert parce qu'avant tout elle eût constitué une remise de possession on abandonne par le fait même l'opinion que je viens d'exposer pour adopter celle à laquelle tout nous ramène et qui subordonne le transfert de possession à la simple livraison des titres.

Mais avant d'en arriver à cette solution que je crois la seule possible, débarrassons-nous encore d'une dernière conjecture qui n'est aussi, à mon avis, qu'une sorte de pis-aller; c'est celle du constitut possessoire. Le constitut possessoire, c'est, on peut le dire, la ressource des commentateurs en détresse (79). Lorsqu'on ne peut expliquer un transfert de possession par le jeu des principes normaux du droit, on imagine une convention d'interversion de possession, en vertu de laquelle l'ancien possesseur accepte de détenir au nom et pour le compte de l'autre partie.

Il est bien trop certain qu'il n'est question d'aucune convention

(78) Cf. PININSKI, loc. cit., I, p. 402; RANDA, loc. cit., p. 359 et 363.
(79) Ainsi SAVIGNY, dans les deux premières éditions de son Traité de la possession. Cf. LEONHARD, dans Kritische Vierteljahresschrift, t. XXIII, p. 343; HARBURGER, Das constitutum possessorium, p. 77 suiv.; GOLDSCHMIDT Studien, p. 14.

de ce genre dans notre hypothèse et que rien ne laisse apercevoir que le donateur doive détenir les esclaves au nom du donataire : exiger cette condition, c'est apporter des restrictions au texte qui est aussi absolu que possible. Le rescrit déclare que la remise des titres a suffi à parfaire la tradition, nous n'avons pas le droit d'exiger autre chose (80).

47. — Donc le fait est certain : la remise des titres à elle seule vaut tradition, du moins en tant qu'il s'agit de donations d'esclaves.

Reste à expliquer cette solution.

Et tout d'abord il semble bien que l'on doive, pour ce qui est du droit romain du *Corpus juris*, la restreindre aux aliénations d'esclaves : il paraît certain en effet qu'elle ne fut pas étendue aux autres aliénations, aux ventes d'immeubles par exemple ; car il eût été bien inutile de régler par le menu les faits opérant tradition des immeubles, si la seule remise des titres de propriété eût suffi en cette matière.

Admettons par conséquent qu'il s'agit d'une solution restreinte aux aliénations d'esclaves ; on a même pensé qu'il fallait ne l'accepter que pour les donations d'esclaves ; parce que, dit-on, s'il s'agit de vente, il ne rentre guère dans les usages du commerce de révéler à l'acheteur le prix qu'avait coûté la marchandise : on ne veut pas le mettre à même de constater le bénéfice réalisé à son détriment. Mais cette conjecture toute de fait ne saurait empêcher l'admission d'une solution analogue à celle donnée pour le cas de donation, lorsqu'en matière de vente le vendeur consentirait à révéler son prix d'achat en livrant les titres constatant la vente qui lui avait fait acquérir l'esclave (81).

Il n'y a donc pas de raison, si les parties sont d'accord, pour ne

---

(80) Cf. PININSKI, *loc. cit.*, p. 400.
(81) Cf. GOLDSCHMIDT, *loc. cit.*, p. 9, note 23 et *Handbuch des Handelsrechts* I (2ᵉ éd.), p. 790.

pas étendre la solution donnée par le rescrit à toutes les aliénations d'esclaves.

Mais alors comment l'expliquer? Deux explications sont possibles.

L'une, qu'il y aurait là une solution exceptionnelle, dérogeant
aux principes du droit commun et formant un droit particulier
au trafic des esclaves.

L'autre qu'il n'y aurait que l'application des principes eux-
mêmes; mais que cette application des principes eût conduit, étant
donné l'objet particulier de la tradition, à une solution qui ne
devait se présenter sous cette forme qu'en matière d'aliénations
d'esclaves.

La première explication ne peut se fonder que sur des raisons
purement pratiques.

En général les esclaves n'étaient pas sous la main du maître; ils
étaient installés par exemple sur un domaine, à la campagne; il
fallait bien qu'on pût en disposer même en leur absence.

Voici d'ailleurs une solution certaine du droit romain qui témoi-
gne également de l'existence de procédés de simplification pratique admis à l'égard des esclaves.

On suppose que l'on donne un domaine avec les esclaves qui y
sont attachés et le donateur écrit avoir fait tradition (82). Ici toutefois on laisse entendre formellement, ce qui confirme ce que
j'avançais tout à l'heure, que cette pièce ne vaut pas tradition;
elle ne fait que révéler l'intention du donateur de transférer la
propriété, elle fait preuve de l'*animus*: il suffira alors que l'un
des esclaves donnés avec le domaine se rende auprès du donataire
pour que celui-ci en prenne possession et qu'immédiatement après
l'esclave revienne sur l'immeuble prendre à son tour possession
au nom de son nouveau maître, et de l'immeuble, et des autres
esclaves qui s'y trouvent. On a donc senti le besoin de procédés

(82) Cf. PININSKI, p. 404, 405.

de simplification pratique en matière d'aliénation d'esclaves, surtout si les esclaves sont au loin (83).

On peut cependant objecter à cela, tout en acceptant que les considérations pratiques qui précèdent aient pu avoir une certaine influence sur l'admissibilité de la solution, qu'une décision exceptionnelle n'est pas de celles qui se comprennent toutes seules ; et pourtant le rescrit indique la solution qu'il donne comme allant de soit :

« *Et ipsorum mancipiorum traditionem factam intellegis.* »

Il semble donc bien que ce soit une solution qui doive s'expliquer par des principes juridiques dont elle ne soit que l'application (84).

Et j'arrive ainsi à la seconde explication possible, c'est que tout en admettant que ce fût là une solution restreinte aux ventes et donations d'esclaves, ce ne serait cependant pas une solution dérogatoire du droit commun, mais une application du droit commun lui-même.

Et il faudrait en chercher le motif dans la nature même de la chose qui est ici l'objet de la tradition : c'est un esclave, donc un être doué de volonté, si bien que l'esclave averti par son ancien maître, d'avoir à se considérer comme la propriété d'un nouveau maître s'est constitué intentionnellement et moralement sous la dépendance de l'acquéreur : ce dernier d'une part a les titres de propriété, ce qui équivaut pour le *tradens* à un abandon des moyens par lesquels il pouvait faire valoir son droit ; et il se trouve d'autre part que l'esclave s'est mis moralement à la disposition de cet acquéreur : celui-ci a donc acquis par là sur l'esclave un pouvoir de fait qui, au point de vue des mœurs, fut regardé comme suffisant en ce qui touche l'acquisition de possession (85).

48. — Cette solution peut servir en quelque sorte de transition

(83) L. 48 D (41, 2).
(84) MISCHEIDER, *loc. cit.*, p. 253 suiv.
(85) GOLDSCHMIDT, *loc. cit.*, p. 15, 16.

entre la conception de Savigny sur la possession considérée comme
l'exercice d'un pouvoir de fait sur la chose et la conception d'Ihering sur la possession considérée comme l'exercice visible d'un
droit; dans l'espèce, comme l'exercice visible du droit de propriété.

C'est qu'en pareil cas, en effet, le pouvoir de fait que l'on accepte ici comme suffisant à réaliser la tradition n'est qu'un pouvoir fictif et nominal, résultant de la volonté même de l'esclave
qui s'est mis à la disposition de son nouveau maître, bien que
celui-ci n'ait pas encore fait acte de maîtrise vis-à-vis de lui. Pour
en venir là, on est obligé d'admettre que la conception du pouvoir
de fait est une conception très élastique, susceptible de se prêter
à tous les besoins de la pratique et de s'étendre au gré des usages
sociaux.

Cela veut dire que l'on abandonne l'idée d'un pouvoir de fait
existant matériellement pour se contenter des signes visibles qui
puissent révéler le maître de la chose. Seulement je ne vais pas
jusqu'à dire avec Ihering qu'on se place au point de vue des signes extérieurs qui révèlent le propriétaire, car ici rien ne révèle
le propriétaire plutôt que le maître de fait de l'esclave : il s'agit
d'un état de fait révélant le maître et le dominateur de la chose.
Peu importe donc en quelle qualité et à quel titre ce maître prétende exercer son pouvoir ; le point à noter est que l'on s'attache à
un signe extérieur qui révèle le maître plutôt qu'à un acte effectif
de maîtrise et de domination.

J'avais raison de dire que notre rescrit du Code formait le point
de transition entre les deux théories et qu'il révélait tout au moins
l'idée qui permettait de passer de l'une à l'autre.

49. — J'ajoute que cette solution donnée par le Code en ce qui
touche la remise des titres, et qui n'est donnée qu'en matière d'a-
liénation d'esclaves, ne doit pas être généralisée, tout au moins
pour ce qui est du droit romain pris sous sa forme historique,
s'arrêtant par conséquent à l'époque de Justinien.

Les Allemands au contraire discutent la question de savoir si cette solution ne doit pas être admise d'une façon générale, quel que soit l'objet sur lequel porte l'aliénation. C'est que pour les Allemands le droit romain est un droit actuel qui a continué son évolution et son développement normal depuis Justinien jusqu'à nos jours ; si bien que pour eux la question est toute différente. La question est de savoir si le développement normal des principes contenus au Code et au Digeste permet de généraliser la solution donnée par le rescrit relatif aux donations d'esclaves et on comprend que, la question étant posée à ce point de vue, qui n'est plus le point de vue historique proprement dit, mais bien le point de vue dogmatique, on puisse répondre par l'affirmative.

Voici d'ailleurs une autre considération qui devait forcément conduire à étendre la solution ; c'est que le grand intérêt de la question pour les Allemands, comme cela était déjà pour les Romains, n'est pas le point vue relatif à la possession, mais le point de vue relatif à la propriété. Les Allemands en effet, pas plus que les Romains, n'ont encore admis que le transfert de la propriété résultât de la simple convention. Pour le transfert de la propriété il faut, en dehors de la convention, laquelle n'est que la cause juridique de l'aliénation, un mode spécial d'acquisition. Pour les immeubles, ce sera l'inscription au registre foncier, le *Grundbuch*, laquelle a remplacé l'investiture, ou cession judiciaire, du droit féodal ; et pour les meubles, ce sera encore la tradition comme à Rome ; donc, dans bien des cas, en principe s'il s'agit de meubles, l'acquisition de la propriété se confondra avec l'acquisition de la possession. On comprend donc à ce point de vue, si les modes d'acquisition de la possession sont envisagés en vue de l'acquisition de la propriété, qu'il y ait une tendance légitime à faciliter les modes d'acquisition de la possession.

Cette tendance qui se manifeste ainsi en Allemagne s'est produite également chez nous dans notre ancien droit, alors que nous en étions encore sous l'empire des principes du droit romain en matière de transfert de la propriété. Pour faciliter le transfert de la propriété, on avait multiplié les cas de tradition feinte ; et enfin on avait admis que la clause portant qu'il y avait eu tradition, ce que l'on appelait la clause de de dessaisine-saisine, vaudrait tradition.

Or, c'est exactement là ce que demandait Ihering, en s'appuyant sur le droit romain. Il demandait que la preuve de la tradition résultât d'une façon péremptoire de la clause portant qu'il y a eu tradition. C'est l'acheminement vers la solution si simple et si nette de notre art. 1138 cod. civ., portant que la propriété se transfère par l'effet même des conventions : c'est la clause de dessaisine-saisine que l'on a en quelque sorte sous-entendue dans les contrats d'aliénation.

Le Code civil français aura été en avance de plus d'un siècle sur le droit allemand, puisque ce n'est qu'assez péniblement que le droit allemand s'achemine vers la solution de l'art. 1138, solution à laquelle il arrivera tôt ou tard. Le projet de Code civil allemand s'en tient encore cependant à la théorie romaine de la nécessité d'une tradition ; mais précisément cette disposition du projet a soulevé de nombreuses protestations (86).

J'ai voulu, en faisant cette digression, mettre en relief les deux points suivants, que ce qui avait fait la valeur et la supériorité de notre Code civil, c'est que sur bien des points il avait consacré, non pas les solutions du droit romain ancien, mais les solutions extraites du développement coutumier du droit romain ; et en second lieu que les lois de l'évolution juridique sont à peu près partout analogues, puisque nous voyons aujourd'hui s'accomplir en Allemagne, et non sans peine, sur ce point particulier des modes de tradition, une évolution qui s'était si promptement et si aisément effectuée chez nous par notre pratique coutumière et qui a trouvé son point final dans l'art. 1138 Cod. civ.

(86) V. cependant IHERING, *Du rôle de la volonté*, p. 168 ; cf. BIERMANN, *Traditio ficta*, p. 396 et pp. 404 suiv.

IX

50. — **Nous** avons ainsi étudié la solution du droit romain èn matière d'acquisition de possession par voie de tradition ; il faut maintenant nous placer à un autre point de vue, à celui de l'acquisition de possession par voie d'occupation.

Sur ce point je n'ai guère à donner maintenant qu'un simple résumé des solutions précédemment analysées. Je rappelle la solution des Institutes sur les animaux blessés à la chasse et pour l'occupation desquels Justinien exige la capture effectuée par le chasseur ; je rappelle également le sanglier tombé au piège, et pour la prise de possession duquel on exige, non pas, il est vrai, la présence de celui qui a tendu le piège, mais la capture de l'animal réalisée de telle façon qu'il ne puisse plus s'échapper. Je rapproche enfin de ces solutions celle relative aux rayons de miel exposés sur un arbre et qui ne sont acquis au propriétaire du fonds que lorsqu'il s'en est emparé, et aussi la discussion touchant l'occupation du trésor pour laquelle, en fin de compte, on s'était décidé en faveur de la prise effective du trésor.

Il résulte de toutes ces solutions (87) que l'on se montrait plus rigoureux pour ce qui est des conditions d'appréhension matérielle, en ce qui touche l'acquisition par voie d'occupation, que en ce qui touche l'acquisition par voie de tradition. Dans tous ces cas d'occupation il faut une main mise sur la chose, ou tout au moins un ensemble de faits qui constitue un acte de domination sur la chose : je fais allusion ici au sanglier tombé au piège, pour lequel il n'y a pas encore main mise de la part du chasseur, bien qu'il y ait déjà un fait de domination sur la chose elle-même, puisqu'elle est soustraite à sa liberté naturelle.

(87) Cf. IHERING, *Rôle de la volonté*, p. 24.

Donc il faut toujours un fait matériel d'appréhension ; nous n'avons pas d'exemple d'occupation réalisée au moyen d'un simple signe intentionnel, comme était par exemple la remise des clés au cas de tradition. On pourrait supposer par exemple un individu déclarant publiquement qu'il est le propriétaire de tel immeuble que je suppose d'ailleurs abandonné ; faisant des marchés d'entreprise en vue de constructions à faire sur cet immeuble ; en d'autres termes se posant publiquement en maître et en propriétaire : s'il n'a pas mis le pied sur l'immeuble, dans aucun cas il n'acquerra la possession.

Donc en matière d'acquisition par voie d'occupation il faut forcément une prise de possession matérielle.

51. — J'ajoute que cette différence avec le cas de tradition s'explique très simplement ; puisque, au cas de tradition, il y a l'intervention du précédent possesseur et il y a remise de possession, ou, tout au moins, à supposer que la remise matérielle ne soit pas encore considérée comme effectuée, il y a convention de remise de possession.

Si donc cette convention se traduit par des faits visibles et qu'elle soit accompagnée d'un fait quelconque de dessaisissement de la part de l'ancien possesseur, tel que la remise des clés qui l'empêche de pénétrer dans le grenier, ou la remise des titres de propriété qui l'empêche de faire valoir ses droits sur la chose, on comprend qu'en pareil cas la manifestation extérieure des pouvoirs acquis à l'*accipiens* se trouve très facilement réalisée en dehors de toute prise de possession effective, et cela soit qu'il s'agisse, comme le veut Serrigny, de la manifestation extérieure d'un pouvoir de domination matérielle, simple pouvoir de fait, soit qu'il s'agisse, comme le veut Ihering, de la manifestation d'un pouvoir de droit, c'est-à-dire, dans l'espèce, conforme à l'exercice du droit de propriété.

En d'autres termes, l'intervention visible et manifeste de l'ancien possesseur devient un élément de fait de la prise de possession, susceptible de donner un sens et une valeur suffisante à des faits matériels qui par eux-mêmes n'auraient pas suffi à réaliser le *corpus* possessoire.

En matière de tradition la prise de possession est bilatérale; il faut donc tenir compte, même au point de vue du fait, du rôle qu'y joue le *tradens*.

En matière d'occupation, la prise de possession est unilatérale; et dès lors on conçoit que l'élément matériel n'étant plus corroboré par aucune autre intervention ou adhésion de la part d'un tiers, cet élément matériel doive être entendu dans un sens plus rigoureux et plus strict.

X

52. — J'ai exposé les faits et j'ai indiqué les théories : il nous faut maintenant prendre les solutions toutes brutes, telles que les textes nous les donnent et voir quelle est la conception doctrinale qui s'en dégage. Dans quel sens devons-nous donc admettre que se fit l'orientation juridique chez les Romains, dans le sens uniquement de l'affirmation d'un pouvoir de fait, comme le veut Savigny, ou dans le sens de l'affirmation de l'exercice d'un droit, comme le prétend Ihering, ou peut-être enfin dans le sens d'un point de vue intermédiaire dont les Romains auraient eu l'instinct mais qu'il pourrait être assez difficile de préciser exactement ?

Voici tout au moins un premier point certain ; c'est que les Romains ne s'en sont pas tenus à la conception purement matérielle d'une main mise effective ; nous en avons maints exemples, et cela même en matière d'occupation ; je citerai le cas du sanglier pris au piège. Le sanglier a bien subi un fait de domination, puisqu'il est soustrait à sa liberté naturelle ; mais cette domination, en tant que main mise effective, est impersonnelle, elle n'existe pas au profit du chasseur, puisque le premier venu peut s'emparer de la bête avant lui. Mais la meilleure preuve de cette émancipation de la doctrine Romaine est la distinction faite entre le cas d'occupation et celui de tradition. Car remarquez que ce qu'il y a de plus dans la tradition que dans l'occupation c'est l'intervention du précédent possesseur ; or cette intervention peut bien être une manifestation d'un transfert du droit, ou, pour ne se placer qu'au point de vue du fait, elle peut bien servir à garantir et à assurer le pouvoir de fait de *l'accipiens*, puisque celui qui serait le plus susceptible de lui disputer ce pouvoir de fait se dessaisit de ses prétentions ; donc cette intervention du précédent possesseur peut bien servir à assurer et garantir l'exercice d'un pouvoir de fait sur la chose, ce pouvoir de fait, elle ne le réalise pas encore à elle seule. Ce qui réalise ce pouvoir de fait au point de vue absolument matériel, c'est la main mise effective. Si donc on ne s'était placé qu'à ce point de vue d'une main mise matérielle, il n'y aurait eu aucune raison pour ne pas se montrer aussi rigoureux au cas de tradition qu'en matière d'occupation.

53. —Je vais plus loin ; non seulement on s'est dégagé de l'idée d'une main mise déjà réalisée, mais même de l'idée d'une main mise simplement possible. Je rappelle que c'était là la théorie de Savigny qui n'exige plus la réalisation, mais la possibilité, d'un pouvoir de fait sur la chose.

Ihering me paraît avoir suffisamment démontré que cette possibilité est loin d'exister dans plusieurs des hypothèses admises par nos textes ; ainsi par exemple au cas de marchandises marquées par l'acheteur, en quoi cette marque facilite-t-elle la main mise de l'acheteur sur les marchandises ? De même au cas de remise des titres s'il s'agit de vente d'esclaves : que l'acheteur ait ou non les titres de propriété qui étaient aux mains de son vendeur, cela ne fait pas encore forcément que les esclaves se trouvent soumis à son pouvoir de fait, ou plutôt, pour rester dans les termes de la théorie de Savigny, qu'ils soient sous le coup d'une réalisation immédiate d'un acte de main mise effective.

Il y a un fait surtout qui le démontre d'une façon péremptoire, c'est que d'une façon générale la relation de fait actuelle reste insuffisante à caractériser le rapport de possession ; et pour établir ce dernier ce n'est pas le fait présent tel qu'on l'a sous les yeux qu'il faut considérer, c'est un fait antérieur, la prise de possession ; et dans cette prise de possession ce dont on tient compte, c'est surtout, de la question de savoir s'il y a un accord préalable de volontés. Je ne dis pas encore que l'on doive rechercher en quoi cet accord a consisté, et ce que les parties ont voulu, s'il a été question d'un transfert de propriété, ou d'un transfert de jouissance, à titre de bail par exemple : ce point concerne une tout autre question, la question de savoir à quel titre on possède, autrement dit l'intention même impliquée dans la prise de possession, donc cela se réfère à la matière de l'*animus possidendi* et nous en traiterons plus tard. Mais ce que je veux dire, c'est que, même pour définir l'élément matériel de la possession, la situation de fait qui constitue le rapport possessoire, il ne suffit pas de savoir quelle est à l'égard de la chose possédée la situation de celui qui prétend en être possesseur, il faut tenir compte de toutes les circonstances de fait qui peuvent caractériser la relation existant entre l'individu et la chose et prendre en considération, en tant que fait matériel, la convention possible qui a pu présider à sa prise de possession : un individu entre en relation avec un précédent possesseur et reçoit de lui la possession, c'est un élément qui va servir à caractériser le rapport de fait qui va l'unir à l'objet qu'on lui livre, et ce fait prend une telle importance qu'il suffira dans bien des cas à lui faire attribuer la possession avant même qu'il y ait appréhension matérielle et main mise effective ; en quoi donc un fait de ce genre influe-t-il sur l'idée de domination, voire même sur celle d'une possibilité de domination immédiate ? A l'inverse un individu fait acte de possesseur, il est sur l'immeuble, il l'occupe, il agit en maître : on apprend qu'il s'en est emparé à l'insu d'un précédent possesseur, que celui-ci ignore encore l'intrusion dont il est victime, l'envahisseur n'aura pas la possession; et cependant le fait de domination y est nettement caractérisé. Enfin je rapporte l'exemple caractéristique que j'ai déjà mis en relief (88) : avant de partir pour voyage je dépose des valeurs dans une cachette creusée en terre dans un fonds à ciel ouvert, il est même possible que ce soit le fonds d'autrui ; à mon retour je ne peux plus mettre la main sur la cachette, j'ai perdu le souvenir du lieu exact où je l'ai creusée, je reste possesseur ; ce n'est certes pas en vertu d'un pouvoir de domination, puisque je ne puis mettre la main sur la chose ; ce n'est pas non plus en vertu d'une sorte de *custodia*, puisque la *custodia* en principe suppose la chose en lieu clos, ou même si, par voie d'extension, on l'admet en certains cas à défaut de toute clôture, encore faut-il que le terrain qui sert de dépôt à l'objet appartienne à celui qui prétend avoir la possession, et ici la cachette a pu être creusée dans le fonds d'autrui : celui qui a la *custodia*, c'est le propriétaire du fonds ; ce que l'on prend ici en considération c'est la volonté, l'intention, de celui qui a caché l'objet ; non pas son intention au point de vue des prétentions juridiques qu'il élève sur la chose, ce qui nous ramènerait à la question de l'*animus possidendi*, mais son intention au point de vue du rapport de fait qu'il entend établir entre lui et la chose ; il a indiqué et manifesté que c'est à lui qu'il entendait que la chose revînt, et cette intention, tant qu'aucun autre n'a fait acte de maître, suffit à lui en garder la possession : sommes-nous assez loin maintenant d'un pouvoir de fait réalisé ou immédiatement réalisable ?

54. — Donc on s'est dégagé de ces conceptions purement matérielles d'une main mise réalisée ou simplement possible.

On a vu dans les faits extérieurs constituant l'entrée en possession la manifestation d'une situation que j'appellerais volontiers

(88) Cf. *suprà*, notes, 45, 46, 47.

juridique, dans un sens excessivement vague, au sens instinctif et non législatif.

En d'autres termes on se préoccupe de savoir quelle est par rapport aux tiers la situation et la valeur de la relation de fait qui unit à la chose celui qui s'en prétend possesseur : on ne s'en tient pas à un point de vue purement exclusif et individualiste, le fait brutal de la relation actuelle ; on replace cette relation de fait dans son milieu, dans la complexité de ses tenants et aboutissants ; on veut savoir quelle attitude a vis-à-vis des tiers celui qui se prétend possesseur : possède-t-il d'accord avec un précédent possesseur ou en état d'hostilité ou encore de clandestinité à son égard ? Prendre en considération les rapports avec les tiers, c'est s'attacher à une situation qui a la prétention d'être une situation durable, permanente, en conformité ou en contradiction avec les situations juridiques qui l'entourent, donc qui se présente elle-même comme un rapport qui tende à devenir un droit ; je ne dis pas que ce rapport doive forcément copier un droit reconnu législativement, c'est le point de vue d'Ihering qui a établi la dépendance législative de la possession (89), en ne l'admettant que là où la loi admet la propriété ; je dis que ce rapport se pose au point de vue des faits extérieurs comme une situation qui demande de gré ou de force à être reconnue et respectée, donc qui dans l'esprit de celui qui la possède a la valeur d'un droit, sans qu'il y ait à s'occuper de savoir dans quelle mesure ce droit a été consacré par la loi : c'est ce que j'appelais plus haut une situation instinctivement juridique, et non encore législativement.

Pour tout ramener à une seule formule, la possession, au point de vue du fait, est un rapport ayant une valeur juridique, et je ne dis pas forcément un rapport ayant la valeur d'un droit.

---

(89) IHERING, *Der Besitz*, §§ 3, 4 et 5 dans *Iherings Iahrbücher* (1893), p. 50, 54, 57, suiv.; cf. RICCOBONO, la *Teoria del possesso nel Diritto romano* dans *Archivio Giuridico*, 1893, p. 231 suiv.

55. — Mais cette situation juridique, ainsi manifestée par la prise de possession, quelle est-elle ?

On conçoit deux points de vue possibles : la possession peut manifester l'affirmation d'un simple pouvoir de fait, entendu au sens que je viens d'indiquer, en tant que situation permanente et publique, autrement dit d'une exploitation économique de la chose sans autre qualification juridique, elle peut manifester l'affirmation d'un droit véritable, pris dans sa configuration législative, tel serait le droit de propriété.

Il ne faut pas confondre le premier de ces deux points de vue, celui qui voit dans la possession la manifestation d'un rapport économique avec la chose, avec le point de vue de Savigny sur la possibilité d'une domination immédiate de la chose : l'un suppose établie une relation intellectuelle de domination, l'autre un fait matériel de domination réalisé ou prêt à se réaliser.

Je vais essayer d'ailleurs de mieux analyser toutes ces idées et de bien faire apercevoir la nuance qui sépare les deux points de vue.

56. — Toute chose, à moins qu'il s'agisse de *Res nullius*, et j'entends par là de choses abandonnées, est affectée à la satisfaction des besoins d'un individu ou d'une collectivité d'individus. Laissons de côté cette idée de collectivité ; ce qui est certain, c'est que toute chose non abandonnée est exploitée par quelqu'un qui la fait servir, ou qui entend envers et contre tous la faire servir, à ses besoins : toute chose est au service économique de quelqu'un.

D'où cette conséquence qu'il y a à l'égard de toute chose du monde matériel quelqu'un qui doit être considéré comme celui qui l'a à son service ; il y a un rapport de service économique, d'utilisation économique, entre chaque chose et quelqu'un qui s'en sert.

Or, ce rapport de service économique, d'exploitation économique, ne suppose pas forcément qu'un acte de maîtrise ait déjà été réalisé par rapport à la chose, ni même que cette main mise soit actuellement possible, ni enfin que la domination de l'homme sur la chose, à supposer qu'elle ait existé à un moment donné, subsiste encore.

Le rapport dont je parle consiste en ce que pour toute chose il y a quelqu'un dont on peut dire, par l'examen des circonstances extérieures de toutes sortes qui caractérisent sa relation avec la chose, qu'il est le maître de la chose. Or, les conditions qui peuvent fonder cet état de fait et ce rapport d'appropriation seront sans doute, comme conditions normales, la prise de possession matérielle; mais par exception il peut se faire qu'en dehors de toute prise de possession matérielle quelqu'un doive être considéré comme celui qui ait actuellement la maîtrise de la chose. Ainsi, je rappelle l'exemple du sanglier pris au piège. Avant que le chasseur s'en soit emparé on ne peut pas dire qu'il soit au pouvoir du chasseur, et cependant le fait que le chasseur avait tendu les filets et disposé le piège pour le prendre indique bien que la personne qui doit être considérée comme devant s'approprier la chose est le chasseur qui a placé le piège. Il n'a pas encore fait acte de main mise; et la preuve, c'est que le premier venu peut s'emparer de la bête avant lui, mais il s'est cependant révélé comme celui qui doive s'approprier la chose ; et ce rapport de dépendance économique, qui doit exister entre la chose et celui auquel elle est soumise, se trouve forcément établi ici au profit du chasseur de préférence à tout autre.

En d'autres termes, certaines circonstances extérieures et visibles peuvent conduire à cette constatation que quelqu'un doit être considéré comme le maître de fait de la chose, comme celui qui, vis-à-vis de tous, doit l'avoir à son service (90), alors

(90) GOLDSHMIDT, *Studien zum Besitzrecht*, p. 3, s'exprime de la façon suivante: « *Besitz ist so in der Hauptsache allerdings thatsœchliche Gewalt (Macht, Herrschaft), über nicht diejenige, welche der Einzelne haben will oder zu haben vermeint, sondern ein* MACHTVERHÆLTNISS, WELCHES DEM GEMEINBEWUSSTSEIN ALS THATSÆCHLICHE HERRSCHAFT ERSCHEINT. » Cf. BEKKER, *Zur Reform des Besitzrechts* dans *Iherings Iahrbücher*, 1891, p. 249 et p. 324.

même que ce dernier n'ait pas encore fait acte de domination matérielle sur la chose ; ce qui distingue cette théorie de celle de Savigny, c'est que Savigny s'en tient à un acte de main-mise réalisée ou prête à se réaliser, tandis que l'opinion que j'enseigne s'en tient à la manifestation d'un rapport économique entre l'homme et la chose, rapport dont le *corpus* possessoire ne serait que la constatation et l'expression visible.

Le *Corpus* possessoire n'est pas le fait brutal de la main-mise déjà réalisée, ou prête à se réaliser ; c'est la manifestation extérieure, et qui peut être purement intellectuelle, d'un rapport d'appropriation entre l'homme et la chose.

56. — Voilà donc un premier point de vue possible ; j'ai montré en quoi il différait des idées de Savigny ; j'ajoute maintenant qu'il se sépare également de la conception d'Ihering, et c'est le point qu'il me reste à mettre en lumière.

Ihering voit bien dans le *Corpus* possessoire la manifestation d'un rapport d'appropriation entre l'homme et la chose ; mais pour lui ce rapport d'appropriation a un nom dans le domaine du droit ; il n'est plus envisagé au simple point de vue économique, c'est-à-dire au point de vue du fait extérieur, mais au point de vue du droit positif : il faut que ce soit un rapport d'appropriation correspondant au droit de propriété.

On pourrait croire que cette caractéristique et cette dépendance juridique lui viennent de l'intention qui colore la possession de celui qui est le sujet de cette appropriation de fait : ce serait parce que celui qui possède veut se conduire en propriétaire et se reconnaître pour propriétaire que sa possession s'adapte ainsi aux formes de la propriété ; après la publication du premier ouvrage d'Ihering sur la possession tout le monde avait interprété de cette façon la pensée du Maître (91). On sait aujourd'hui, depuis la théorie parue sur l'*animus domini*, qu'il n'en est rien ; la volonté

(91) Cf. Riccobono, *loc. cit*, p. 229, 230 et les citations.

7*

d'être propriétaire est étrangère à la caractéristique de la possession : Ihering l'a supérieurement démontré et nous le montre-
rons, après lui, dans la seconde partie de ces études. Ce n'est donc
pas par le côté intentionnel et subjectif, mais par le point de vue
purement objectif, que la possession se rattache à la propriété ;
et pour Ihering elle s'y rattache par les deux points de vue suivants, le point de vue légal et le point de vue du fait extérieur :
par le premier, en ce que la loi ne reconnaît l'existence de la possession que là où la propriété est possible, témoin (92) l'exclusion
de possession à l'égard des fils de famille et à celui des *res extra
commercium*, et le second en ce que le rapport de fait constitutif
de possession serait uniquement celui qui, en dehors de toute recherche sur l'intention et le titre juridique, dénoterait la propriété
et en reproduirait l'extériorité et comme la visibilité.

Laissons pour le moment le point de vue légal de côté : l'idée
de possession est un fait instinctif qui s'est constitué en tant que
conception usuelle, avant toute intervention du législateur dans le
domaine des conditions constitutives de la possession. Prenons le
rapport de fait, le seul que nous étudions pour le moment.

Pour fonder la possession, il suffit que ce rapport résulte de
l'ensemble des faits qui conviennent au propriétaire et qui le dé-
signent : la possession, c'est le rapport de fait extérieur qui signale
le propriétaire, c'est donc l'enveloppe, ou le revêtement extérieur,
de la propriété.

Pour Ihering, le fait à lui tout seul révèle et manifeste la propriété : la possession est un rapport d'appropriation juridique, en
prenant le mot juridique en tant qu'il se réfère à un droit positif
consacré par la loi. Dans l'opinion que j'esquissais tout à l'heure,
la possession est un rapport d'appropriation économique, en
écartant par suite de cette conception toute préoccupation de

(92) IHERING, *Fondement des interdits possessoires* p. 129 suiv. ; *Du Rôle de
la volonté*, p. 52 suiv. et *Der Besitz*, § 4, dans *Ihering's Iahrbücher*, 1893, p. 54
suiv., cf. KUNTZE, *zur Besitzlehre*, pp. 123, 124.

droit positif pour s'en tenir à l'idée d'une situation qui n'a de juridique que la prétention qui la caractérise de se faire reconnaître et de s'imposer à l'égard des tiers en tant que situation assise et durable; ce qui est bien à vrai dire une situation qui veut être juridique, sans qu'elle corresponde forcément à une situation légalement juridique. Sous le bénéfice de ces explications, j'emploierai, pour différencier les deux thèses, les expressions de rapport d'appropriation juridique et de rapport d'appropriation économique.

57. — Au premier abord, il peut sembler que l'un des points de vue, tant que l'on s'en tient à la détermination du *Corpus* possessoire, doive forcément s'absorber dans l'autre; en d'autres termes il semble bien que les faits qui expriment un rapport d'appropriation économique soient exactement les mêmes que ceux qui exprimeraient un rapport d'appropriation juridique.

Voici un individu qui se conduit comme le maître de la chose : les faits qui expriment cette attitude ne sont-ils pas exactement les mêmes que ceux qui révéleraient le propriétaire?

Tous ceux qui sont en rapport de fait avec la chose et qui prétendent en jouir et s'en servir agissent à l'extérieur comme pourrait le faire le propriétaire : quelle différence y a-t-il, pour les tiers qui ignorent les relations juridiques par lesquelles a pu se lier le détenteur de la chose, entre un fermier, un usufruitier, un propriétaire, un usurpateur? Tous sont en contact avec la chose, la dominent et la font servir à leurs besoins personnels et se comportent en maîtres vis-à-vis d'elle, mais en même temps, si l'on s'en tient au point de vue du fait extérieur, ils se comportaient aussi vis-à-vis d'elle en propriétaires; sans doute on arrive à différencier leurs situations respectives, si l'on se place au point subjectif, qui est celui de leur *animus* personnel, mais pour cela il faut se reporter aux titres juridiques par lesquels s'est manifestée leur volonté : et ces titres juridiques le *corpus* possessoire n'en a que faire, il les ignore : il se préoccupe bien de savoir si le posses-

seur a reçu sa possession d'un précédent possesseur, parce que
cela c'est un fait, il n'a pas à se demander à quel titre il l'a reçue,
car cela c'est le domaine de l'intention personnelle, réservé à la question de l'*animus possidendi* : à ce dernier point de vue, il sera donc
très facile de distinguer le fermier et l'usufruitier du propriétaire.
Au point de vue du *corpus* possessoire la distinction est à peu près
impossible, parce que les mêmes faits qui caractérisent la propriété
caractérisent la jouissance à titre de locataire ou d'usufruitier ;
bien entendu je laisse de côté l'*abusus*, qui n'est pas le fait normal
de la conduite des propriétaires et qui-même pourrait très bien
être considéré, dans une conception un peu différente et un peu
moins individualiste de la propriété, comme ne rentrant pas dans
le contenu de la propriété elle-même (93).

La question est donc celle-ci : si nous laissons l'*animus* de côté,
peut-on dire qu'il y ait des faits matériels, ou, si l'on veut, une
situation extérieure, qui soient susceptibles de révéler le maître
de fait de la chose tout en étant différents de ceux qui révéleraient
le propriétaire ? En d'autres termes, les éléments qui constituent
l'appropriation au point de vue économique peuvent-ils différer
de ceux qui constituent l'appropriation au point de vue juridique ?

58. — Assurément si l'on s'en tenait au fait instantané, comme
serait la relation du possesseur prise à un moment donné et fugi-
tif, il serait assez difficile de saisir une nuance de différenciation :
on verrait un individu en contact avec la chose qui la traite en
maître, et qui fait vis-à-vis d'elle ce que ferait un propriétaire ; sa
situation pour les tiers peut concorder avec les deux points de vue ;
mais la possession romaine n'a pas été conçue sous cet aspect simpliste, elle n'est pas faite pour permettre au tiers, par une inspec-
tion instantanée et sommaire, de découvrir le possesseur ; elle impose des recherches plus délicates et des nuances plus complexes.

(93) Cf. mon *Essai d'une théorie générale de l'obligation d'après le projet
de Code civil allemand*, n° 309 et *Questions de jurisprudence*, n°ˢ 71, 72 (dans
Revue Bourguignonne de l'Enseignement supérieur, 1893, p. 387, 388).

Elle se présente comme une situation durable qu'il faut prendre à ses débuts et suivre dans ses phases diverses : la possession ne se découvre pas d'un coup d'œil aussi rapide ; il faut, pour en saisir les caractères, savoir comment elle a commencé ; et c'est cette situation dans son ensemble, et non dans un moment de sa durée, qu'il faut envisager.

Prise à ce point de vue et avec cette complexité, on conçoit que le fait matériel de la possession puisse maintenant révéler un rapport d'appropriation juridique qui ne suscite à l'esprit l'idée d'aucun droit susceptible de lui correspondre d'une façon positive et formelle, témoin le cas où cette situation aurait débuté par la violence et se serait conservée par la violence.

Or, c'est précisément le phénomène étrange que nous présente la possession romaine : pour prendre l'exemple le plus typique, je suppose un usurpateur s'emparant d'un fonds en l'absence du précédent possesseur, si celui-ci ignore la prise de possession il reste possesseur, mais qu'il en ait connaissance et essaie de repousser l'usurpateur, s'il est lui-même repoussé, il perd la possession et l'autre l'acquiert. C'est donc, pour celui-ci, sa violence qui lui aura valu la possession ; et le voleur, s'il s'agit de meubles, acquiert, lui aussi, la possession ; et quand on dit le voleur, il faut entendre cela de celui qu'on a surpris sur le fait et dont la prise de possession a commencé par une soustraction matérielle ; quant à savoir s'il a vraiment volé la chose d'autrui, il faudrait, pour s'en convaincre, trancher la question de propriété et elle est exclue du débat possessoire, même sous forme d'exception de la part de celui qui a été dépossédé et qui a été victime de ce fait, tout au moins apparent, de détournement. Donc au point de vue des faits, nous sommes en présence de possessions qui ont commencé, l'une par un fait de violence, l'autre par un fait de soustraction, et ce sont des possessions protégées par le droit et reconnues valables. Elles réunissent tous les éléments du *corpus* possessoire, elles rentrent au nombre de ces situations prolongées qui, prises à leur début et continuées sans interruption, dénotent et révèlent l'appropriation que le droit consacre sous le nom de possession.

En quoi donc de telles situations envisagées ainsi dans leur complexité manifestent-elles la propriété? Où a-t-on vu des propriétaires s'emparer clandestinement de ce qui leur appartient, ou encore user de violence à l'égard d'un précédent possesseur, jusque-là maître paisible et incontesté du domaine dont ils s'emparent, ou, s'il s'agit de meubles, se donner les apparences de voleurs pour se mettre en possession de ce qui pourrait leur appartenir? Ces procédés peuvent se rencontrer sans doute, mais ils sont l'exception; bien loin de former la visibilité de la propriété, ils en sont, à l'apparence tout au moins, la contradiction même.

Il y a donc là des situations qui manifestent l'appropriation et la maîtrise de celui au profit de qui elles se réalisent, qui sans doute ne sont pas forcément contraires au droit, car pour établir qu'elles le soient il faudrait avoir tranché la question en droit et celle-ci ne peut l'être qu'une fois la possession fixée; mais qui, à s'en tenir à l'apparence, laissent l'impression d'une présomption contraire au droit; et cependant ces faits d'appropriation sont des faits de possession. Ils sont des faits de possession, parce qu'ils révèlent l'appropriation économique et que d'autre part ils révèlent une situation qui s'affirme comme une situation de résistance, donc qui veut s'imposer dans le domaine du droit comme dans le domaine du fait; or la loi ne veut pas préjuger d'avance la question de droit contre ce dominateur de la chose, car il peut avoir le droit pour lui (94): elle reconnaît donc en lui le possesseur, mais si elle s'en tenait purement et simplement aux présomptions et qu'elle voulût faire triompher le propriétaire présumé, elle se garderait bien de consacrer la possession de l'usurpateur et du

(94) Cf. JEAN APPLETON, *Essai sur le fondement de la protection possessoire*, pp. 49, 52 (Voir à la p. 49 une citation intéressante de l'étude de M. LIGTWOOD; on pourra se reporter à cette dernière étude publiée dans la *Law quarterly Review*, janvier, 1887, pp. 32, 54).

voleur; ou tout au moins, si, comme le dit Ihering, elle est obligée de le faire pour protéger les propriétaires eux-mêmes parce que neuf fois sur dix la possession coïncide avec la propriété et qu'il faut, pour faciliter la preuve de la propriété, accepter ce fait normal au risque de favoriser parfois les voleurs, encore faudrait-il accepter que celui qui a été dépouillé et qui plaide au possessoire pût exciper de sa propriété ; jamais on ne pourra expliquer avec la théorie d'Ihering l'exclusion de l'*exceptio domini* du débat possessoire.

Nous trouvons donc des faits, ou plutôt des ensembles de faits, qui révèlent l'appropriation économique sans manifester pour cela l'appropriation juridique.

59. — Dans un autre ordre d'idées, si l'on s'en tenait à la seule conception d'appropriation juridique on devrait forcément se contenter, au point de vue même de l'extériorité des rapports de droit, de faits simplement juridiques, s'ils étaient de telle nature qu'ils dussent révéler, et souvent même sous une forme en quelque sorte officielle, le propriétaire de la chose.

Ainsi que l'on suppose une législation comme la nôtre qui fasse dépendre le transfert de la propriété de la simple convention, il faudra dire que le fait extérieur qui soit de nature, plus que tout autre, à révéler le propriétaire, ce sera l'acte de vente, ou de donation, qui portera le nom du dernier acquéreur ; bien entendu, tant qu'on s'en tient à la notion de possession, il n'y aurait pas à apprécier la validité de l'acte de transfert, il faudrait le prendre comme un fait ; mais en tant que fait, il révèle et manifeste le propriétaire. Cela est surtout vrai dans une législation, comme la législation allemande, qui admet pour les aliénations immobilières un régime de publicité absolue. Le transfert résulte de l'inscription au *Grundbuch* ; il est bien certain que le fait public qui révèle le propriétaire, c'est cette inscription elle-même.

Et cependant il va de soi que les circonstances extérieures susceptibles de révéler le maître de fait de la chose ne pourront jamais s'identifier avec un acte purement juridique, comme serait par exemple l'inscription au *Grundbuch*. Car cette inscription indique bien celui qui au point de vue du droit devrait être le maître de la chose, elle n'indique pas celui qui en fait et actuellement se sert de la chose et en tire profit. Cette inscription révèle le rapport d'appropriation juridique, elle ne révèle pas le rapport d'appropriation économique.

Donc concluons: le rapport d'appropriation économique, celui par conséquent qui indique le maître de fait actuel, ne peut pas résulter d'actes purement juridiques; il ne peut résulter que de circonstances de fait susceptibles d'indiquer, non pas que tel individu est autorisé à se servir de la chose, mais qu'il est actuellement le seul en état de s'en servir.

Au contraire le rapport d'appropriation juridique, même à s'en tenir au simple fait, même en tant qu'il constituerait l'extériorité du droit, peut résulter de toute circonstance extérieure de nature à révéler ou à laisser présumer le titulaire actuel du droit, donc s'il s'agit de propriété, des actes purement juridiques qui révéleraient le propriétaire.

60. — On voit donc que, tout en considérant la possession comme révélant un rapport de fait entre l'homme et la chose, rapport qui ne s'identifie pas avec l'appréhension matérielle, mais qui se traduit par un certain état de dépendance plus ou moins immédiate de la chose vis-à-vis de l'individu, en se plaçant par conséquent à ce point de vue de la constatation d'un rapport entre l'homme et la chose, on peut concevoir ce rapport sous deux aspects différents, ou bien comme un rapport d'appropriation purement économique ou comme un rapport d'appropriation juridique.

Reste à voir pour conclure lequel des deux aspects a été celui de la doctrine romaine à la dernière époque de son évolution historique, c'est-à-dire de la doctrine romaine des jurisconsultes romains et non de celle des commentateurs allemands du droit romain.

61. — Sous ce rapport il faut convenir que la plupart des solutions du Digeste que nous avons étudiées se prêtent tout aussi bien aux deux aspects ; la remise des clés, l'apposition de marque, la remise des titres de propriété, s'agissant d'esclaves, tous ces faits peuvent servir à manifester le maître de fait de la chose, celui qui prétend l'avoir pour soi et s'en servir, de même qu'ils peuvent servir à manifester le propriétaire ; tous ces faits s'appliquent à l'idée d'appropriation économique comme à celle d'appropriation juridique.

Toutefois j'aperçois, dans le défaut de généralisation du dernier procédé, la remise des titres de propriété, un premier indice en faveur de la conception qui s'en tient au point de vue économique en dehors de toute référence à une situation juridique précise dont l'influence soit prédominante en matière de possession. C'est qu'en effet tant qu'on s'en tient aux ventes d'eslaves, il n'y a rien là qui révèle le propriétaire plutôt que le maître de fait des esclaves sans autre qualification juridique. Il s'agit d'esclaves, êtres doués de volonté, qui sont prêts à obéir à leur nouveau maître, qui se sont mis ainsi sous sa dépendance ; donc il y a là un fait de maîtrise et de dépendance intentionnelle qui suffit clairement à désigner l'acquéreur comme le maître de fait actuel des esclaves : il n'y a pas là un fait qui doive se restreindre à la manifestation du droit de propriété. Mais il en serait tout autrement, je l'ai déjà dit, si l'on eût généralisé la solution, de façon à admettre pour toute chose, quelle qu'elle fût, que la prise de possession résultât de la simple remise des titres de propriété. Or, cette généralisation, Ihering l'accepte comme une conjecture, ou plutôt comme une solution conforme à l'évolution historique du droit romain pour le droit moderne, mais il n'y a pas un mot qui laisse croire qu'elle ait été acceptée de la pratique romaine ; et cette limitation constitue déjà une forte présomption en faveur de l'exclusion du point de vue strictement juridique et de la prédominance des faits économiques.

2. — Restent deux situations sur lesquelles j'ai déjà insisté, et qui donnent pleinement raison, il me semble, au point de vue que j'expose en ce moment : l'une relative à l'occupation clandestine des immeubles, l'autre à l'occupation violente s'il s'agit de meubles, à la prise de possession par voie de soustraction.

Or, prenons la première hypothèse, l'occupation clandestine des immeubles ; au premier abord elle semble fournir un argument en faveur de la thèse d'Ihering. Car à coup sûr elle révèle le maître de fait de la chose, et cependant à elle seule elle ne vaut pas prise de possession, parce qu'il peut y avoir un possesseur absent et que l'absence de ce possesseur n'ayant rien d'anormal, celui-ci conservera la possession ; aussi Ihering en tire-t-il cette conséquence que le point de vue de la propriété l'emporte sur celui de l'appropriation de fait ; car le possesseur absent se révèle ici comme le propriétaire, il ne se révèle pas comme le maître de fait : or, c'est à celui qui se révèle comme propriétaire qu'on donne la préférence ; le point de vue de l'appropriation juridique l'emporte sur celui de l'appropriation économique. Nous verrons bientôt ce qu'il y a de vrai dans ce raisonnement.

Mais passons à l'occupation violente : l'usurpateur a chassé de force le précédent possesseur ; ce fait de violence lui aura acquis la possession. Or, au point de vue de la manifestation du droit de propriété, il est bien certain que la résistance apportée par le précédent possesseur à son expulsion a une tout autre valeur encore que son absence au cas d'occupation clandestine ; le possesseur qui lutte pour rester chez lui et qui ne cède que devant la force se manifeste bien autrement comme le propriétaire de la chose, que le possesseur absent qui n'a rien fait pour garder son domaine et empêcher l'usurpateur de s'y installer. Et cependant, au cas de violence, c'est ici l'usurpateur, donc celui qui se révèle comme le maître de fait, qui a la possession et celui, au contraire, qui a les apparences de la propriété perd la possession. Le point de vue de l'appropriation économique l'emporte sur celui de l'appropriation juridique.

Notez enfin qu'en matière de meubles, il en est de même dans tous les cas de vol, vol par violence ou vol clandestin. Il est vrai que, s'il s'agit de meubles abandonnés, Ihering dit que le propriétaire a perdu les apparences de la propriété, car un propriétaire n'abandonne pas un objet mobilier. Mais supposez un vol commis dans la maison du possesseur, vol d'un meuble soumis à sa *custodia*, il ne s'agit plus de meuble abandonné, et rien ne manifeste plus l'idée de propriété que la *custodia* sur tout ce qui est dans la demeure du possesseur : le voleur n'en aura pas moins acquis la possession et l'autre l'aura perdue. C'est donc bien tout à fait le point de vue de l'appropriation de fait qui l'emporte sur celui de la manifestation du droit de propriété.

Il semble donc bien que l'idée de principe, l'idée originaire, et qui resta la conception normale, fut celle de la préférence donnée au point de vue de l'appropriation économique sur celui de l'appropriation juridique : le voleur a la possession, alors même qu'un autre se présente avec toutes les apparences de la propriété.

Reste à expliquer la solution admise en ce qui touche l'occupation clandestine des immeubles : évidemment cette solution fut inspirée par un but éminemment pratique, celui d'empêcher les propriétaires d'être dépouillés en leur absence, alors qu'ils ne pouvaient rien faire pour prévenir cette usurpation ; et, en effet, quand on est propriétaire d'un pâturage alpestre on ne laisse pas de gardien sur la montagne en plein hiver pour repousser les intrus et affirmer la propriété du possesseur absent. Voici le but pratique.

Mais la conception de ce but pratique aurait-elle donc entraîné un changement de conception doctrinale, a-t-elle eu pour effet de faire prédominer, en matière de possession, le point de vue de l'appropriation juridique sur celui de l'appropriation économique ? Je ne le crois pas.

Remarquez en effet que, si le propriétaire du *saltus*, apprenant l'usurpation, accourt sur son domaine pour en chasser l'intrus et que ce soit lui qui succombe devant la force, il perd la possession et cependant les efforts qu'il a faits pour reprendre son bien lui donnent une attitude de propriétaire aussi nettement caractérisée que possible, ils constituent même le signe le plus éclatant de l'exercice du droit de propriété : c'es la manifestation la plus visible de l'idée de propriété et de la prétention au droit de propriété.

63. — La vérité est que la conception d'un rapport d'appropriation économique était elle-même une conception très élastique, soumise à toutes les diversités d'application de la vie pratique, différente par conséquent, suivant la nature des objets eux-mêmes, et correspondant, comme dit Goldschmidt, à un fait de maîtrise dont l'appréciation soit laissée à l'opinion commune et résulte, par conséquent, pour chaque chose, d'une manifestation de la conscience populaire, donc conforme aux besoins de la vie courante : en d'autres termes, dit-il, c'est le sentiment général qui reconnaît et détermine dans quels cas il y a maîtrise de fait sur la chose : « *ein Machtverhœltniss, welches dem Gemeinbewusstsein als thatsœchliche Herschaft erscheint* » (*Studien zum Besitzrecht*, p. 3).

Or, si cet objet est un immeuble, suffira-t-il qu'un individu s'établisse sur l'immeuble pour qu'il doive en être regardé, même aux yeux de tous, par rapport à ce que pense tout le monde, le *Gemeinbewusstsein*, comme celui sous la dépendance duquel l'immeuble doive se trouver, et auquel l'immeuble doive servir, économiquement parlant ? assurément, ce fait brutal devrait servir si l'on s'en tenait à l'idée de Savigny d'une main-mise matérielle ; mais nous ne nous contentons pas d'un fait brutal d'appréhension, nous voulons un fait qui révèle que le possesseur est bien celui qui aura la chose sous sa dépendance, qui indique par conséquent une situation normale et durable, un rapport, non plus temporaire, mais permanent, entre l'homme et la chose. Or, s'il s'agit d'un immeuble, la manifestation de ce rapport, la constatation de cette situation établie à l'état permanent entre l'homme et la chose, ne peut pas resssortir d'une simple prise de possession, parce que, pour avoir pris pied sur un immeuble, il n'est pas prouvé pour cela que personne ne lui en disputera la possession ; il faut qu'il se soit établi entre celui qui est installé sur le fonds et l'immeuble lui-même une relation, c'est-à-dire un rapport de connexité accepté par l'opinion commune, relation non pas temporaire, mais suffisamment prolongée pour écarter l'idée de tout autre possesseur bénéficiant d'une relation de ce genre à l'égard du même fonds ; et cette opinion sera surtout établie et solidement fondée lorsque le précédent possesseur dont l'absence suscitait des doutes sera venu à la rescousse et aura été repoussé avec armes et bagages (95) : l'empire de fait de son successeur sera définitivement fondé et cet empire de fait, c'est la possession, non pas un contact d'un jour, mais une installation qui se pose en souveraine et qui se fait reconnaître comme telle dans le domaine du fait et de l'opinion, en attendant, s'il y a lieu, qu'on lui demande ses titres en justice.

64. — Ce point de vue est celui des textes, c'est ce que j'ai essayé d'établir jusqu'alors, mais il est surtout celui de l'histoire : et c'est précisément sur ce point que la théorie d'Ihering a soulevé le plus de critique, à peine est-il besoin d'y insister (96). Ihering affirme l'antériorité historique de la possession par rapport à la propriété, et sur ce point je crois bien que tout le monde est d'accord, il s'appuie même sur ce fait incontestable pour établir que l'inten-

---

(95) Cette opinion que l'on se fait de la possession explique cette formalité d'une lutte figurée sur le terrain introduite dans la procédure même de l'interdit *Uti possidetis*, la *Vis ex conventu* (Cf. sur ce point mon étude publiée dans la *Nouvelle Revue historique de droit* (ann. 1892, p. 245). *La* CONTROVERSIA POSSESSIONIS *et la* VIS EX CONVENTU *à propos de l'interdit* UTI POSSIDETIS. Voir sur la même question KARLOWA, *Ræmische Rechtsgeschichte*, II (1892), p. 325, not. 3 et HELLMANN, *Compte-rendu du livre d'Ubbelohde sur les interdits* (Die interdicte des ræmischen Rechtes), dans *Kritische vierteljahresschrift für Gesetzgebung und Rechtswissenschaft*, 1893, p. 364, suiv.

(96) Cf. KUNTZE, *zur Besitzlehre*, § 7, p. 38, RICCOBONO, *loc. cit.*, p. 230 et les citations.

tion du possesseur primitif, son *animus possidendi*, n'a pas pu être dirigée du côté de la propriété alors que celle-ci n'existait pas encore, et il voudrait que cette possession eût été établie en vue de protéger la propriété, et organisée sur la physionomie extérieure de la propriété, législativement moulée sur les conditions d'application de la propriété, toutes choses qui, d'après Ihering lui-même, n'existaient encore pas!

Tenons-nous-en donc au point de départ historique d'Ihering, c'est là qu'il est dans le vrai. La possession romaine nous reporte aux époques primitives qui ont précédé la construction juridique et formaliste du droit de propriété et nous ramène à ce point de transition où le droit, existant déjà dans l'instinct des masses, cherche sa formule et se fait lui-même peu à peu ses conditions d'application. L'homme s'empare d'une terre et la cultive, non seulement il a pour se défendre la force dont il s'entoure, ses esclaves et ses clients, mais aussi l'instinct inné du droit qui lui permet d'affirmer par sa possession elle-même une situation juridique et de la faire reconnaître et respecter, j'entends respecter autrement que par la force, dans son voisinage. Cette situation, c'est la possession, c'est le fait au point initial où il tend à se faire reconnaître pour un droit. Est-ce pour la garantie de ce fait aux allures juridiques que le préteur a inventé les interdits (97), ou n'est-il intervenu pour le protéger qu'après la reconnaissance de la propriété et lorsqu'il fallut, pour l'action même relative à la propriété, fixer d'après la possession antérieure les rôles en matière de preuve (98)? La question importe peu; parce que la possession

---

(97) C'est l'ancienne opinion de Niebuhr reprise par Dernburg dans son étude sur la possession (*Entwicklung und Begriff des juristischen Besitzes des rœmischen Rechts*). — Cf. Voigt, *Ueber die staatsrechtliche possessio und der AGER COMPASCUUS der rœmischen Rœpublik*, p. 241, not. 32; — Schulin, *Lehrbuch der Geschichte des rœmischen Rechtes*, § 70, p. 304, 307; — Cuq, *Les institutions juridiques des Romains*, I, p. 483, not. 4.

(98) Cf. Esmein, *Théories de la possession en Allemagne* dans *Nouv. Revue historique de droit*, 1877, p. 498, not. 1; — Ihering, *Fondement des interdits*, p. 66; *Du rôle de la volonté*, p. 106, not. 51, p. 107, not. 53; — Bekker, *Recht des Besitzes*, p. 92, suiv.

primitive, cet état de fait qui tendait à la propriété, fut certainement protégée par les mœurs avant de l'être par le magistrat et que la question de savoir combien de temps elle dut attendre avant d'attirer à elle une protection judiciaire n'est qu'une question de plus ou de moins chronologique (99) qui ne touche pas aux caractères mêmes de la possession primitive ; et qu'enfin, dût-on reconnaître que cette intervention ne se produisit qu'à propos de la revendication, qu'il faudrait encore admettre qu'elle se produisit sur les bases et sur le fondement de la possession juridiquement existante (100) ; le préteur n'a pas inventé la possession pour régler l'attribution de ses *vindiciæ*, mais il l'a utilisée pour se tirer d'affaire en cette matière, et ceci nous suffit amplement ; nous apercevons la possession comme un état de fait antérieur qui s'organisait peu à peu comme un état de droit, c'est-à-dire susceptible de produire des effets juridiques.

Cet état de fait ne pouvait pas reproduire la physionomie de la propriété, celle-ci n'étant pas encore construite comme un droit proprement dit ; mais il reposait sur un rapport extérieur qui, dans l'esprit de ceux qui le constataient, était de nature à passer pour une situation juridique ; une situation qui tendait vers le droit, qui voulait se faire accepter par tous comme une situation durable, et c'est là ce qui constitue un rapport juridique.

Puis, après que la propriété se fut organisée, la valeur juridique qu'avait acquise la possession ne lui fut pas retirée, elle resta à côté de la propriété, chose de droit protégée sous une forme absolue, c'est-à-dire destinée à l'emporter envers et contre tout, et elle resta comme la forme spontanée, imprécise, populaire et variable qui continua à recevoir une protection telle quelle, mais une protection devenue provisoire, depuis qu'elle pouvait désor-

(99) Sur cette question de date voir un exposé d'idées très neuves et très personnelles dans KARLOWA, *Rœmische Rechtsgeschichte*, II (1892), p. 313, suiv., p. 318.

(100) BEKKER, *Recht des Besitzes*, p. 99 ; PFERSCHE, *Die Interdicte des rœmischen civilprocesses*, p. 74, not. 1.

mais être obligée de céder devant une action supérieure, l'action fondée sur le droit de propriété.

Elle était née avant la propriété (101) donc sans se modeler sur elle ; et en subsistant à côté de la propriété, s'il put arriver qu'au contact elle lui fît certains emprunts, pour l'ensemble elle en resta indépendante, continuant à vivre dans le domaine des faits, des usages, et de l'opinion, indépendamment de toute corrélation étroite entre ces appréciations spontanées de la conscience juridique et les formes légales du droit de propriété.

Elle fut encore la visibilité d'un état juridique et protégée comme telle ; seulement cet état juridique ainsi manifesté par elle n'était pas seulement celui qui correspondait au droit de propriété mais à toute situation qui aux yeux du peuple dut constituer l'empire économique sur la chose ; et c'est ainsi que, si la relation du cultivateur avec la terre eût été à Rome ce qu'elle devint en France au moyen âge, le peuple n'aurait pas manqué d'attribuer un empire économique sur la terre, donc la possession, au tenancier et par suite au fermier, plutôt qu'au propriétaire. Mais n'anticipons pas ; il suffit que nous ayons la manifestation de ces tendances dans tous les cas de ce qu'on a appelé la possession dérivée dans lesquels la possession appartient à qui n'est pas propriétaire et ne se reconnaît pas pour propriétaire. C'est qu'en matière de possession le criterium n'est pas la visibilité de la propriété, mais la manifestation d'un rapport de fait qui donne à celui qui le possède le véritable pouvoir sur la chose, qui fait de lui le véritable maître, le propriétaire n'étant plus que le maître de nom, pour l'honneur, comme le seigneur du moyen âge vis-à-vis de certains tenanciers.

65. — Il est vrai que, sans quitter le domaine du droit romain pur, on peut signaler, au fur et à mesure du développement des

---

(101) Sur cette question d'histoire on consultera avec fruit l'importante étude en cours de publication de CAPONE, *Saggio di ricerche sulle vicende della proprieta et sulla origine storica del possesso in Roma* dans *Archivio Giuridico*, 1893.

besoins et de l'élargissement correspondant des conceptions, des applications nouvelles de l'idée de possession, comme par exemple, au cas de possession indirecte, le maintien de la possession malgré l'abandon du représentant, tout au moins tant qu'il n'y a pas eu occupation par un tiers.

En cette hypothèse, il fallait toutefois distinguer deux éventualités, le cas d'abandon avec esprit de retour et par conséquent, momentanée, c'est l'hypothèse analogue à celle qui a fourni la décision en matière de *saltus*, et le cas d'abandon définitif du représentant.

Dans le premier cas bien entendu la possession n'est pas perdue par le seul fait de l'éloignement du représentant, pas plus qu'elle ne le serait si ce fût le propriétaire qui possédât par lui-même et qui abandonnât momentanément son fonds, le cas de la possession directe; seulement il y a cette différence que l'occupation immédiate par un tiers enlevait *ipso facto* la possession sans qu'il y eût à distinguer si le propriétaire eût connu ou non l'absence de son mandataire et l'usurpation de l'intrus. S'il eût possédé lui-même il n'aurait pas perdu la possession par le seul fait qu'en son absence un tiers se fût installé chez lui; s'il possède par un autre, il perdra la possession si en l'absence de son mandataire il y a usurpation de son bien. On comprend la différence : du moment qu'il y avait un représentant pour garder le fonds, il ne rentrait plus dans les usages de l'exploitation que le domaine fût abandonné à certaines périodes et alors, si le représentant abandonne son poste, le fonds se trouve dans une situation économique contraire à son exploitation normale. On comprend alors que si un tiers l'occupe en cet état, on ne puisse plus l'accuser d'occupation clandestine, on comprend que la maîtrise de fait lui soit immédiatement reconnue par rapport au fonds qu'il occupe (102).

Prenons l'autre hypothèse, celle d'un abandon sans esprit de

(102) L. 44, § 2 D., 41 (2).

8*

retour ; si c'est le possesseur qui délaisse ainsi à tout jamais sa terre, il va de soi qu'il en perd sans plus tarder la possession ; et Dieu sait si le cas était fréquent à la fin du Bas Empire à l'époque où se multipliaient les *agri deserti* et les terres abandonnées. Mais si cet abandon à titre définitif vient d'un représentant, au cas de possession indirecte, Papinien nous dit que la possession n'est plus perdue pour le possesseur.

Cette opinion de Papinien eut sans doute quelque peine à se faire reconnaître ; car nous savons par Justinien qu'il y avait eu controverse en cette matière entre Sabiniens et Proculiens et tout porte à croire que la controverse roulait précisément sur ce point spécial. On peut en effet le conjecturer à la lecture d'un passage de Pomponius (103), extrait précisément de son commentaire *ad Sabinum*, lequel nous dit que si le fermier abandonne le fonds sans avoir l'intention d'abandonner la possession et qu'il y revienne, la possession est maintenue au profit du bailleur ; cela signifie bien certainement que s'il était parti sans esprit de retour, la possession eût été perdue pour le bailleur. Donc c'est le contraire de ce que disait Papinien.

En tout cas Justinien, par une constitution qui a joué un certain rôle dans la question célèbre de l'*actio momentariæ possessionis* (104), tranche la controverse en faveur de l'opinion soutenue par Papinien en déclarant que le propriétaire, lorsque son représentant abandonne par négligence ou par dol le fonds dont il a la garde, de telle sorte qu'il soit ouvert à toutes les usurpations des tiers, ne devra pas en souffrir de préjudice, ce que l'on a traduit, malgré le dissentiment d'Ihering, en ce sens, non pas qu'il pût par l'interdit *unde vi* recouvrer sa possession perdue, mais bien que sa possession lui fût maintenue ; et Savigny va même jusqu'à croire qu'elle lui serait encore maintenue au cas d'occupation par un tiers, comme s'il s'agissait de possession directe, ce qui est

(103) L. 31 D. (41, 2).
(104) L 12. Cod. (7, 32).

toutefois peu probable pour les raisons indiquées plus haut (105).

On voit donc à quelles diversités de solutions se prêtait la conception étatisque que l'on se faisait de la possession : maintenue au propriétaire malgré l'abandon, même définitif, de son représentant, parce que la fuite de son mandataire n'empêche pas le représenté d'apparaître comme celui qui a l'appropriation économique de la chose : puis disparaissant dès qu'un tiers l'occupe, parce que l'abandon d'une terre gardée et occupée à poste fixe opère au profit de l'occupation matérielle, même clandestine, d'un tiers un déplacement de rapport économique qui fait de ce dernier le maître actuel de la chose abandonnée.

Mais si dans ce dernier cas la possession est perdue, Justinien, par une autre constitution (106), non moins célèbre et au même titre, étend à cette hypothèse l'interdit *unde vi ;* tout porte à croire qu'il l'étend également au cas de possession directe lorsque le possesseur apprenant l'usurpation cède la place et reste coi uniquement par peur de la violence (107) ; de sorte que la *Dejectio,* condition nécessaire de l'interdit *unde vi,* n'est plus seulement caractérisée par la violence réalisée ; elle peut consister dans la simple menace de violence, dans le fait d'une prise de possession accomplie dans de telles circonstances que le possesseur n'ose plus venir à la rescousse et cède devant la peur, il perd donc la possession, mais il la recouvrera par l'interdit *unde vi.*

Enfin chez les glossateurs, et sous l'influence des fameuses présomptions de Placentin, il sera censé resté possesseur, et toute possession antérieure une fois prouvée fera présumer le maintien de la possession tant que le possesseur actuel n'aura pas établi la régularité de son mode d'acquisition de la possession (108).

---

(105) Sur toute cette question v. BRUNS, *Die Besitz klagen,* p. 108 suiv. ; IHERING, *Fondement des interdits,* p. 103 suiv. ; SAVIGNY, *Possession,* p. 358.

(106) L. 11 Cod. (8, 4).

(107) Sur tous ces points, voir IHERING, *loc. cit.,* p. 107, suiv. ; Bruns, *loc. cit.,* p. 120 suiv. ; SAVIGNY, *loc. cit.,* p. 455.

(108) Cf. BRUNS, *Das Recht der Besitzes im Mittelalter und in der Gegenwart,*

Il suffit de ce simple aperçu pour montrer combien même dans son point de départ romain la notion de possession était chose élastique et flottante, et combien elle était susceptible de se prêter à toutes les applications que nécessiteront plus tard la fréquence des violences et les troubles de la propriété : en tout cas on voit par ces extensions incessantes combien peu la possession a été enfermée dans le moule étroit de la configuration du droit de propriété.

Je ne nie pas du reste que toutes ces applications ne se réfèrent surtout à la question de *l'animus*, et c'est pourquoi je n'ai fait que les effleurer ici ; mais elles montrent aussi, par l'impression d'élasticité qu'elles nous donnent du rapport possessoire, combien la conception que j'indiquais est conforme à l'histoire du développement du système possessoire et à ce titre elles apportent à cette thèse une confirmation que je devais au moins indiquer. En tout cas, c'est la condamnation certaine du système qui s'en tient à la corrélation étroite et rigoureuse avec l'idée de propriété.

66. — Ce qui a fait la méprise en toutes ces matières, c'est qu'on a confondu sans cesse les différents rôles de la possession. On a voulu unifier ses deux rôles principaux et distincts ; la possession a une valeur en soi, et elle a un rôle, et comme une utilisation, en matière de propriété et à l'état de présomption, ou de propriété probable. Lorsqu'on l'invoque pour fixer les rôles en matière de preuve dans la revendication, il va de soi que cela suppose que le possesseur se dit propriétaire et qu'ici la situation juridique manifestée par la possession se précise et prend un nom, elle devient, comme le voulait Ihering, la visibilité de la propriété ; et il en est de même lorsqu'elle est invoquée pour l'usucapion, c'est-à-dire pour la prescription acquisitive de la propriété: la

p. 117, 118 (Bruns cite ici à la page 110 un passage de Roffredus dans lequel figure le sigle P. qu'il traduit à tort par Pilius au lieu de Placentinus) ; cf. Ruffini, *l'Actio spolii*, p. 269, not. 3 ; Landsberg, *Die Glosse des Accursius*, p. 271 ; et surtout Bruns, *Der œltere Besitz und das* Possessorium ordinarium § VI, (dans *Kleinere Schriften*, I, p. 177).

propriété qui se prouve par ses actes et non par des titres, doit se manifester à l'état de propriété et non comme un simple rapport économique qui n'ait pas pris corps et qui ne se soit pas affirmé comme le droit qu'elle réclame ; mais cela n'a aucun rapport avec un état de fait possessoire qui entend se faire protéger en lui-même et pour lui-même et intenter, pour sa défense, les interdits à Rome, les actions possessoires en France. Si les actions dont il veut se servir n'ont d'autre but que de préparer l'instance au pétitoire, rien de mieux que l'on revienne à la dépendance juridique par rapport à la propriété ; mais si elles ont pour objectif la protection de ce rapport lui-même, jugé digne d'être défendu et garanti pour lui-même jusqu'à plus ample informé, il faut laisser de côté toute idée de propriété, et s'en tenir à la possession comme telle ; c'est cette distinction si profondément juridique, et conforme à la nature des choses dont notre jurisprudence a eu l'intuition dans sa théorie sur les actions possessoires et en particulier sur la réintégrande (109), distinction qui lui vient du moyen âge, qui se retrouve et se retrouvera partout là où le droit sera livré à son développement populaire et spontané, et qui n'a pour la méconnaître que l'esprit de systématisation unitaire des jurisconsultes qui sont purement théoriciens, et il paraît qu'il y en a encore.

67. — Je conclus donc que ce qui constitue le *corpus* possessoire, c'est un ensemble de faits qui soient de nature à révéler entre celui auquel ils se rapportent et la chose qu'ils ont pour objet, un rapport durable d'appropriation économique, un rapport d'exploitation de la chose au service de l'individu.

R. SALEILLES.

(109) AUBRY et RAU, *Cours de droit civil français*, t. II, § 189, not. 1 ; pour la Jurisprudence, v. *Répertoire général alphabétique de Fuzier-Herman* (Sirey) vº *Action possessoire*, nᵒˢ 152 suiv. ; et pour l'histoire RUFFINI, *loc. cit.*, part. V et VI.

DIJON, IMPRIMERIE DARANTIERE, RUE CHABOT-CHARNY, 65

(Extrait de la *Revue bourguignonne de l'Enseignement supérieur*, année 1893).

ÉTUDE

SUR LES

ÉLÉMENTS CONSTITUTIFS
DE LA POSSESSION
(Suite).

2° *L'Élément intentionnel ou* **Animus**.

I

68. — J'ai exposé les différentes théories émises à propos du *Corpus* possessoire. Je passe maintenant au second élément de la possession, l'*animus possidendi*.

C'est sur ce point que le dernier livre d'Ihering a renouvelé de fond en comble toutes les théories régnantes en matière de possession et bouleversé toutes les idées reçues. Ihering a d'ailleurs dépassé de beaucoup le domaine de la possession proprement dite, il s'est attaqué aux questions de méthode ; c'est là surtout qu'il a pris à partie les abus de la méthode déductive et qu'il a mis en pleine lumière les excès de l'esprit géométrique en matière juridique (1). Bien entendu une œuvre de cette nature était

---

(1) Voir IHERING, *Besitzwille* (1889), traduit en français par M. de Meulenaere sous le titre suivant « *Du rôle de la volonté dans la possession* ».

Je me contente de citer ici les principales études suscitées par la théorie nouvelle d'Ihering et qui l'exposent en la faisant suivre d'observations critiques : KUNTZE, Zur Besitzlehre, für und wider Rudolf von Ihering (Leipzig, 1890) ; BARON, Zur Lehre vom Besitzwillen (dans *Iahrbücher für die Dogmatick des Heutigen ræmischen und deutschen Privatrechts*, 1890, p. 192 suiv.) ; BEKKER, Zur Reform des Besitzrechts (dans *Iahrbücher*, 1891, p. 235 suiv.) ; BARON, Noch einmal der Besitzwille (*Iahrbücher*, 1890, p. 197 suiv.) ; KLEIN, Sach Besitz und Ersitzung (Berlin, 1891), *passim*, cf. p. 41 suiv., p. 77 suiv., p. 430 suiv. ; SCHUPPE, Das Recht des Besitzes (Breslau, 1891) *passim*, cf. p. 70 et suiv. ; HIRSCH, Die Principien des Sachbesitzerwerbes und Verlustes (Leipzig, 1892), ch. IV, p. 537 suiv. ; KARLOWA, Ræmische Rechtsgeschichte, t. II (Leipzig, 1892), p. 332, note 1 ; KUNTZE, Ihering, Windscheid, Brinz (1893) ; RICCOBONO, la Teoria del possesso nel Diritto romano (dans *Archivio giuridico*, 1893, t. 50, p. 227), cf. JEAN APPLETON, Essai sur le fondement de la protection possessoire (thèse, Paris, Larose, 1893, p. 90 suiv.). On pourra comparer également WINDSCHEID dans la 7ᵉ édition de ses Pandectes et IHERING dans

9*

destinée à soulever bien des polémiques, puisque tout le monde
se trouve en quelque sorte pris à partie. Ihering ne s'attaque pas
seulement aux théories régnantes ou aux jurisconsultes modernes;
il s'attaque aux Romains eux-mêmes, ou du moins à l'un des plus
grands d'entre eux, à Paul, qu'il accuse d'avoir inventé de pré-
tendus principes juridiques en vue de fournir une construction
logique des solutions du droit. Paul aurait fait comme beaucoup
de théoriciens du Code civil qui, sous prétexte de ramener, dans
une matière donnée, toutes les solutions du Code à un principe
unique et de les rattacher à une idée dominante, imaginent une
conception initiale dont ils font la base de la matière et de laquelle
tout découle. Le malheur est que, non seulement le principe est
supposé en vue d'expliquer des solutions certaines du législateur,
mais que, une fois le principe posé, ou en tire une foule d'autres
conséquences dont le législateur n'a pas parlé, qu'il n'a certes pas
prévues, et qui ne sont que les corollaires logiques d'un prétendu
principe imaginé par les interprètes. Cette façon géométrique de
comprendre et d'interpréter le droit est assurément des plus dan-
gereuses; car elle conduit le plus souvent à des conséquences que
le législateur n'aurait jamais admises s'il les eût soupçonnées;
donc elle trahit la volonté du législateur et elle fausse le sens de
la loi. De plus, elle conduit à des conséquences qui sont le plus
souvent en désaccord complet avec les besoins de la pratique et
avec les conceptions du bon sens et de l'équité. Donc l'abus de la
logique, ou ce qui est la même chose l'abus des constructions juridiques, 1° viole la loi le plus souvent et 2° méconnaît les besoins
de la pratique et les données du bon sens et de la justice (2).

son dernier article sur la possession, Der Besitz, publié d'abord dans l'*Haud-
wœterbuch der Staatswissenschaften*, t. II, p. 406 et reproduit dans les *Iahrbücher*, 1893, p. 41 suiv.; *add.* Hœlder, dans *Kritische Vierteljahreschrift für
G. und R. W*, t. 34, p. 219 suiv.; Strohal, dans *Ihering's Iahrbücher*, t. 29
et 31; Eck, *Windscheid und Ihering*; Zoll, dans *Zeitschrift für Privat und
œff. R.*, t. 17; Stintzing, Der Besitz, 1890.
(2) Je saisis l'occasion qui m'est ici fournie de signaler une étude très pénétrante parue dernièrement sur ces questions de méthode juridique avec ap-

Cette méthode d'allure toute philosophique était celle de Bartole et de son école ; c'est contre ses excès que s'est élevé avec tant de vigueur notre plus grand jurisconsulte français, l'illustre Cujas. Cette méthode de théoricien a été reprise par Donneau, et Donneau a été de tous nos grands romanistes de la Renaissance celui qui a conservé le plus d'influence en Allemagne. L'École allemande est peut-être celle qui a le plus abusé des constructions juridiques, et l'un des maîtres en cette matière a été Puchta, l'un des disciples de Savigny.

Or Ihering accuse Paul d'avoir eu les mêmes tendances à l'abstraction juridique : il l'appelle le Puchta des Romains. Les principes que Paul a pu imaginer pour expliquer les solutions du droit romain, ces principes, dit-il, n'appartiennent qu'à lui et lui restent personnels ; ils n'appartiennent pas au droit romain. L'*animus domini* en matière possessoire serait précisément une de ces conceptions abstraites imaginées par Paul pour expliquer le défaut de possession des détenteurs pour autrui. Cette conception n'a donc pas d'autre valeur que celle d'une explication toute personnelle à Paul, absolument comme chez nous, par exemple, pour expliquer les effets de la stipulation pour autrui dans les cas où elle est valable d'après l'art. 1121 cod. civ., certains auteurs font intervenir l'idée d'une offre suivie d'acceptation, tandis que d'autres y voient un cas de gestion d'affaires, ou enfin encore un exemple d'acquisition d'un droit au profit d'un tiers en dehors de toute

---

plication de la méthode nouvelle à une matière déterminée ; on y verra mis en relief, avec une vigueur tout à fait convaincante, les abus de la méthode de construction juridique, en même temps que l'on trouvera un essai de précision et de mise au point absolument remarquable des idées qui doivent servir de base à la méthode nouvelle, fondée sur la recherche de l'intérêt pratique et du but à atteindre (V. STAMPE, Die Lehre von der Abtretung der Vindication. Ein Musterbeispiel für die praktischen Verstœsse unserer Wissenschaft und ihre Gründe (dans *Archiv für die civilistische Praxis*, 1893, p. 305 et suiv. et principalement ch. III, p. 370 et suiv.) cf. SCHUPPE, Das Recht des Besitzes, p. 12 suiv. et MERKEL, Ihering, dans *Iahrbücher*, 1893, p. 28 suiv. (cf. p. 38, note 1).

participation de ce tiers au contrat. Ce sont là des conceptions abstraites mises en avant pour expliquer une solution qui en soi est certaine ; mais toutes ces conceptions sont personnelles à leurs auteurs et on ne peut pas dire que le législateur du Code civil ait eu son attention attirée sur chacune d'elles et qu'il ait entendu se décider pour l'un de ces principes abstraits plutôt que pour l'autre. Le Code civil a donné une solution pratique qui doit être interprétée dans le sens où elle est le plus capable de produire les effets pratiques qu'on est en droit d'attendre d'elle.

Il faut en dire autant des solutions du droit romain. Ces solutions avaient été inspirées par la pratique, et quant aux principes inventés après coup pour les expliquer rationnellement, ce sont là des abstractions de jurisconsultes qui n'appartiennent plus au droit romain proprement dit.

Et par conséquent dans un pays comme l'Allemagne où le droit romain est resté en vigueur, ces abstractions ne lient pas le juge moderne, chargé de faire application du droit romain.

69. — Il importe maintenant, avant d'exposer les idées mêmes du maître, de rappeler en quelques mots quelle était la théorie régnante avant l'apparition du livre d'Ihering, en indiquant ensuite les contradictions auxquelles elle prêtait le flanc (3).

La théorie régnante sur l'*animus domini* peut tenir dans une formule des plus simples et des plus brèves, qui serait la suivante : la possession n'exige pas seulement pour exister un état de fait matériel représenté par ce que nous avons appelé le *Corpus* possessoire, elle implique l'existence d'une volonté spéciale chez celui qui prétend être possesseur ; et cette volonté serait l'intention juridiquement manifestée de se conduire en propriétaire et de

(3) Je crois inutile d'indiquer sur ce chef aucune référence : la théorie de Savigny se trouve à peu près dans tous les ouvrages sur la possession et dans tous les livres de Pandectes et les Manuels de droit Romain : il faudrait citer tout le monde, mieux vaut ne citer personne. Il suffira de se reporter, pour ce qui est des livres spéciaux sur la possession, à ceux qui ont été signalés dans les chapitres qui précèdent sur la théorie du *corpus* possessoire.

prétendre à la propriété, ce que l'on a appelé l'*animus dom.ini*. Cet *animus domini* ne doit pas être seulement un fait intime qui n'existe que dans le for intérieur, sinon il serait impossible d'en faire la preuve autrement que par la déclaration de celui qui se prétend possesseur, il doit résulter du titre même en vertu duquel il la dé-.tient. C'est pour cette raison que les détenteurs précaires sont censés n'avoir pas l'*animus domini* et par suite sont exclus de la possession ; parce que par le titre même qui leur a donné la jouissance de la chose, ils ont reconnu la propriété d'autrui et renoncé à se prétendre propriétaires.

Toutefois, comme certains détenteurs pour autrui sont déclarés possesseurs, tels que le gagiste, le précariste et d'autres, Savigny avait imaginé l'idée que la possession était une valeur transmissible, comme tout autre droit ayant une valeur patrimoniale, et que par suite dans ces cas exceptionnels le possesseur originaire était censé avoir transmis sa possession au détenteur ; de sorte que Savigny distinguait deux sortes de possession, une possession originaire et une possession dérivée.

70. — Telle est brièvement résumée toute la théorie régnante en ce qui touche l'*animus domini*.

Déjà, bien avant Ihering, elle avait été fortement attaquée, à propos principalement de la prétendue possession dérivée. C'est qu'en effet l'explication de Savigny sur ce point ne serait acceptable que si le droit romain eût admis que tout possesseur pût à sa volonté aliéner sa possession ; et de fait, un jurisconsulte allemand, Thibaud, avait eu la logique d'attribuer cette solution au droit romain. Mais les textes protestent contre toute solution de ce genre ; l'attribution de la possession à Rome n'est pas affaire de convention ; mais l'attribution de la possession dépend de certaines circonstances de fait expressément admises et déterminées par le droit et indépendamment de toute volonté contraire des parties. Cela revient à dire que la possession en soi est intransmissible au gré des parties, et qu'il n'y a pas à proprement parler de possession dérivée. Donc il faut se résigner à considérer la possession du gagiste, du précariste et d'autres de ce genre, comme de véritables exceptions, comme la contradiction même du dogme de l'*animus domini*, puisque en pareil cas le possesseur n'a pas l'*animus domini*. Ce sont des exceptions qui s'expliquent sans doute par le but même de ces diverses institutions : le gagiste doit être indépendant du débiteur qui lui a fourni le gage, donc il doit avoir les interdits ; de même le précariste doit être traité en fait comme s'il était le propriétaire ; mais enfin ces exceptions prouvent tout au moins que l'*animus domini* n'était pas un élément indispensable pour l'existence de la possession.

74. — D'autres ont essayé de contester le caractère exceptionnel de la possession attribuée au gagiste, au précariste, et autres de ce genre.

Ils ont dit que le prétendu *animus domini* n'était pas à proprement parler la prétention à la propriété. On sait en effet que l'expression d'*animus domini* n'est pas romaine ; nos sources, et Paul lui-même, ne parlent que d'*animus possidendi* ; et c'est dans Théophile que se trouve l'expression de ψυχη δεσποζοντος, que Savigny a traduite par *animus domini*. Or, a-t-on dit, les Romains, et Paul en particulier, en parlant d'*animus possidendi*, ont eu en vue l'appropriation de fait en dehors de toute qualification juridique. L'*animus* serait donc l'intention d'avoir la chose pour soi, ce que l'on a appelé l'*animus rem sibi habendi*, la volonté d'en être le maître, indépendamment de la question de savoir si l'on prétend en être le propriétaire.

On peut remarquer que cette conception de l'*animus* concorde absolument avec celle précédemment exposée sur le *corpus* possessoire.

Le *corpus* est, d'après ce qui a été dit, un état de fait qui révèle l'appropriation économique de la chose, indépendamment de toute idée d'appropriation juridique.

Or l'*animus* serait la volonté de réaliser cette appropriation économique, volonté indépendante de toute prétention à l'appropriation juridique de la chose.

Et dès lors, a-t-on dit, si on se place à ce point de vue de la volonté de se comporter en maître, indépendamment de toute prétention à la propriété, on a pu admettre que le gagiste et le précariste avaient cette volonté par suite de la fonction économique de ces deux contrats particuliers, tandis que les détenteurs pour autrui ordinaires n'avaient aucune prétention de ce genre.

Cette explication, qui concorde si bien avec celle que j'ai donnée du *corpus* possessoire, est certainement aussi, sauf peut-être certaines nuances qu'il y aura à préciser, celle que je serai tenté d'admettre.

72. — Mais si l'on s'en tient aux apparences, et à la prendre sous la forme un peu sommaire sous laquelle je viens de la présenter, elle se heurte à d'assez graves objections ; et en particulier elle paraît très incapable de rendre compte de la distinction entre la possession proprement dite et la simple détention.

Prenons en effet des cas de simple détention, comme celui du fermier par exemple : en quoi le fermier a-t-il moins la volonté d'avoir la chose pour lui et de s'en servir que le gagiste et le précariste ? Le fermier détient la chose et il en jouit ; il l'exploite et en tire revenu ; d'autre part, par son titre même d'acquisition il a manifesté son intention de jouir et de se poser en maître actuel de la chose. Sans doute par son titre d'acquisition il a reconnu qu'il n'en serait pas le maître absolu, et entre autres qu'il ne pourrait pas disposer de la chose ni en changer la substance ; mais il en est exactement de même du gagiste et du précariste. Les obligations qui dérivent du fait juridique qui les a mis en possession de la chose imposent les mêmes restrictions aux droits du gagiste et du précariste. Leurs titres d'acquisition manifestent l'intention de n'exercer sur la chose qu'un pouvoir de fait limité et restreint.

Or, cette intention suffit cependant à leur faire avoir la possession et les interdits ; pourquoi une intention similaire ne suffirait-elle plus en ce qui touche le fermier ?

On en arriverait à cette conclusion que, si l'*animus possidendi* doit être conçu, non pas comme *animus domini*, c'est-à-dire non pas comme prétention à la propriété, mais comme *animus rem sibi habendi*, c'est-à-dire comme prétention à la maîtrise de fait sur la chose, il n'y a que deux solutions possibles : ou bien ce pouvoir de fait que l'on revendique sur la chose est un pouvoir absolu et alors, comme le gagiste et le précariste n'ont pas ce pouvoir absolu, pas plus que le fermier ou tout autre détenteur pour autrui, il faudrait dire que le gagiste et le précariste n'ont pas un *animus rem sibi habendi* suffisant et que par suite ils ne devraient pas avoir la possession ; ou bien ce pouvoir de fait affirmé par le possesseur n'est qu'un pouvoir limité et, alors ce pouvoir limité étant revendiqué aussi bien par le fermier que par le gagiste, il faudrait reconnaître au fermier un *animus rem sibi habendi* suffisant à lui faire obtenir la possession.

Donc, si l'on s'en tient à la notion d'un *animus rem sibi habendi* il devient impossible de trouver la base d'une distinction rationnelle entre la possession proprement dite et la simple détention ; impossible surtout d'expliquer les différences admises entre les diverses catégories de détenteurs. Ou cet *animus rem sibi habendi* est l'affirmation d'un pouvoir absolu et alors aucun détenteur pour autrui ne devrait être déclaré possesseur, ou c'est l'affirmation d'un pouvoir limité et tous les détenteurs pour autrui devraient avoir la possession. Mais quelle que soit la conception que l'on adopte, c'est tout ou rien ; d'aucune façon il ne saurait y avoir place pour la moindre distinction.

Il faut dire en outre que ce dilemme n'est lui-même qu'apparent : l'une des deux branches en effet doit être écartée. Je disais en effet que l'*animus rem sibi habendi*, considéré comme affirmation d'un simple pouvoir de fait, pouvait être conçu comme la prétention à l'exercice d'un pouvoir absolu, ou comme prétention à l'exercice d'un pouvoir limité. Or remarquez que prétendre à l'exercice d'un pouvoir absolu c'est prétendre à la qualité de propriétaire, puisqu'il n'y a que la qualité de propriétaire qui puisse donner un pouvoir absolu sur les choses. Du moment que le possesseur prétendrait vouloir qualifier le pouvoir dont il dispose et prétendrait en fixer les limites, cela ne pourrait se faire qu'autant qu'il préciserait le droit en vertu duquel il possède ; car il n'y a que si on se place au point de vue du droit que l'on peut préciser l'étendue des différents pouvoirs que l'on prétend exercer sur une chose. En tout cas, affirmer l'exercice d'un pouvoir de fait absolu, c'est affirmer sa prétention à la propriété. Si donc l'*animus rem sibi habendi* était conçu comme la revendication d'un pouvoir de fait absolu, il se confondrait avec l'*animus domini* de Savigny. Pour que l'*animus rem sibi habendi* se restreigne à l'affirmation d'un pouvoir de fait indépendant de toute prétention à la propriété, il faut forcément qu'il s'agisse d'un pouvoir de fait indéterminé, d'un pouvoir de fait tel quel, dont on n'exige pas de celui qui l'exerce qu'il en précise exactement les limites et la portée.

Donc, ou bien l'*animus possidendi* se place au point de vue du droit, et alors il se confond avec l'*animus domini* ; ou il se place au point de vue du fait, en tant qu'*animus rem sibi habendi*, et alors il ne peut être que l'affirmation d'un pouvoir de fait tel quel sur la chose.

Si donc il n'est que l'affirmation d'un pouvoir de fait tel quel, que la prétention à ce que j'ai appelé l'appropriation économique de la chose, cet *animus rem sibi habendi* existe forcément chez tous les détenteurs quelconques. D'où cette conséquence que tous les détenteurs conscients de leur détention devraient être qualifiés de possesseurs.

Ce sera précisément la conclusion à laquelle arrivera Ihering. Je ne fais que la laisser pressentir pour le moment. Tout ce que je veux retirer des observations qui précèdent, c'est que si l'on s'en tient à la notion de l'*animus domini* de Savigny, aucun détenteur pour autrui ne devrait avoir la possession ; et cependant le droit romain nous présente des détenteurs pour autrui qui sont possesseurs ; et, si on rejette l'*animus domini* de Savigny en tant que prétention à la propriété pour s'en tenir à la notion d'un *animus rem sibi habendi* considéré comme affirmation d'un simple pouvoir de fait sur la chose, il faudrait alors qualifier de possesseurs tous les détenteurs quelconques ; et cependant en droit romain la plupart des détenteurs pour autrui sont exclus de la possession.

Ainsi de quelque côté qu'on l'envisage, la théorie de l'*animus possidendi* ne conduit qu'à des contradictions et des impossibilités.

73. — Je rappelle d'autres difficultés déjà rencontrées chemin faisant et qui touchent aussi à cette question de l'*animus*. En voici une eutre autres déjà signalée. Le *corpus* possessoire ne peut avoir de valeur au point de vue juridique que s'il émane lui-même d'une volonté consciente ; et par conséquent ce que l'on appelle la détention, c'est-à-dire d'après Savigny le simple fait d'avoir le *corpus* sans l'*animus domini*, cette détention implique déjà un certain *animus* spécial, c'est-à-dire la volonté d'être détenteur et d'exercer ce pouvoir de fait qui constitue le *corpus* lui-même.

Donc, si le *corpus* possessoire c'est tout état de fait qui révèle l'appropriation économique de la chose, et si d'autre part la détention est constituée par ce *corpus* ainsi déterminé, il en résultera que toute détention impliquera également la volonté de réaliser cette appropriation économique de la chose. Toute détention comprendra deux éléments, le *corpus*, tel que je l'ai défini et l'*animus rem sibi habendi* tel que je le définissais tout à l'heure, c'est-à-dire comme volonté d'appropriation économique. Plus simplement toute détention consiste à se comporter comme le maître de fait de la chose et à vouloir se comporter comme tel.

C'est également un point qu'Ihering a très vivement mis en lumière.

Et alors, si toute détention implique déjà un élément de volonté, n'y a-t-il pas lieu de croire que c'est à cet élément intentionnel que font allusion celles de nos sources qui parlent d'*animus*, et celles surtout qui, au lieu d'*animus*, parlent d'*affectio tenendi* ? Faudrait-il donc au contraire exiger pour qu'il y eût possession un second élément de volonté, et un nouvel *animus* spécial, un *animus* qui serait la prétention à la qualité de propriétaire ?

De sorte que la possession, pour être la possession juridique, exigerait un double *animus*, un *animus* qui ne se placerait qu'au point de vue du fait, ce serait la volonté d'exercer une certaine maîtrise sur la chose, volonté qui se retrouverait dans toute détention quelconque ; puis ensuite un *animus* qui se placerait au point de vue du droit, et qui serait la volonté d'exercer cette maîtrise de fait en vertu d'un droit, ou en affirmant l'existence d'un droit à son profit. Ce serait là l'élément spécial à la possession et ce qui la distinguerait de la détention.

Mais l'existence de ce double élément intentionnel en matière possessoire devient forcément douteuse en présence de l'ambiguité des termes à laquelle le mot *animus* peut prêter.

74. — Une autre source de difficultés à laquelle on ne paraît guère avoir songé avant Ihering, ce sont les difficultés relatives à la preuve.

Celui qui invoque la possession pour se prévaloir des interdits doit forcément faire la preuve de son droit, donc prouver sa possession elle-même, et en établir les éléments constitutifs.

Or, d'après la théorie dominante, l'*animus domini* est un des éléments essentiels de l'existence de la possession ; ce serait donc au demandeur, à celui qui veut invoquer sa possession en vue d'un interdit, à faire la preuve de son *animus*.

Mais vous comprenez bien que l'*animus* étant un fait d'ordre interne ne peut être considéré comme établi au point de vue du droit que s'il s'incarne dans un fait extérieur indépendant de tout changement de volonté de la part de celui qui se déclare possesseur.

Ce fait extérieur quel sera-t-il ? On pourrait songer au premier abord aux faits qui constituent le *corpus* lui-même ; mais dans toutes les théories les faits qui constituent le *corpus* possessoire ont une valeur très ambiguë au point de vue de la détermination du droit auquel ils se réfèrent. Il suffit de se rappeler que dans toutes les théories une prise de possession suffit, une fois réalisée, pour l'existence du *corpus* : ainsi en matière d'immeubles le seul fait que l'*accipiens* a pris possession du fonds en présence du *tradens* suffit à réaliser le *corpus* possessoire, et cependant il peut se faire que cette délivrance de l'immeuble ait eu pour but de constituer, non pas une tradition translative de propriété, mais un transfert de jouissance à la suite d'un contrat de louage. Le même fait extérieur peut donc correspondre à un rapport de simple détention ou à un rapport de possession au sens juridique du mot, à plus forte raison en sera-t-il ainsi si l'on s'attache à l'état de fait actuel sans remonter à l'acquisition même de la possession. Un individu cultive un domaine et l'exploite ; il est bien certain qu'il a le *corpus* possessoire. Mais l'exploite-t-il à titre de propriétaire, de fermier ou d'usufruitier, voilà ce que les faits extérieurs constitutifs du *corpus* possessoire ne révèlent en aucune façon. De même voici un individu qui monte un cheval, s'agit-il d'un cheval qu'il possède à titre de propriétaire ou d'un cheval qu'il ait loué ? Le fait seul qu'il s'en sert ne suffit pas à donner la réponse.

Donc les faits constitutifs du *corpus* possessoire sont insuffisants à révéler l'*animus domini*.

On pourrait songer alors à rattacher la preuve de l'*animus* à celle du titre même en vertu duquel on possède, ce que l'on a appelé la preuve de la *causa possessionis*. Il est bien certain en effet que l'*animus domini*, à supposer exacte la théorie de Savigny, est, non pas la volonté actuelle et présente, mais bien la volonté légale, telle qu'elle résulte du titre en vertu duquel le demandeur avait acquis la possession. Est-il entré en possession à la suite d'un contrat d'acquisition de la propriété comme la vente, l'échange, la donation ? Il est certain qu'il a l'*animus domini* ; son titre est-il au contraire un contrat qui ait pour objet la simple jouissance, comme le louage, le commodat, le dépôt, il n'a pas l'*animus domini*.

.Telle est bien en effet la solution admise par la plupart des disciples de Savigny, par Rudorff entre autres : la preuve de l'*animus domini* se ramène à la preuve de la *causa possessionis*.

75. — Mais ce palliatif lui-même soulève bien des objections. D'abord ce qu'il faut prouver c'est la possession actuelle, donc l'*animus* actuel du possesseur ; or malgré la règle exprimée dans l'adage « *Nemo causam possessionis mutare potest* », on sait qu'il peut y avoir interversion de la *causa possessionis* par suite d'un fait nouveau qui ait substitué un titre nouveau à l'ancien ; par exemple, le fermier achète du propriétaire la chose qu'il tenait à bail, voici un titre nouveau qui fait de l'ancien détenteur un possseseur juridique. Par conséquent il ne suffit pas toujours d'établir ce titre initial d'entrée en possession pour faire preuve de l'*animus* actuel du possesseur.

D'autre part, si la preuve de l'*animus* peut encore, à tout prenpre, résulter de la *causa possessionis*, lorsque l'acquisition de la possession est bilatérale, comment en sera-t-il de même au cas d'occupation et de prise de possession unilatérale ? Voici un individu qui s'empare d'une chose par voie d'occupation ; il pourra peut-être démontrer le fait initial de prise de possession, et encore si l'occupation, comme c'est le cas ordinaire, a eu lieu sans témoins, ce sera difficile ; mais ce fait initial de prise de possession à lui seul ne prouve plus rien au point de vue de l'*animus* : il peut se faire en effet que le possesseur se soit emparé de la chose parce qu'on la lui avait louée, ou vendue, ou bien parce qu'elle était abandonnée, ou encore était-il peut-être un voleur qui s'emparait du bien d'autrui ; le fait de prise de possession à lui seul ne nous apprend rien de ces différentes hypothèses. Pour que l'occupation à elle seule fît preuve de l'*animus domini*, il faudrait que celui qui

la réalise démontrât qu'il n'existe entre lui et un précédent possesseur aucun contrat de nature à le constituer détenteur précaire. Et tout cela est impossible. De sorte que le plus sûr au cas
d'occupation serait pour le possesseur de prouver qu'il a commis
un vol ou une usurpation violente, puisque le vol est le titre
constitutif par excellence de l'*animus domini*.

En réalité, réduire la preuve de l'*animus* à la preuve du titre
d'entrée en possession serait constituer une prime au profit des
voleurs. Ce n'est pas assez que le droit romain ait donné les interdits au voleur, il aurait encore facilité au voleur la preuve de
sa possession et par suite il lui aurait facilité l'exercice des interdits.

Que l'on prenne par exemple une espèce imaginée par Ihering
dans un de ses précédents ouvrages (4) et que voici : deux frères
ont deux propriétés voisines ; l'un quitte le pays ; l'autre ne le
voyant pas revenir cultive ses terres et les exploite. Or on ne sait
pas bien au premier abord à quel titre il le fait : est-ce comme
mandataire, à supposer que l'absent lui ait laissé ou envoyé une
procuration ; est-ce comme gérant d'affaires afin de ne pas laisser le
domaine en friche ; serait-ce enfin comme usurpateur ? Dans l'intervalle un tiers prétend qu'une des parcelles du domaine ainsi
délaissée lui appartenait, et, sans recourir à la revendication, il en
prend possession. Le frère qui avait déjà par avance pris possession du domaine intente l'interdit, mais il faut qu'il prouve sa possession, donc son *animus*. Mais comment faire ? Il n'a aucun titre
qui explique sa prise de possession ; il n'existe pas de *causa possessionis* ayant un caractère juridique et qui puisse faire preuve de
son *animus domini*. On peut même présumer qu'il s'est emparé
du domaine de l'absent à titre de gérant d'affaires, ce qui est un
titre exclusif de l'*animus domini*. Bref, faute de pouvoir faire sa
preuve, il perdra son procès.

(4) IHERING, *Scherz und Ernst in der Jurisprudenz*, p. 68 suiv.

Il est bien certain que si au lieu de cela il avait un moyen quelconque d'établir qu'il n'est qu'un voleur et un usurpateur, il aurait gagné sa cause et recouvré la parcelle qu'on lui a enlevée. Et, comme dans l'hypothèse il n'est pas propriétaire, et que le propriétaire étant absent sans que l'on sache où il est, il n'y a personne pour agir en revendication, l'usurpateur de la parcelle dont il s'agit est assuré d'en rester le possesseur définitif.

Voilà les merveilleux résultats où peut conduire la théorie de l'*animus domini*.

Le possesseur dépouillé succombe faute d'avoir pu se faire passer pour usurpateur du bien d'autrui, et l'usurpateur actuel va rester possesseur définitif, tant que le vrai propriétaire n'aura pas reparu. Dans une législation comme la nôtre qui admet la possibilité de prescrire, par trente ans tout au moins, sans juste titre ni bonne foi, cet usurpateur serait assuré ainsi d'arriver un jour à la propriété.

La théorie possessoire romaine est faite pour donner gain de cause aux voleurs contre les honnêtes gens.

76. — Enfin, dernière objection et non la moins forte : en matière de meubles, il ne reste pas de preuve écrite en général des titres d'acquisition. J'achète un livre, je le paie et ne garde aucun titre écrit de la vente qui m'en a été consentie ; mais il peut se faire aussi que ce soit un livre qu'on m'ait prêté et je n'ai pas signé d'acte d'emprunt. Donc, si, ce livre, on me l'enlève et que je veuille intenter l'interdit, je n'aurai aucun moyen, si je l'ai acheté, de prouver mon achat. Il faudrait appeler le vendeur en témoignage : la belle ressource ! S'il fallait invoquer pour tous les objets mobiliers que nous possédons le témoignage de ceux qui nous les ont vendus, où en serions-nous? La plupart sont à l'étranger, ou sont morts ; ou encore, si nous les avons sous la main, ils auront oublié l'achat dont il est question. Bref, pour les meubles, la preuve de l'*animus* réduite à la preuve de la *causa possessionis* est une preuve qui sera possible une fois sur cent, ou à peu près.

Cela est si vrai que la pratique allemande, qui a cherché comme
elle a pu à faciliter aux possesseurs la preuve de l'*animus domini*,
puisqu'elle s'en tient à la théorie de Savigny, n'a pas cru devoir
pour cela recourir à l'expédient de la *causa possessionis*. Elle en a
été réduite à déduire la preuve de l'*animus* du caractère des actes
accomplis par le possesseur, de la façon dont il se comporte
vis-à-vis de sa chose, suivant qu'il agit plus ou moins en maître :
on a dressé, dit Ihering, comme un catalogue d'*actus possessorii*,
c'est-à-dire de faits considérés comme faisant présumer l'*animus
domini* (5).

Mais la plupart de ces *actus possessorii* peuvent aussi bien être
accomplis par un fermier et locataire que par un propriétaire ; si
bien que la pratique a été ainsi amenée peu à peu à considérer
comme plus logique de présumer l'*animus domini* dans tous les cas
de détention. Seulement, comme une telle présomption paraît assez
en dehors des principes, la pratique ne la propose qu'avec une
certaine timidité et elle exige qu'elle soit corroborée par la façon
d'agir du détenteur.

Tout cela est donc l'incertain et l'arbitraire le plus absolu.

77. — Il est bien certain que la théorie de l'*animus domini* n'est
pratiquement possible que si légalement on présume que toute
détention implique cet *animus*, sauf au défendeur à faire la preuve
contraire.

C'est ce qu'a fait l'art. 2230 de notre Code civil qui déclare
qu' « *on est toujours présumé possséder pour soi et à titre de propriétaire, s'il n'est prouvé qu'on a commencé à posséder pour un
autre* ».

Aussi Ihering n'a pas assez d'éloges pour les auteurs de notre
Code civil pour la façon dont ils ont su résoudre les difficultés
pratiques soulevées par la théorie de l'*animus domini*.

---

(5) IHERING, Du rôle de la volonté, p. 154 ; cf. BARON, Abhandelungen aus
dem preussischen Recht (Berlin, 1860, p. 4 suiv.) et BARON dans *Iahrbücher*,
t. XXIX, p. 212 suiv.

Voici comment il s'exprime :

« Les auteurs du Code s'en tenaient encore au dogme qu'il faut
« pour la possession une volonté de posséder particulière ; mais
« la présomption qu'ils ont établie les a fait échapper à tous
« les dangers pratiques. Ils ont ainsi montré une intelligence
« des difficultés de la théorie courante et un bon sens pratique
« que je ne saurais assez louer. Cet article, à mes yeux,
« l'emporte sur tout ce que la littérature a produit, dans notre
« siècle tout entier, sur la distinction entre la possession et la dé-
« tention (6). »

Aujourd'hui on cherche bien en Allemagne à faire accepter une
présomption de ce genre. Kuntze, dans l'étude critique qu'il a
publiée au sujet du dernier livre d'Ihering, a émis l'idée que l'existence du *corpus* devrait faire présumer celle de l'*animus*. Il se fonde
sur ce qu'en général on ne doit exiger de preuve positive que pour
les faits matériels requis comme condition d'acquisition des droits,
et que, pour ce qui est des conditions de capacité, ou encore des
éléments intentionnels exigés pour la validité des actes accomplis
par les parties, la preuve en général doit en être présumée (7).

Tout cela est fort bien : mais on a répondu que l'*animus domini*,
d'après la théorie dominante, n'était pas un élément de capacité
ou de validité du *corpus*, mais un second élément distinct du premier, qui doit être prouvé à part et d'une façon indépendante ; si
bien que les principes généraux ne permettent plus d'admettre
qu'il puisse être présumé (8). Or il faut supprimer l'exigence de
l'*animus domini* comme élément distinct de la possession ; ou, si
on le maintient, il faut en exiger une preuve distincte.

78. — Or, vous comprenez bien que les mêmes difficultés ont dû
se présenter dans le droit romain classique ; et alors de ces deux

(6) IHERING, *Du rôle de la volonté*, p. 145.
(7) KUNTZE, loc. cit., p. 88-90 ; cf. BURCKARD, *Die civilistischen præsump-
tionen* (1866), p. 155-165.
(8) BARON, *Iahrbücher*, t. XXX, p. 209-210.

choses l'une : ou bien le droit romain classique a ignoré la théorie de l'*animus domini* et tous les commentateurs se seront alors mépris sur la pensée des jurisconsultes dont les textes se retrouvent au Digeste ; ou bien le droit romain a dû imaginer un moyen quelconque de faire face aux difficultés de preuve qui viennent d'être signalées, comme serait par exemple une présomption analogue à celle de notre art. 2230 cod. civ. ; et s'il ne l'a pas fait, il y a grande chance pour que la première partie du dilemme soit seule vraisemblable, celle qui refuse de voir dans l'*animus domini* un élément distinct, et une condition d'existence, de la possession.

Telles sont les difficultés de toutes sortes auxquelles conduit la théorie de l'*animus domini*.

Je viens de faire ainsi la critique de la théorie régnante ; il me restera à exposer la théorie nouvelle d'Ihering que l'on propose pour la remplacer.

II

79. — J'ai montré jusqu'ici les difficultés inextricables auxquelles conduit la théorie dominante sur l'*animus domini*, ce que Ihering appelle la théorie subjective, parce qu'elle implique un élément intentionnel propre à celui qui se présente comme le sujet de la relation juridique invoquée.

Reste maintenant à exposer la théorie nouvelle présentée par Ihering.

Elle se résume très simplement dans les propositions suivantes :

1° L'*animus* et le *corpus* en matière possessoire ne sont que les deux faces d'un même rapport de fait. L'*animus* est la volonté de faire servir la chose à ses besoins et le *corpus* est la manifestation extérieure de cette volonté elle-même. Le *corpus* n'est donc pas un simple rapport matériel, le fait d'avoir une chose en son pouvoir de fait ; c'est la manifestation extérieure d'une volonté. Il n'existe donc pas sans l'*animus*, lequel est la volonté dont le *corpus* lui-même est l'expression extérieure et visible (9).

2° Il suit de là que ce que l'on appelle détention, dans la théorie

(9) Ihering, *loc. cit.*, p. 81.

régnante, comprend non seulement le *corpus*, considéré comme élément purement matériel, mais comprend aussi un fait de volonté ; autrement dit, la détention comprend le *corpus* et l'*animus*, les deux choses étant inséparables.

3° Le *corpus* possessoire, du moment qu'il provient d'une volonté consciente, suffit à réaliser la possession.

Toute possession consiste donc dans le fait extérieur de l'exploitation économique joint à la volonté de réaliser cette exploitation à son profit ; et comme bien entendu tout fait provenant d'une personne consciente est censé voulu par elle, dès que le fait de l'exploitation économique existera, il suffira de démontrer qu'il émane d'une personne consciente et capable de volonté ; cette preuve faite, il n'y aura pas à démontrer que cette personne a voulu l'état de fait qu'elle a réalisé à son profit.

D'où cette conséquence pratique que tout fait de détention en principe constitue un rapport de possession.

4° La détention n'exige pas, pour se transformer en possession, un nouvel élément de volonté, qui serait la volonté de prétendre au droit de propriété et d'exercer ce rapport de détention parce que l'on prétend, ou que l'on veut, être propriétaire.

D'où cette conséquence qu'il n'y a pas de différence théorique, de différence de principe, entre possession et détention.

5° Il peut se faire que certains rapports de possession, et l'on sait que ces rapports de possession se confondent dans la théorie d'Ihering avec ce que la théorie régnante appelle la simple détention, il peut donc se faire que certains rapports de possession, dans une législation donnée, soient dépourvus, en raison de certains intérêts pratiques, de toute protection judiciaire ; ce sont ces rapports possessoires ainsi dénués de protection judiciaire auxquels on peut, pour les distinguer des autres, réserver le mot de détention. Mais l'expression de détention n'indique plus dans cette terminologie un rapport juridique différent au point de vue des principes de la possession elle-même ;

elle indique une véritable possession à laquelle le législateur à enlevé quelques-uns de ses effets ordinaires.

C'est ainsi que le droit Romain, pour des motifs d'ordre pratique ou par suite de circonstances sociales, avait enlevé les interdits à la possession des fils de famille, à celle des fermiers, locataires, commodataires, dépositaires, mandataires, et autres de ce genre.

Ce sont ces rapports de possession dépourvus de protection en justice que l'on peut ranger sous le nom de détention.

La détention, c'est la possession à laquelle le législateur a enlevé les interdits : nous dirions chez nous, à laquelle la loi a enlevé les actions possessoires.

Au premier abord la différence entre la théorie d'Ihering et celle de Savigny ne semble bien être qu'une question de mots ; puisque en somme il est bien obligé d'admettre, comme tout le monde, que les détenteurs pour autrui ne sont pas possesseurs, et qu'il leur réserve, comme dans la théorie régnante, la qualification de détenteurs.

La différence est cependant absolument profonde.

D'après Savigny, les détenteurs pour autrui ne sont pas possesseurs parce qu'ils ne remplissent pas les conditions exigées pour qu'il y ait possession ; il leur manque l'un des éléments du rapport possessoire, l'*animus domini* ; d'où cette conséquence qu'il n'était pas nécessaire que le législateur vînt leur enlever les interdits, il suffisait des principes dominants en matière de possession pour les exclure du rapport possessoire ; d'où enfin cette autre conséquence qui peut aller très loin, que tout individu qui sera dans des conditions analogues, qui détiendra par conséquent en vertu d'un titre exclusif de l'idée de propriété, sera incapable d'être possesseur, et cela sans qu'il soit besoin que le législateur, par une disposition positive, lui enlève la possession. C'est ainsi par suite que pour l'école de Savigny les cas de possession dérivée forment tout autant d'exceptions à la règle, puisqu'ils constituent des hypothèses où il y a possession sans *animus domini*.

Pour Ihering au contraire l'*animus domini* n'existe pas ; tout détenteur quelconque a la possession. Par conséquent, pour refuser à un détenteur quelconque la possession juridique, il faut une exception formelle édictée par le législateur ; d'où il suit qu'il n'y aura de détention proprement dite, c'est-à-dire de possession dépourvue de protection judiciaire, que là où le législateur l'aura édicté d'une façon formelle et expresse : le défaut d'interdits, là où existe le *corpus* émanant d'une personne consciente et libre, est toujours l'exception. Il n'y a aucun principe théorique qui puisse conduire à enlever les interdits à qui réalise en sa personne le *corpus* possessoire, il n'y a que la loi qui puisse le faire par voie de disposition expresse.

D'où cette conséquence, opposée à celle de Savigny, que, les cas de détention formant l'exception et ne pouvant exister qu'en vertu d'une disposition expresse de la loi, il n'y a aucun principe de droit qui nous permette d'en étendre le nombre en dehors de ceux prévus par le législateur. Par suite, les hypothèses rangées par Savigny sous le nom de possession dérivée deviennent pour Ihering des applications de la règle et non plus des exceptions.

En résumé, pour Savigny, alors même que les textes précis du droit Romain n'eussent pas refusé les interdits aux détenteurs pour autrui, les conditions d'existence de la possession eussent suffi à faire admettre la même solution ; pour Ihering, si la loi n'avait rien dit, tous les détenteurs pour autrui, en droit Romain, auraient eu les interdits. On voit toutes les conséquences que la théorie pourrait avoir dans une législation qui serait muette sur la possession des détenteurs pour autrui.

6° Puisque la détention est une exception légale, puisqu'elle n'est qu'un rapport de possession auquel la loi a enlevé ses effets normaux, la détention ne se présume pas et c'est au défendeur à en faire la preuve.

Le demandeur au possessoire n'a qu'une chose à prouver, le

corpus ; c'est à son adversaire à établir qu'il n'a pas droit aux interdits parce que le rapport de possession qu'il invoque serait un de ceux auxquels la loi a enlevé le bénéfice des interdits.

80. — Tel est l'ensemble de la théorie nouvelle d'Ihering.

Le point culminant du système c'est l'assimilation de principe faite entre possession et détention. La détention au sens d'Ihering n'est plus un rapport distinct de la possession elle-même, c'est un rapport de possession dépourvu de ses effets normaux. Mais en théorie les conditions juridiques dans les deux cas sont les mêmes : la possession est constituée par le *corpus*, en tant que manifestation extérieure de la volonté d'exploitation économique de la chose.

Le grand intérêt du système n'est pas à proprement parler celui relatif à la preuve ; puisque, même avec la théorie de *l'animus domini*, on peut dispenser le demandeur de faire la preuve de son *animus domini* en présumant que tout détenteur possède en son nom ; c'est la règle de notre article 2230 Cod. civ. et le principe dont on propose l'admission également en Allemagne.

Donc, au point de vue de la preuve, il suffit d'une présomption de détention *proprio nomine* pour que, même dans la théorie de *l'animus domini*, le demandeur n'ait à prouver que le seul fait de sa détention matérielle (10).

L'intérêt très saillant du système est de dire qu'en principe tout détenteur, c'est-à-dire quiconque est entré volontairement en contact avec la chose, avec l'intention de la faire servir à son usage, a par cela même la possession, et que par suite il faut

(10) Cf. CUQ, *Recherches sur la possession à Rome* (dans *Nouvelle Revue historique de droit français et étranger*, 1894, p. 59, not. 2. Il n'est pas inutile de faire observer au sujet de cet article tout récent, et auquel je ferai par la suite de nombreux emprunts (il contient en effet, au point de vue historique, les investigations les plus savantes et les vues les plus ingénieuses sur l'origine de la possession), que la pagination est la même dans la Revue où il a paru et dans le tirage à part, de sorte que les renvois à la pagination de la Revue pourront servir également pour le tirage à part.

une disposition légale expresse pour enlever à la détention la qualité de possession juridique.

Cet intérêt peut avoir des conséquences juridiques considérables.

Ces intérêts se présenteraient peut-être difficilement dans une législation qui n'admettrait comme possession que la détention non précaire et qui donnerait ainsi de la possession une définition légale, exclusive de la précarité. Dans une législation de ce genre la précarité étant ainsi en vertu de la loi exclusive de la possession, il y a un principe de droit qui, en dehors de toute nouvelle intervention de la loi, fournit une limite rigoureuse entre les cas de détention et les cas de possession : il y a séparation juridique et distinction théorique ; ce n'est pas la loi qui crée la détention, c'est un principe de droit qui en détermine les cas d'application ; et logiquement il faudra, en dehors de toute disposition légale, admettre la détention, c'est-à-dire l'absence de possession, partout où il y aura reconnaissance du droit d'autrui.

Mais que l'on suppose une législation, comme la législation Romaine, qui nulle part ne pose en principe que la précarité soit exclusive de la possession et qui se contente d'indiquer que dans certaines hypothèses déterminées, telles que louage, commodat, dépôt, mandat, il n'y a pas de possession, dans une législation de ce genre on conçoit deux systèmes possibles d'interprétation ; ou bien ou peut dire que l'exclusion de la possession dans les cas où elle est rejetée est la conséquence d'un principe général en vertu duquel la précarité serait inconciliable avec l'idée de possession ; c'est ainsi qu'aurait raisonné Paul, à ce que prétend Ihering, et après lui Savigny ainsi que tous les romanistes qui l'ont suivi. Ou bien on peut dire que cette exclusion de la possession dans les cas indiqués n'est nullement la conséquence d'un principe général sur les effets de la précarité, que le principe n'est posé nulle part en droit Romain sous cette forme absolue et abstraite, mais que ces cas d'exclusion de la possession s'expliquent par des motifs purement pratiques, ou encore, peut-on ajouter, par des motifs historiques (11), et que par suite on n'a pas le droit de les étendre : c'est le système d'interprétation d'Ihering ; et par suite tous les cas que, d'après la théorie de l'*animus domini*, nous considérerions comme des cas de simple détention, bien que la loi n'en eût rien dit expressément, du moment que la loi est muette, Ihering les fera rentrer dans le domaine de la possession.

Savigny y verrait des cas de détention, parce que ce sont des cas, nous le supposons, où l'*animus domini* fait défaut. Ihering y voit des cas de possession, parce que pour lui l'*animus domini* n'est pas un élément essentiel de la possession et que dans l'espèce il s'agit d'hypothèses que la loi n'aurait pas expressément soustraites au domaine de la possession.

Encore une fois cette interprétation d'Ihering est possible en droit Romain, parce que l'on part de cette idée initiale, qu'Ihering suppose démontrée, que l'*animus domini* n'est exigé nulle part sous une forme générale, comme condition absolue de la possession : la théorie de l'*animus domini* n'a été présentée que sous forme de déduction, en tant qu'elle ressort des solutions positives du droit ; c'est un exemple de construction juridique. Par conséquent, on peut toujours contester un principe juridique qui n'est fourni que par l'analyse des interprètes, qui est une création de la doctrine au lieu d'être une création de la loi.

81. — J'en dirais volontiers autant du droit français, contrairement à la doctrine universellement acceptée. En d'autres termes il ne me paraît pas que le Code civil ait fait de l'absence de précarité une condition absolue d'existence de la possession. Il est en effet très remarquable que l'art. 2228 Cod. civ., qui définit la possession, ne fait aucune allusion à l'élément intentionnel, désigné sous le nom d'*animus domini* : il y a plus, c'est seulement à propos des caractères que la possession doit avoir pour qu'elle

(11) Cuq, *loc. cit.*, n°° 35 et suiv. (p. 49 suiv.).

puisse conduire à la prescription, que l'on parle de possession à titre de propriétaire ; cette dernière qualité de la possession est mise sur le même pied que les qualités de continuité, publicité et autres de ce genre dont l'absence constitue un vice de possession, non un défaut de possession : or un vice de possession implique que la possession existe déjà ; une qualité de la possession n'est pas un élément constitutif de la possession. Rien de plus facile à justifier d'ailleurs que l'exigence d'une possession à titre de propriétaire pour qui prétend prescrire la propriété, la prescription d'un droit se fondant sur l'exercice matériel du droit lui-même, sur l'état de fait que le droit implique et qu'il consacre. Mais précisément de ce que le Code civil exige cette possession à titre de propriétaire uniquement lorsqu'il s'agit de prescription, cela suffirait déjà à démontrer que la possession existe en elle-même, en tant que relation juridique susceptible d'effets consacrés par le droit, en dehors de toute référence à l'idée de propriété. Il est vrai que lorsqu'il s'agit de la seconde série d'effets attribués à la possession, à savoir les actions possessoires, l'art. 23 cod. proc. civ. exige également une possession à titre non précaire, de telle sorte que si la possession en soi fût considérée comme indépendante de la précarité, on ne voit plus bien quels avantages seraient attribués à cette possession ainsi dégagée de toute référence à la propriété. Mais là n'est pas la question ; la seule chose qu'il importe de remarquer c'est que la loi Française ne fait pas rentrer l'absence de précarité dans la définition même de la possession, donc parmi les éléments constitutifs de la possession, elle l'exige uniquement à titre de condition supplémentaire pour certains effets spécifiés qu'elle attribue à la possession. Si donc il pouvait exister d'autres effets possibles attachés au fait de la possession, la question, en ce qui touche l'*animus domini*, se présenterait exactement sous la même forme que dans la législation romaine ; il y aurait lieu de se demander, par voie d'interprétation, si l'on devrait généraliser cette exigence d'un *animus domini* de façon à faire dépendre d'elle tout effet juridique attribué à la possession, ou si au contraire on dût la restreindre aux effets pour lesquels la loi l'exige. Peut-être y aurait-il là, pour le dire en passant, une nouvelle façon de poser la question célèbre relative à la réintégrande.

Quoi qu'il en soit, à prendre la chose à un point de vue purement théorique, il semble bien que la législation française comme le droit Romain ne tranche pas par voie de disposition générale et formelle la question des éléments constitutifs de la possession et que par suite l'exigence d'un *animus domini* en tant que caractéristique de la possession prise en elle-même, indépendamment de tels ou tels de ses effets, ne peut être que le résultat d'un procédé d'interprétation, donc d'une construction juridique. Je ne veux pas dire à priori que cette exigence soit par là une erreur manifeste de la doctrine, je dis seulement qu'elle devient sujette à controverse, puisqu'elle n'est pas dans la loi. Ce n'est plus un dogme juridique, c'est une simple opinion personnelle : pour le droit français comme pour le droit romain, la discussion est ouverte.

82. — Laissant d'ailleurs le droit français de côté, et pour revenir au droit romain on voit très bien maintenant quel serait pour le droit romain l'intérêt exact de la question et les conséquences auxquelles elle pourrait conduire. L'intérêt de la question existe, non seulement quant à la preuve, car sur ce point, nous l'avons vu, tout le monde arriverait facilement à être d'accord ; mais il existe quant à la limite séparative entre les cas de détention et ceux de possession : d'après Ihering tout cas douteux, dont la loi par conséquent n'aura pas parlé, sera un cas de possession ; pour les autres il sera possession ou détention, suivant que l'hypothèse impliquera ou non *animus domini*.

83. — Après avoir ainsi mis en relief l'intérêt pratique de la nouvelle doctrine, resterait à faire la preuve de l'exactitude du système, pour ce qui est du droit romain classique. Cette preuve,

je la donne d'après Ihering lui-même, sauf à voir ensuite dans quelle mesure elle doit être admise.

Cette preuve comportait la démonstration des trois points suivants :

1° Prouver que la détention, et j'entends par là la simple réalisation du *corpus* possessoire, impliquait un *animus detinendi*, *animus* qui ne fût pas du tout un *animus domini*, mais uniquement la volonté de réaliser à son profit l'appropriation de fait de la chose ; et, par suite, établir que c'est à cet *animus detinendi* que font allusion les textes qui parlent de l'*animus* comme condition de la possession.

2° Prouver en outre que la possession juridique n'exigeait d'aucune façon un second *animus possidendi*, qui serait la volonté d'être propriétaire, ou du moins de se poser en propriétaire. Et pour faire cette preuve, il fallait trouver des cas où, d'après les textes, un individu devenait possesseur, bien qu'il n'eût pas cette prétention à la propriété ; ou à l'inverse des cas où la possession lui fût déniée bien qu'il eût l'*animus domini*.

3° Il fallait rechercher enfin, à supposer admis que l'*animus domini* ne fût pas une condition de la possession, pourquoi certains rapports de détention qui par suite auraient dû être des rapports de possession, comme la plupart des cas de détention *alieno nomine*, avaient été exclus par la loi du domaine de la possession.

III

84. — La première preuve à faire était donc d'établir que la détention, au sens où l'entend la théorie régnante, c'est-à-dire la possession dépourvue de toute prétention à la propriété, comportait un élément de volonté, un *animus* spécial, qui fût la volonté d'avoir la chose pour soi, autrement dit la volonté de la détenir.

Sur ce point, dit Ihering, les textes ne laissent aucun doute.

Voici par exemple la loi 1re § 3 (41,2) (12) qui déclare que le fou,
ou encore le pupille s'il n'est pas assisté de son tuteur, ne peuvent commencer à posséder, parce qu'ils n'ont pas la volonté de
détenir la chose « *quia affectionem tenendi non habent* » ; et le texte
ajoute qu'il en est ainsi, bien qu'ils soient en contact corporel avec
la chose « *licet maxime corpore suo rem contingant* ». Il en est
d'eux, dit le jurisconsulte, comme de l'individu endormi entre les
mains duquel on déposerait un objet « *sicuti si quis dormienti aliquid in manu ponat.* » Il est bien certain qu'ici cette *affectio tenendi* dont parle le texte n'a rien de commun avec la volonté spéciale d'être propriétaire ; c'est uniquement la conscience du rapport de détention, la volonté de détenir la chose. S'emparer d'une
chose sans savoir ce que l'on fait, c'est un fait de hasard sans
conséquence au point de vue du droit ; c'est ce qu'Ihering appelle
le rapport de juxtaposition locale, c'est-à-dire le simple fait
d'être en contact avec la chose, c'est le cas du dormeur à qui on
met une chose entre les mains. Ce rapport de juxtaposition locale
ne compte pas au point de vue du droit ; mais, dès que ce rapport
de juxtaposition locale devient un fait voulu, ou du moins un
fait conscient, il se transforme alors en un véritable rapport juridique : cela devient une détention consciente et voulue, la seule
qui compte au point de vue du droit.

Donc le texte que je viens d'analyser prouverait d'abord ceci,
que le simple contact avec la chose est un fait indifférent dont le
droit ne tient pas compte, c'est le fait du dormeur qui saisit un
objet ; et il prouverait en outre que, dès que cette appréhension
matérielle est voulue, le rapport qui en résulte a une valeur juri-

---

(12) « *Furiosus, et pupillus sine tutoris auctoritate, non potest incipere possidere, quia affectionem tenendi non habent, licet maxime corpore contingant,
sicuti si quis dormienti aliquid in manu ponat. Sed pupillus tutore auctore in-
cipiet possidere. Ofilius quidem et Nerva filius etiam sine tutoris auctoritate
possidere incipere posse pupillum aiunt : eam enim rem facti, non juris esse :
quæ sententia recipi potest, si ejus ætatis sint, ut intellectum capiunt.* » Cf.
Hœlder, *Pandekten (allgemeine Lehren)*, § 39, anmerk. II, p. 205.

dique, rapport de possession ou rapport de détention, peu importe. Tout ce qu'il y a pour le moment à retenir du passage qui vient d'être cité, c'est que toute possession implique un premier élément de volonté, un premier *animus* qui est la volonté de détenir. Nous ne savons pas encore si la possession juridique implique un second *animus*, qui serait la volonté d'être propriétaire. Mais ce que nous voyons clairement c'est qu'avant tout la possession repose sur une volonté qui n'a en vue que le fait et non le droit : c'est la volonté liée au fait de la détention.

Voici un autre texte qui a pu paraître également très probant. Il est dit à la loi 1re §§ 9 et 10 que celui qui doit nous acquérir la possession, ce sera par exemple un esclave, un fils de famille, ou encore un mandataire, qui vont prendre possession à notre place, doit avoir conscience de la prise de possession : *« talis esse debet ut habeat intellectum possidendi »* ; et le texte ajoute que si j'avais envoyé un esclave atteint de folie s'emparer de la chose, la possession ne serait pas acquise (13).

Ce texte a une très grande portée ; car il faut remarquer que l'individu de qui on exige ici la volonté de posséder est précisément celui qui n'acquerra pas la possession. Que l'on prenne, par exemple, le mandataire ; en prenant possession au nom d'autrui, il devient détenteur *alieno nomine*, le rapport de fait existant entre lui et la chose n'est qu'un rapport de détention : c'est la réalisation du *corpus* possessoire. Et cependant pour que cette détention ait une valeur juridique, pour que ce *corpus* possessoire puisse compter au profit de celui au nom de qui on le réalise, il faut que celui qui réalise ce fait de détention ait la volonté de prendre possession.

C'est donc la preuve que la détention implique un fait de volonté, ou plutôt qu'il n'y a de détention réalisée au point de vue du droit,

---

(13) *« Ceterum et ille, per quem volumus possidere, talis esse debet ut habeat intellectum possidendi : Et ideo si furiosum servum miseris, ut possideas nequaquam videris adprehendisse possessionem.*

et susceptible d'avoir une valeur juridique, que celle qui émane d'une volonté consciente.

Or, dans la théorie de Savigny qui fait du *corpus* et de l'*animus* deux éléments absolument distincts, cette décision du texte qui précède devient très peu justifiable ; car, en réalité, le *corpus*, en tant qu'il n'est qu'un élément matériel, est réalisé par celui qui met la main sur la chose, peu importe qu'il soit ou non sain d'esprit. A supposer même qu'on exige de lui un élément de volonté comme garantie de durée de l'appréhension matérielle qu'il a réalisée, cette garantie sera acquise dès que l'intention concordera avec le fait, peu importe que cette intention émane ou non d'une volonté saine et consciente, si même elle ne doit pas être d'autant plus tenace et sûre qu'elle serait plus irraisonnée. D'autre part, l'*animus* qui est la volonté d'être propriétaire de la chose, est réalisé, dans l'espèce, chez celui qui a envoyé l'esclave ou le mandataire se saisir de l'objet. Voici par exemple un objet abandonné sur la voie publique ; j'ai sous la main un esclave qui, il est vrai, est en état d'ivresse, mais je l'envoie s'emparer de la chose. Il est absolument démontré que l'ordre émanait de moi, donc je possédais l'*animus* ; d'un autre côté le fait matériel de la prise de possession a été réalisé par mon esclave, pourquoi ne serai-je pas devenu possesseur ? Parce que, dit le texte, votre esclave n'a pas su ce qu'il faisait.

Cela revient donc à dire que celui qui acquiert la possession à autrui doit réaliser en lui toutes les conditions de la possession, celles qui lui seraient nécessaires s'il devait devenir possesseur pour lui-même. Donc, le *corpus* réalisé par le détenteur pour autrui doit comprendre aussi un *animus* ; et cet *animus* n'est certainement pas un *animus domini*, puisque celui qui acquiert la possession à autrui n'a certes pas la prétention d'en vouloir être lui-même propriétaire. Cet *animus* du détenteur n'est que la volonté de se saisir de la chose et d'en devenir maître.

Voilà donc bien la preuve, dit-on, que celui qui réalise le *corpus* possessoire doit avoir conscience de ce qu'il fait et que par suite *corpus* et *animus* ne sont que les deux faces d'un même rapport juridique ; l'un est le fait interne, l'autre le fait extérieur par lequel le premier se trouve en quelque sorte rendu visible. Autrement dit, toute détention comprend un élément de fait et un élément de volonté ; toute détention est le fait d'être en possession matérielle d'une chose, joint à la volonté d'exercer en fait cette possession matérielle.

85. — Si donc nos textes nous parlent, comme je viens de l'exposer, d'un *animus* spécial exigé pour la simple détention, lequel n'est pas autre chose que la volonté d'avoir la chose à soi, indépendamment de toute prétention à la propriété, pourquoi ne serait-ce pas à cet *animus tenendi*, à cette *affectio tenendi*, comme dit Paul, que feraient allusion les textes qui parlent d'*animus* en matière possessoire, plutôt qu'à un prétendu *animus domini* dont il n'est question nulle part ?

Le passage peut-être le plus important sur l'*animus* possessoire est le texte de Paul nous disant que nous pouvons acquérir la possession *corpore* et *animo* (14), et ajoutant que l'*animus* à lui seul ne suffit pas, de même que le *corpus* à lui seul serait insuffisant. C'est sur ce texte qu'on s'est spécialement appuyé pour faire de l'*animus* et du *corpus* deux éléments absoluments distincts et indépendants.

Or le texte ne veut pas dire autre chose que ceci, que, pour acquérir la possession d'une chose, la seule volonté ne suffit pas ; que le seul fait de vouloir être possesseur, si on n'est pas en contact matériel avec la chose, est inopérant. La preuve d'ailleurs que tel est bien le sens du texte, c'est que deux lignes plus loin le

---

(14) L. 3 § 1 (41, 2). « *Et apiscimur possessionem corpore et animo, neque per se animo aut per se corpore. Quod autem diximus et corpore et animo adquirere nos debere possessionem, non utique ita accipiendum est, ut qui fundum possidere velit, omnes glebas circumambulet: sed sufficit quamlibet partem ejus fundi introire, dum mente et cogitatione hac sit, uti totum fundum usque ad terminum velit possidere.* »

jurisconsulte nous donne une application du principe qui est exactement celle que je viens d'indiquer. Cette application est faite à propos du trésor (15). Neratius et Proculus, dit Paul, déclarent qu'on ne peut acquérir la possession *solo animo*, tant qu'on n'est pas déjà antérieurement en possession matérielle de la chose; mais si on est en possession matérielle, et on donne pour exemple le cas du trésor enfoui dans le fonds que l'on possède, sans toutefois avoir conscience de sa possession, comme par exemple si on ignore l'existence du trésor, il suffira d'acquérir cette conscience qui fait défaut, donc ici d'apprendre l'existence du trésor, pour avoir la possession juridique. C'est donc bien la confirmation des idées qui précèdent : le *corpus* et l'*animus* sont les deux faces d'un même rapport; l'un consiste à avoir la chose en mains et l'autre à vouloir s'en servir; il faut de plus la coexistence de ces deux éléments pour fonder la possession.

Enfin, voici la preuve que l'*animus* dont il est ici question ne vise en rien l'*animus domini*, mais uniquement cet *animus tenendi* qui est spécial à toute détention. Paul, après avoir posé en principe que les deux éléments, *animus et corpus*, sont tous deux nécessaires à l'acquisition de la possession, nous dit comment il faut entendre l'*animus* et le *corpus*. On aurait pu croire, en effet, que pour prendre possession d'un fonds il eût fallu en toucher matériellement toutes les parcelles, puisque la possession consiste à avoir en mains l'objet que l'on possède; or, dit Paul, il suffira d'entrer sur ce fonds avec l'intention de le posséder dans son

(15) L. 3 § 3 (41, 2): « *Neratius et Proculus et solo animo non posse nos adquirere possessionem, si non antecedat naturalis possessio. Ideoque si thesaurum in fundo meo positum sciam, continuo me possidere, simul atque possidendi affectum habuero, quia quod desit naturali possessioni, id animus implet. Ceterum quod Brutus et Manilius putant eum, qui fundum longa possessione cepit, etiam thesaurum cepisse, quamvis nesciat in fundo esse, non est verum : is enim qui nescit non possidet thesaurum, quamvis fundum possideat. Sed et si sciat, non capiet longa possessione, quia scit alienum esse. Quidam putant Sabini sententiam veriorem esse nec alias cum qui scit possidere, nisi si loco motus sit, quia non sit sub custodia nostra : quibus consentio.* »

11*

entier : « *sufficit quamlibet partem ejus fundi introire, dum mente et cogitatione hac sit ut totum fundum usque ad terminum velit possidere* ». Cela nous montre bien ce que l'on entend exactement par l'*animus possidendi*. Cet *animus* n'a pas pour but de qualifier la détention au point de vue du droit, mais de la délimiter et de la circonscrire au point de vue du fait. C'est l'élément intentionnel qui a pour effet de déterminer la portée exacte du fait matériel de détenir : un individu a une chose en mains, qu'en veut-il faire ? Voilà ce qu'on ne sait pas ; or, l'*animus* a pour but d'indiquer qu'il la détient parce qu'il entend en être le maître et qu'il veut que sa possession ait telle ou telle portée ; s'il s'agit d'un champ sur lequel on vient de mettre le pied, l'*animus* aura pour but d'indiquer que cette prise de possession doit s'étendre, non pas seulement à la parcelle touchée, mais à tout le champ. L'*animus possidendi* délimite ainsi l'étendue matérielle, la portée matérielle du fait qui constitue la possession ; il n'a pas pour effet de la qualifier au point de vue du droit. La question de droit reste étrangère à l'*animus possidendi*, tel qu'on vient de nous le décrire.

Donc voici la double conclusion que je tire des observations qui précèdent :

1° A la base de toute possession, il y a un élément de volonté indispensable, il y a un *animus* nécessaire, qui est la volonté de détenir, volonté dirigée vers le fait de détenir, sans référence encore à la question de prétention à la propriété ; et 2°, c'est à cette volonté, qui a pour objet un fait et non l'affirmation d'un droit, que se réfèrent tous les textes parlant en matière de possession de la coexistence du *corpus* et de l'*animus*.

IV

86. — La première preuve qu'Ihering avait à fournir devait consister en ceci : démontrer qu'il y avait à la base de toute possession un *animus tenendi* dirigé vers le fait de la détention et absolument

distinct de tout *animus domini* ; démontrer enfin que c'est à cet *animus tenendi* que se réfèrent les textes où il est question d'*animus* en matière possessoire. Cette preuve, pour Ihering, peut être considérée comme faite.

Il y avait maintenant une seconde preuve à fournir. Il fallait établir que cette volonté de détenir suffisait pour la possession et qu'il n'était pas nécessaire qu'il s'y ajoutât en outre un second *animus* qui serait la volonté dirigée non plus seulement vers le fait de la détention, mais vers le droit que prétend avoir le possesseur. Il fallait donc prouver que l'existence d'un *animus domini* spécial n'était pas un élément indispensable de la notion juridique de possession.

Or 1° à prendre tous les textes précédemment cités, nous ne voyons nulle part qu'il soit question d'un *animus domini* proprement dit.

Et 2° encore moins voyons-nous qu'il soit posé en règle que pour avoir la possession il soit nécessaire que l'on veuille avoir la propriété.

Il y a là deux points certains: l'*animus* dont parlent les textes n'est pas l'*animus domini* proprement dit, mais bien ce que Paul a appelé lui-même l'*affectio tenendi*, la volonté qui a pour objet un fait et non un droit. Le second point certain, c'est que nulle part il n'est posé en principe qu'en outre de cet *animus* dirigé vers le fait il faudrait en second lieu un *animus* spécial qui aurait en vue le droit de propriété. Ce principe général n'est posé nulle part.

D'où vient alors que les interprètes ont pu imaginer cette théorie de l'*animus domini ?*

Cela vient de deux choses.

1° Nous trouvons certains cas où existent certainement la détention et la volonté de détenir et où cependant le droit romain nie qu'il y ait possession. Or ces cas sont précisément des hypothèses où le possesseur s'est refusé le droit de prétendre à la propriété, parce qu'il détient pour autrui. Les interprètes en ont conclu que, lorsqu'on possédait pour autrui, on était incapable d'être possesseur, précisément parce qu'on n'avait pas la volonté d'être soi-même propriétaire de la chose. Allant plus loin, ils en ont tiré ce principe que la possession juridique impliquait la possibilité de se dire propriétaire et par suite la prétention à la propriété ; ils ont fait alors de cette prétention à la propriété l'un des éléments essentiels de la possession. L'*animus domini* est né, non plus d'une disposition formelle de la loi, mais d'une explication donnée par les commentateurs pour justifier certains cas d'exclusion de la possession. On n'a pu expliquer ces exclusions de possession que par le défaut d'*animus domini* et on en a conclu que, dans la théorie romaine, cet *animus domini* était un élément essentiel du rapport possessoire.

Voici donc le point de départ de la théorie de l'*animus domini*, un principe théorique imaginé par les commentateurs pour expliquer certaines exclusions de possession, principe généralisé par la suite.

Si ce principe théorique n'avait été trouvé que par les modernes, il faut avouer qu'il aurait historiquement parlant une valeur bien restreinte, parce qu'enfin si ce principe a été imaginé pour justifier certaines exclusions de possession, rien ne prouve qu'aux yeux des Romains ces exclusions de possession ne s'expliquent pas par des considérations purement historiques (16), en dehors de toute conception dogmatique.

Mais, ce ne seraient pas seulement les modernes, paraît-il, qui auraient imaginé cette explication dogmatique et j'aborde ici le second point d'appui de la théorie de l'*animus domini*.

2° Ce principe théorique et cette explication théorique du défaut de possession en ce qui touche les détenteurs pour autrui n'auraient pas été imaginés seulement par les modernes, il semblerait qu'ils

(16) Cf. Cuq, *loc. cit.*, nᵒˢ 35 suiv. (p. 49 suiv.).

eussent été proposés par Paul lui-même. Il faudrait donc en conclure que les jurisconsultes Romains se seraient élevés eux-mêmes à la conception d'un *animus domini* considéré comme condition de la possession.

87. — Voici maintenant les deux textes de Paul dans lesquels on a cru voir une conception analogue à celle de l'*animus domini*.

C'est d'abord la loi 1re § 20 (41, 2), puis la loi 37 (13, 7) (17). Dans les deux cas il s'agit de détenteurs pour autrui, de ceux par conséquent auxquels le droit romain refuse la possession. Dans l'un il est question d'un mandataire, dans l'autre d'un locataire ; et Paul se demande pourquoi ils n'ont pas la possession, il cherche donc à en donner un motif rationnel et juridique. Pour Ihering, cette exclusion de la possession devrait s'expliquer uniquement par des considérations historiques, autrement dit des considérations de fait. Mais Paul était un juriste. A supposer que le défaut de possession du mandataire et du locataire s'expliquât à l'origine par des motifs historiques, ces motifs étaient oubliés, et Paul, comme tout bon juriste, cherchait donc de cette exclusion un motif rationnel.

Or, le motif rationnel qu'il nous donne est celui-ci : le mandataire n'acquiert pas la possession parce qu'il n'a pas l'intention d'être possesseur : « *quia non habeat animum possidentis* » ; et de même le locataire ne possédera pas parce qu'il n'a pas voulu acquérir la possession : « *cum conducenti non sit animus possessionem apiscendi.* »

---

(17) L. 1, § 20, D. (41-2) : « *Per procuratorem tutorem curatoremve possessio nobis adquiritur. Cum autem suo nomine nacti fuerint possessionem, non cum ea mente, ut operam dumtaxat suam accommodarent, nobis non possunt adquirere. Alioquin si dicamus per eos non adquiri nobis possessionem, qui nostro nomine accipiunt, futurum, ut neque is possideat cui res tradita sit, quia non habeat animum possidentis, neque is qui tradiderit, quoniam cesserit possessione.* »

L. 37, D. (13,7) : « *Si pignus mihi traditum locassem domino, per locationem retineo possessionem, quia antequam conduceret debitor, non fuerit ejus possessio, cum et animus mihi retinendi sit et conducenti non sit animus possessionem apiscendi.* »

Cela revient à dire que les détenteurs pour autrui ne possèdent pas parce qu'ils n'ont pas la volonté de posséder.

Dire que les détenteurs pour autrui ne possèdent pas parce qu'ils n'ont pas la volonté de posséder, est-ce donc la même chose que de dire qu'ils n'ont pas l'*animus domini*? Oui, aux yeux d'Ihering ; et voici pourquoi : c'est que ces détenteurs, par cela seul qu'ils ont la détention, ont bien tout au moins la volonté de détenir et d'avoir la chose en leur pouvoir ; et cependant, malgré cette volonté déjà existante, Paul déclare qu'ils n'ont pas la volonté de posséder. Paul admet donc qu'il y a une volonté de posséder qui est différente et distincte de la volonté de détenir, qui s'ajoute à la première, de telle sorte que pour fonder la possession il faille un double *animus*. En d'autres termes, il reconnaît que théoriquement il y a une différence de fond, une différence de nature et de principe, entre détention et possession ; Paul contredit donc la thèse d'Ihering pour qui, au point de vue des principes, détention et possession sont un même rapport juridique.

Si donc les détenteurs pour autrui ont bien la volonté de détenir et qu'il leur manque la volonté de posséder, qu'est-ce donc que cette volonté de posséder qui se distingue ainsi de la volonté d'être le détenteur de la chose ?

Forcément cela ne peut pas être la volonté d'avoir la chose en son pouvoir, puisque cela c'est la volonté même impliquée dans la détention et que cette volonté les détenteurs l'ont forcément, tandis que la volonté de posséder leur manque. Si donc la volonté de posséder ne peut pas être une volonté dirigée vers l'élément de fait de la détention, cela ne peut être qu'une volonté dirigée vers le droit, considérée comme affirmation du droit.

Et, comme en effet ces détenteurs possèdent en vertu d'un titre qui est exclusif de toute prétention au droit de propriété, il paraît exact de dire que pour Paul le défaut d'*animus possidentis* s'identifie avec le défaut d'*animus domini*.

C'est ainsi que Paul est présenté par Ihering comme l'inventeur de l'*animus domini* (18). Et c'est pour avoir inventé ce dogme de l'*animus domini* que Paul reçoit toutes les foudres qu'Ihering a pu lancer contre lui ; c'est pour cela qu'il est traité de Puchta des Romains, ce qui aux yeux d'Ihering est la dernière des injures.

A mon avis, Paul ne mérite pas un pareil traitement ; nous verrons, en terminant cette étude, à côté de ce qu'il y a de vrai, ce qu'il y a de faux dans la thèse d'Ihering ; et c'est le côté faux de sa théorie qui a fait qu'Ihering s'est mépris sur l'interprétation de Paul. Je ne crois pas que Paul ait inventé la théorie de l'*animus domini*, pas plus qu'aucun autre Romain de son époque.

V

88. — Admettons cependant que cette interprétation des passages de Paul soit exacte, admettons donc que Paul ait eu l'intuition de la théorie de l'*animus domini*, s'ensuit-il que cette théorie doit être considérée comme la véritable théorie Romaine, comme la véritable explication du défaut de possession des détenteurs pour autrui ? Ne faudrait-il pas au contraire regarder ce motif rationnel tiré du défaut d'*animus domini* comme une explication personnelle à Paul, une conception qui ne trouve aucun fondement dans l'histoire juridique de la possession à Rome ? Telle est maintenant la question qui se pose.

Or pour être autorisé à considérer cette prétendue théorie de Paul comme l'expression exacte de la doctrine Romaine, il faudrait démontrer que toutes les solutions positives du droit romain, en

(18) Cf. P. Van Bemmelen, *Les Notions fondamentales du droit civil* (Amsterdam,1892), p. 205, not. 1 (principalement dernier paragraphe) et Hœlder, *Zur Besitzlehre* (dans *Kritische Vierteljahresschrift für Gesetzgebung und Rechtswisenschaft, Neue Folge*, t. XV (1892), pp. 242, 243 et suiv.). Cf. Meischeider, *Besitz und Besitzschutz*, § 3 ; Duncker, *Besitzklage und Besitz*, p. 161, suiv.

matière de possession, impliquent l'idée d'un *animus domini*, ou tout au moins qu'elles ne sont pas en contradiction avec elle.

Il faudrait prouver ceci : 1° que tout détenteur qui ait la volonté d'être propriétaire, et j'entends par là une volonté qui ait pris corps et qui ne soit pas un pur acte interne de volition, aura la possession ; et 2° que tout détenteur qui n'a pas cette volonté d'être propriétaire ne peut pas avoir la possession.

Or déjà, sans aller plus avant, on sait que dans beaucoup de cas il peut y avoir *animus domini* sans qu'il y ait possession. Ainsi le cas du fils de famille, ou celui du possesseur d'une chose hors du commerce. Ces individus auront beau vouloir se comporter en propriétaires, ils n'auront pas la possession. Je ne présente pas toutefois ces exemples comme des objections absolument valables contre la théorie de l'*animus domini ;* car on peut donner ici de cette exclusion de la possession une double explication. La première, c'est que ces possesseurs possèdent en vertu de circonstances juridiques qui sont exclusives au point de vue du droit de la volonté d'être propriétaire : le droit n'admet pas que l'on puisse vouloir ce qu'il défend, donc il n'admet pas que l'on veuille être propriétaire d'une chose hors du commerce ou que le fils de famille veuille acquérir la propriété, puisqu'il n'a pas le droit d'être propriétaire. L'*animus* de ces possesseurs, celui dont le droit tient compte, n'est pas leur volonté personnelle, mais une volonté que l'on suppose conforme à leur situation légale : absolument comme l'*animus* du fermier n'est pas sa volonté vraie, mais celle qui dérive de son titre. Il est vrai que cette explication ne serait plus exacte pour le possesseur d'une chose hors du commerce qui ignorerait la condition de la chose : on ne peut plus dire qu'il n'a pas le droit de vouloir l'impossible puisqu'il ignore que l'acquisition de la chose lui soit impossible. Pour l'admettre il faudrait faire prévaloir une double présomption, d'abord que sa volonté vraie fût conforme à la volonté que la loi lui suppose, donc à sa volonté légale, celle qui concorde avec les possibilités juridiques, et ensuite que ces possibilités juridiques il en connaisse exactement l'étendue et la portée ; donc qu'il sache ce que le droit lui permet et que, le sachant, il le veuille. Mais ici, si cette explication peut dans certains cas se trouver en défaut, c'est alors que s'en présente une seconde qui est celle-ci, que la possession n'est admise par la loi que là où la propriété est possible ; c'est là une conception discutable, on le sait. Mais il suffit qu'elle soit possible pour que l'on puisse y trouver une raison valable d'exclusion de la possession en dehors de toute question d'*animus* personnel du possesseur. Je laisse donc ces hypothèses de côté, aussi bien que les cas de possession dérivée.

89. — Mais, en dehors de la double série d'hypothèses à laquelle je viens de faire allusion, s'il arrivait que le droit romain nous présentât des cas où le détenteur, bien qu'ayant l'*animus domini*, n'eût pas la possession, sans qu'il y eût de cette exclusion aucune explication particulière, et surtout qu'il nous en offrît d'autres où la possession lui fût accordée, bien qu'il n'eût pas l'*animus domini ;* il serait bien évident cette fois que la théorie que l'on attribue à Paul devrait lui rester absolument personnelle ; et nous ne serions plus autorisés à la considérer comme l'expression de la vraie doctrine romaine en cette matière.

Or, Ihering a fait cette double preuve avec une sûreté et une puissance d'argumentation qui paraît bien être la partie la plus solide de son système.

Tout d'abord, voici un premier point certain et qui à lui seul rend déjà très vraisemblable la théorie d'Ihering.

C'est que la plupart des partisans de la théorie de l'*animus domini* ont dû admettre que la possession ne pouvait pas dépendre des changements de volonté du possesseur. Le droit ne tient pas compte des intentions personnelles de celui qui prétend à la possession et qui seraient en contradiction avec la volonté légale qui ressort de la qualité juridique en vertu de laquelle il agit. Nous l'avons déjà vu pour le fils de famille qui voudrait se poser en

propriétaire. Il en est de même du fermier qui prétendrait purement et simplement rejeter sa qualité de fermier pour se poser
en maître absolu de la chose.

Prenons maintenant l'exemple suivant. Voici un domestique
que vous envoyez prendre possession d'un objet à votre place.
Du moment qu'il accepte votre ordre, il renonce à posséder pour
lui ; il renonce à l'*animus domini* ; mais, en prenant livraison, il
déclare, je le suppose, vouloir posséder pour son compte. Admet-
tez, si vous le voulez, qu'il fasse cette déclaration devant témoins
et que sa volonté ait été juridiquement constatée, direz-vous que
c'est lui qui va devenir possesseur (19) ? Sur ce point, le droit
romain est formel. Nous avons un texte qui, à supposer que le
mandataire veuille acquérir pour lui et non pour le mandant,
déclare que l'acquisition ne se réalise pas dans la personne du
mandataire, mais au profit du mandant : *Si procuratori meo hoc
animo rem tradiderit, ut mihi adquirat, ille quasi sibi adquisiturus
acciperit, nihil agit in sua persona, sed mihi adquirit* (20).

C'est exactement notre hypothèse. On ne tient pas compte de
la volonté actuelle du mandataire ; on ne tient pas compte de
l'*animus domini* dont il fait preuve au moment de la prise de possession : on lui refuse la possession uniquement parce qu'il est
mandataire, et qu'un mandataire n'a pas le droit d'acquérir pour
lui.

Pratiquement, il faut bien qu'il en soit ainsi : sinon, on serait
à la merci de ses domestiques, de ses commissionnaires et autres
gens de cette qualité. Mais cela prouve tout au moins que le droit

(19) IHERING, *Du Rôle de la volonté dans la possession*, p. 176-177 (Besitzwille, p. 204 suiv.).

(20) L. 13 D. (39,5): *Qui mihi donatum volebat, servo communi meo et Titii
rem tradidit : servus vel sic accepit quasi socio adquisiturus vel sic quasi mihi
et socio : quærebatur quid ageret. Et placet, quamvis servus hac mente acceperit,
ut socio meo vel mihi et socio adquirat, mihi tamen adquiri : nam et si procuratori meo hoc animo rem tradiderit ut mihi adquirat, ille quasi sibi
adquisiturus acceperit, nihil agit in sua persona, sed mihi adquirit.* »
Cf. HIRSCH, *Die Prinzipien des Sachbesitzerwerbes und Verlustes*, p. 667,
not. 1 et p. 688.

romain ne tient aucun compte de ce qu'Ihering appelle l'élément subjectif, c'est-à-dire de l'intention du possesseur.

La théorie possessoire romaine n'est pas une théorie subjective, c'est-à-dire dépendant d'un fait de volonté et influencée par la volonté du possesseur ; c'est une théorie objective, c'est-à-dire dont les effets sont attachés à certaines conditions juridiques tout à fait indépendantes de la volonté des parties.

Encore faut-il remarquer que dans notre hypothèse d'un mandataire qui veut prendre possession pour son compte, la solution que donne le texte ne peut même pas s'expliquer par la règle bien connue : *Nemo causam possessionis ipse sibi mutare potest.* Cette règle suppose en effet la prise de possession déjà réalisée ; et c'est une fois la possession acquise en vertu d'un titre déterminé que l'on déclare le possesseur lié par son titre et incapable de le rejeter par une pure manifestation de volonté, à moins qu'il soit intervenu un acte nouveau qui vaille interversion de titre. Dans notre hypothèse le changement de volonté, l'interversion de titre par simple manifestation de volonté, se produit, non pas après la prise de possession, mais au moment même de cette prise de possession. Or, ce que l'on appelle la *causa possessionis*, c'est-à-dire le titre en vertu duquel la possession se trouve juridiquement qualifiée, le titre sur lequel elle repose, c'est précisément le titre en vertu duquel on prend possession. Si donc le mandataire déclare vouloir posséder pour son compte, cela revient à dire qu'il rejette son titre de mandataire pour acquérir pour soi, *pro suo.* Il commet, si l'on veut, un abus de confiance. Mais qu'importe puisque le vol est admis comme titre de possession ? Bref, le titre en vertu duquel il entre en possession n'est plus le mandat, car il a rejeté la qualité de mandataire ; et c'est alors ce titre initial ainsi précisé au moment même de l'entrée en possession qui ne peut plus être interverti par un pur acte de volonté. C'est lui qui constitue la *causa possessionis*, cette *causa possessionis* à laquelle se réfère la règle : *Nemo causam possessionis ipse sibi*

mutare potest. Mais, quant au titre qu'on avait accepté avant
d'entrer en possession, du moment qu'on le rejette avant la prise
de possession, et que celle-ci s'opère en vertu d'une qualité toute
différente, ce n'est plus là le titre sur lequel se fonde la possession, et notre règle ne peut pas lui être appliquée.

Donc, si le droit romain ne tient pas compte de la volonté actuelle du mandataire qui dépouille son titre de mandataire pour
se poser en maître et pour affirmer son *animus domini*, ce n'est
nullement par application de la règle : *Nemo causam possessionis
ipse sibi mutare potest*.

Le droit romain ne tient pas compte du changement de volonté
du mandataire uniquement parce que le droit romain ne s'attache
pas à rechercher la volonté du possesseur et que, pour décider
si dans tel ou tel cas il y a ou non possession, il se laisse guider
par des motifs de considération purement pratique. Ici donc,
comme il y avait des inconvénients considérables, s'agissant de
mandat, à mettre le mandant à la merci du mandataire, le droit
romain déclare que dans tous les cas le mandataire, dès qu'il se
met en possession de la chose, acquerra la possession pour le
mandant et non pour lui, qu'il le veuille ou non peu importe.

Conclusion : la possession dépend du rapport juridique auquel
se relie la prise de possession, elle ne dépend pas de la volonté
du possesseur, fût-ce même de la volonté qu'il exprime au moment même de la prise de possession. La possession est rattachée,
qu'il le veuille ou non, à la volonté légale que lui attribue, là où
il y en a un, le titre antérieur qui a pour objet direct cette prise
même de possession. Cela revient donc à dire, d'après Ihering,
que le droit a spécifié d'une façon catégorique les cas dans lesquels
il y aurait possession et ceux dans lesquels il y aurait simple détention ; ceci fait, la volonté des parties ne peut pas substituer
l'un des rapports à l'autre.

90. — Nous venons de voir que cette intervention du rapport
possessoire ne pouvait pas dépendre d'une volonté unilatérale ;

et j'ai cité le cas du mandataire qui voudrait rejeter sa qualité de mandataire pour se poser en maître et prendre possession pour son compte. Mais il faut aller plus loin et reconnaître que, lorsque la prise de possession a lieu en vertu d'une convention, la volonté combinée des deux parties ne pourrait pas davantage changer le rapport possessoire. C'est ainsi qu'au cas de bail, l'accord des deux parties, bailleur et fermier, ne pourrait pas faire que la possession passât, sans autre forme de procès, au fermier : la possession est attachée par la loi à certains rapports juridiques dont les conditions ne dépendent pas de la volonté des parties ; la possession n'est pas affaire de convention, elle n'est pas l'œuvre du contrat. La propriété peut avoir pour source la convention, sinon dans le droit romain classique, tout au moins dans les législations qui ont achevé une évolution commencée dès la dernière époque de la législation romaine, on ne fera jamais que deux volontés qui tombent d'accord, si l'on s'en tient là, créent la possession.

Pour ce qui est du bail, Savigny lui-même a dû le reconnaître. Il déclare que la nature du contrat de bail s'opposait à ce que le fermier pût acquérir la possession (21).

Nous en arrivons toujours à la même conclusion : le rapport possessoire dépend de circonstances et conditions juridiques tout à fait précises, déterminées par la loi, et il n'est pas l'œuvre de la volonté des parties.

Il y a un cas cependant où la théorie dominante accepte une large brèche à ce principe, c'est au cas de « *constitut possessoire* » (22).

Il est vrai qu'Ihering déclare que le constitut possessoire est

---

(21) IHERING, *Rôle de la volonté*, p. 179, not. 97.

(22) Cf. HARBURGER, *Constitutum possessorium*, p. 48 suiv. ; LEONHARD, *Krit. Vierteljahr*, t. XXIII, p. 326 suiv. ; PININSKI, *Der Thatbestand des Sachbesitzerwerbs*, t. II, p. 239, not. 1 ; HIRSCH, *Die Prinzipien des Sachbesitzerwerbes und Verlustes*, p. 650, not. 1.

Cf. HŒLDER, *loc. cit.* (*Krit. Vierteljahr.* 1892, p. 238, not. 1).

également de l'invention des interprètes. Nous verrons dans quel sens et dans quelles limites cela est vrai.

En tout cas, voici d'où est née la théorie du constitut possessoire. Celsus (L. 18, pr. 41,2) (23) déclare que le possesseur qui possède en son nom peut se mettre à posséder au nom d'autrui. Celsus paraît donc vouloir dire d'une façon générale qu'on peut par un accord de volonté transformer la possession en simple détention. Primus par exemple, qui possède pour lui, convient qu'il possédera désormais pour Secundus. Le constitut possessoire, c'est une transmission de possession par simple convention.

Cependant Ulpien nous donne de son côté une application d'une substitution de ce genre, un cas par conséquent où il y a ainsi transformation de possession en détention ; et l'hypothèse qu'il suppose est celle d'une femme ayant fait donation d'un fonds et qui, immédiatement après, le prend à bail du donataire. Pour éviter une double tradition en sens inverse, Ulpien déclare que le donataire aura acquis la propriété bien que la femme ne se soit pas dessaisie de la chose. Celle-ci qui jusqu'alors possédait pour elle possédera désormais au nom du donataire ; et, par suite, la possession ayant passé à ce dernier, la tradition est censée réalisée à son profit et la propriété lui est acquise (24). On peut supposer une combinaison semblable au cas de vente. Le vendeur convient qu'il gardera la chose à titre de fermier ou d'usufruitier ; et dans

(23) L. 18 pr. D. (41-2) : « *Quod meo nomine possideo, possum alieno nomine possidere : nec enim muto mihi causam possessionis, sed desino possidere et alium possessorem ministerio meo facio. Nec idem est possidere et alieno nomine possidere : nam possidet, cujus nomine possidetur, procurator alienæ possessioni præstat ministerium.* »

(24) L. 77 D. (6-1) : « *Quædam mulier fundum non marito donavit per epistulam et eumdem fundum ab eo conduxit : posse defendi in rem et competere, quasi per ipsam adquisierit possessionem veluti per colonam. Proponebatur quod etiam in eo agro qui donabatur fuisset, cum epistula emitteretur : quæ res sufficiebat ad traditam possessionem; licet conductio non intervenisset.* »

Cf. APPLETON, *Histoire de la propriété prétorienne*, t. II, p. 146 (ch. xxiv, note 4.

ce cas il cesse d'être possesseur pour devenir détenteur pour autrui. Il se constitue possesseur pour un autre, de là le nom de constitut possessoire imaginé par les interprètes.

L'application de ce prétendu constitut possessoire, telle qu'elle nous est fournie par Ulpien est de nature peut-être à atténuer considérablement la portée générale de l'affirmation de Celsus. Celsus déclarait qu'on peut, lorsqu'on possède pour soi, se mettre à posséder pour un autre. Mais quand le peut-on ? N'y a-t-il à cela aucune condition ? Celsus n'en dit rien. Dans l'hypothèse d'Ulpien il ne s'agit pas d'une simple convention par laquelle le possesseur abandonne sa possession pour devenir détenteur ; il s'agit de la combinaison de deux actes juridiques pour l'exécution desquels il faudrait une double tradition en sens inverse : l'un est une convention obligeant à faire acquérir la propriété et l'autre un contrat en vertu duquel le *tradens* se fait promettre la jouissance ou l'usage, à un titre quelconque, de la chose qu'il aliène. De là sont nées deux théories très divergentes sur l'étendue de l'application du constitut possessoire.

L'une en restreint la possibilité à la série d'hypothèses prévues par Ulpien, au cas par conséquent où il y a aliénation suivie d'un acte juridique destiné à conférer un droit d'usage ou de jouissance à l'aliénateur lui-même sur la chose qu'il aliène. Dans toutes ces hypothèses, la détention qui se substitue à la possession ne provient pas d'une simple convention de transformation du rapport possessoire, mais de la combinaison de deux actes juridiques distincts en vertu desquels celui qui aliène se réserve un droit d'usage ou de jouissance sur la chose.

L'autre théorie, s'en tenant à la généralité des termes de Celsus, déclare que, même indépendamment de tout contrat impliquant constitution de droit d'usage ou prestation de jouissance, on peut toujours par une simple convention transformer en détention une possession antérieure. Par exemple un vendeur s'est fait accorder un délai pour livrer la chose, mais bien entendu il n'entend pas la garder en vertu d'un bail ou de tout autre contrat constitutif de droit réel à son profit ; cependant, s'il convient de ne plus la posséder pour lui, mais de la tenir pour le compte de l'acheteur, il cesserait par le fait même d'être possesseur pour devenir détenteur.

Or, cette théorie pour l'époque du droit romain classique est insoutenable ; car elle équivaudrait à dire que la tradition n'est plus nécessaire pour le transfert de la propriété. Ce serait le renversement de la règle qu'à Rome la propriété ne se transfère pas par la simple convention. Ainsi, par exemple, je vous vends un fonds situé assez loin d'ici et je conviens que désormais je le posséderai pour votre compte; cela voudrait dire que par une simple convention je vous en ai livré la possession pour n'en plus garder que la détention. Une simple convention aura donc suffi à opérer la tradition, donc à opérer le transfert de la propriété. S'il en est ainsi, à quoi bon ces détails si minutieux, voire même si rigoureux, dans le Digeste, sur la nécessité d'aller sur place prendre tradition de l'immeuble ? Tout cela serait absolument contradictoire.

Donc, cette théorie qui veut faire résulter le constitut possessoire d'une simple convention, pour le droit Romain classique tout au moins, est inadmissible. Elle fut admise chez nous dans une certaine mesure, en droit coutumier, et elle accéléra ainsi le mouvement qui devait aboutir à la règle de notre article 1138 Cod. civ. Mais tout ceci est le renversement des principes mêmes du droit romain.

En réalité, il n'y a transformation de possession en détention que lorsque celui qui aliène conclut un véritable contrat en vertu duquel il doive être constitué détenteur, en vertu duquel on doive lui garantir l'usage ou la jouissance de la chose. Et alors, si le constitut possessoire doit se réduire à cette catégorie d'hypothèses très déterminées, la conclusion est que le constitut possessoire ne peut plus s'expliquer par la théorie de l'*animus domini*.

L'explication courante est celle-ci : le possesseur actuel qui avait le *corpus*, et qui avait aussi l'*animus*, abandonne l'*animus domini*, lequel passe à l'autre partie ; celle-ci acquiert cet *animus domini*, et, comme on peut acquérir la possession *corpore alieno*, en empruntant le *corpus* d'autrui, pourvu que l'on ait l'*animus* personnel, il s'ensuit que le précédent possesseur, qui a gardé le *corpus*, sert d'instrument d'acquisition au nouveau possesseur. Cette analyse semble bien résulter des textes que j'ai cités de Celsus et d'Ulpien.

Et cependant, si cela était exact, s'il était vrai qu'on eût voulu, au cas de constitut possessoire, consacrer uniquement les transformations de volonté opérées chez le possesseur et suivre l'*animus domini* dans ses migrations successives, il faudrait dire que, toutes les fois qu'il y a ainsi transfert de l'*animus* de l'un à l'autre, la possession devrait aussi passer de l'un à l'autre, et cela devrait pouvoir s'appliquer au vendeur qui, après la vente, aurait retardé la livraison de la chose en déclarant toutefois abandonner la possession. Or, j'ai montré pourquoi cette généralisation était inadmissible.

Le transfert de possession, et, à Rome par conséquent, le transfert de la propriété, fût devenu affaire de pure convention. Il eût suffi d'un titre de circulation, comme dans le droit moderne les titres à ordre ou au porteur, pour faire voyager en quelque sorte l'*animus domini*, et avec lui la propriété du même. Ce serait la théorie de la mobilisation du sol datant du plus ancien droit romain : quel contre-sens !

La vérité est que, en admettant cette transformation du rapport possessoire dans les cas très restreints suggérés par l'exemple d'Ulpien, le droit romain ne s'est laissé guider par aucune déduction de principe, par aucune analyse juridique compliquée et subtile, mais uniquement par des raisons pratiques. Il s'agissait de deux conventions dont les effets dussent s'opérer en sens inverse : pour éviter un double déplacement de la chose, le droit

12*

romain a sous-entendu une double tradition et transféré la possession à l'*accipiens* sans exiger le déplacement matériel de l'objet.

91. — Donc laissant de côté cette hypothèse du constitut possessoire qu'il faut limiter aux cas qui viennent d'être précités, nous pouvons affirmer que le rapport possessoire ne dépend pas de la convention des parties et ne se modifie pas au gré des transformations de volonté de ceux par rapport à qui il existe, donc qu'il est indépendant des changements d'*animus* chez le possesseur.

Jusqu'alors j'ai établi deux choses qui sont celles-ci :

1° La qualification du rapport possessoire ne dépend pas des changements de volonté du possesseur au moment de la prise de possession.

2° Elle ne dépend pas non plus de la convention des parties, ou de l'accord de volonté, en ce qui touche le transfert de la possession.

Reste une troisième preuve à fournir :

·3° A savoir que l'interversion du rapport possessoire ne dépend pas davantage d'un pur changement de volonté du possesseur après l'entrée en possession.

92. — Jusqu'alors nous nous étions placés au moment de l'acquisition de possession : le mandataire dont je parlais plus haut affirmait son *animus domini* au moment où il prenait possession, et c'était également au moment de la prise de possession que fermier et bailleur convenaient d'intervertir le rapport possessoire ; or toutes ces manifestations de volonté au moment de la prise de possession sont impuissantes à modifier le rapport possessoire tel qu'il a été fixé par la loi, ou plutôt par l'usage.

Plaçons-nous maintenant après l'entrée en possession et supposons que le possesseur, et je prends ici le mot au sens large, comprenant tous ceux qui détiennent une chose, supposons donc que ce possesseur change d'*animus* par la suite, ce changement d'*animus* influera-t-il sur l'état de la possession ?

Absolument pas. C'est à cette hypothèse qu'Ihering applique la règle : « *Nemo causam possessionis ipse sibi mutare potest* » (25). D'après Ihering, cette règle aurait trouvé son application principale dans les cas de détention proprement dite et elle aurait eu pour but de déclarer que le détenteur constitué détenteur par son titre originaire ne pouvait pas transformer à son gré sa détention en possession. La règle « *Nemo causam*, etc. » viendrait donc confirmer le principe dominant de la théorie d'Ihering, principe qu'Ihering a formulé de la façon suivante : en matière possessoire la volonté du possesseur est sans force vis-à-vis de la règle objective du droit ; en d'autres termes, la volonté du possesseur ne compte pas et ne peut rien en matière possessoire ; le rapport possessoire est attaché à certains faits juridiques que la volonté n'a pas créés et contre lesquels elle reste impuissante.

Il est douteux cependant que ce soit pour cette hypothèse d'une transformation possible de la détention en possession que cette règle très ancienne ait été formulée.

Voici en effet deux observations qu'il faut présenter en premier lieu : 1° Il a toujours été admis que la simple volonté, qui ne se manifeste que par une déclaration d'intention, restait indifférente au point de vue possessoire. Par conséquent on n'avait pas été obligé de formuler un principe nouveau pour défendre au fermier par exemple de se poser en maître par une simple déclaration de volonté, ou, tout au moins, pour déclarer inopérante cette manifestation de volonté en ce qui touche l'interversion du rapport possessoire.

2° D'autre part, il était admis que cette volonté de posséder en maître devenait efficace, non seulement lorsqu'elle résultait d'un acte juridique ultérieur, comme par exemple si le fermier achète

(25) Cf. sur ce point, KLEIN, *Sachbesitz und Ersitzung*, p. 41-49, p. 427; PININSKI, *loc. cit.*, t. II, p. 98 ; PERNICE, *Labeo*, t. II, p. 191 suiv.; cf. CUQ, *Recherches sur la possession à Rome*, n°° 28 et 29, p. 41 suiv., et KARLOWA, *Rœmische Rechtsgeschichte*, t. II, p. 312, p. 331 et p. 332, not. 1. Cf. HŒLDER, *zur Besitzlehre* dans *Krit. Vierteljahr*, t. XXXIV, p. 247.

la chose du propriétaire, auquel cas il y a bien interversion de titre valable, *mutuatio causæ*, mais cela était admis même lorsque cette volonté se manifestait par un simple fait de contradiction opposée aux prétentions du propriétaire (26). Par exemple, le propriétaire veut reprendre sa chose, le fermier le repousse ; ou, encore malgré les protestations du propriétaire, le fermier fait des actes qui ne rentrent pas dans son droit de jouissance ; en d'autres termes, tout fait, et non pas seulement tout acte juridique ultérieur, qui constitue une contradiction évidente aux prétentions du propriétaire, produit aussi une interversion de titre, et par suite une transformation du rapport possessoire. Cela revient à dire qu'en cette matière on ne tient pas compte de la volonté qui ne se manifeste que par simple déclaration, mais qu'on tient compte de la volonté qui s'incarne dans un fait extérieur et visible constituant une contradiction opposée au droit du propriétaire.

Or, il en est ainsi malgré la règle « *Nemo causam possessionis,* etc. ». Et cependant un simple fait de contradiction violente laisse intacte au point de vue juridique la cause initiale en vertu de laquelle le fermier possédait. Le fait que le fermier outrepasse ses droits malgré les protestations du propriétaire ne constitue pas un nouveau titre juridique qui fasse disparaître le titre originaire. Il semblerait donc que la possession du fermier dût rester qualifiée au point de vue juridique par son titre initial ; d'autre part, ce fait de contradiction aux droits du propriétaire constitue bien une interversion de titre, une *mutuatio causæ* émanant de la volonté du possesseur. De sorte que pour toutes ces raisons il semble bien que ce ne soit pas pour ces hypothèses que notre règle ait été créée.

Si on rapproche maintenant certains passages de Julien, entre autres la loi 33 § 1 (41, 3) et la loi 2 § 1 (41, 5) du chapitre si in-

(26) L. 33 § 1 D. (41,3). Cf. L. 12, L. 18 pr. D. (43-16) ; L. 3, § 3, D. (43,17).

téressant de Gaius de l'*usucapio pro herede* (27), on peut croire que c'est en vue de restreindre l'application de cette *usucapio*, que Gaius désigne sous le nom d'*usucapio lucrativa*, que cette règle avait été établie.

En effet, dans l'un de ces textes (L. 2 § 1, 41, 5), Julien nous présente un cas d'application de la règle, et c'est précisément une hypothèse empruntée à l'*usucapio pro herede* : il s'agit d'un fermier qui après la mort du propriétaire voudrait prétendre usucaper *pro herede* et notre règle s'y oppose. Dans l'autre passage (L. 33 § 1, 41, 3), il est dit également que notre règle a pour but d'empêcher le possesseur de mauvaise foi de prétendre posséder *lucri faciendi causa ;* or dans la terminologie romaine, telle qu'elle nous est révélée par Gaius, la possession *lucri faciendi causa* est celle qui se réfère à l'usucapion *pro herede*.

On a donc été amené à se demander, en présence de ces références de nos textes, quel rôle spécial notre règle avait pu jouer en matière d'*usucapio pro herede* et les renseignements que nous donne Gaius sur cette institution ont facilité la réponse.

Nous savons en effet par Gaius qu'en matière d'usucapion *pro herede* on n'exigeait ni titre ni bonne foi. Or un possesseur de mauvaise foi, ou encore un détenteur pour autrui, fermier ou autre, auraient pu prétendre, après la mort du propriétaire, qu'ils commençaient à usucaper *pro herede*. Si on eût objecté au fermier que son titre l'empêchait d'usucaper, il eût répondu que son titre importait peu, puisque l'*usucapio pro herede* n'est pas fondée sur un titre initial. « Donc, eût-il conclu, j'usucape. » On voit les dangers qu'aurait pu présenter une institution de ce genre, si elle avait pu conduire à permettre à tous les fermiers et autres possesseurs, au décès des propriétaires, d'acquérir eux-mêmes la propriété de la chose sans autre condition requise, et par un laps de temps très court. On a donc voulu couper court à pareilles prétentions ; et

(27) GAIUS, II, §§ 52-61.

c'est pour les arrêter net que les anciens, comme dit Paul, au- raient imaginé la règle qui nous occupe : « *Veteribus præceptum est neminem sibi ipsum causam possessionis mutare posse* » (28).

Voilà quelle serait l'origine de notre règle : Telle est l'opinion indiquée par Savigny et aujourd'hui acceptée par la majorité des auteurs (29).

Sans doute il faut bien reconnaître aussi que la règle a été éten- due à d'autres hypothèses que celle pour laquelle elle avait été faite, sinon on ne comprendrait plus trop son maintien au temps de Justinien, puisque sous Justinien l'*usucapio pro herede* n'est plus qu'un souvenir archaïque. Toutefois, il est assez difficile de lui trouver des applications précises, puisque en matière de *causæ pos- sessionis*, 1° on n'avait pas eu besoin d'elle pour empêcher la *mu- tatio causæ* par simple déclaration de volonté et 2° qu'elle n'avait pas empêché cette *mutatio causæ* de s'opérer par un simple fait de contradiction aux droits du propriétaire sans autre manifesta- tion juridique ultérieure.

Cependant, on a cru pouvoir lui trouver quelque utilité et quel- que emploi en notre matière en l'appliquant par exemple aux vices de la possession. Lorsque la possession naît dans des conditions qui en font une possession injuste ou vicieuse, le possesseur ne peut pas à son gré transformer le caractère de sa possession (30).

Tout cela est sans doute très possible. Toutefois, il faut bien re- connaître que l'analyse exacte de notre règle n'ajoute rien à la thèse d'Ihering, parce que, comme je l'ai montré, on n'avait pas eu besoin d'elle pour empêcher le détenteur de transformer à son gré sa détention en possession et que d'autre part elle n'a pas mis obstacle à l'interversion de titre naissant du simple fait de con- tradiction aux droits du propriétaire.

(28) **L.** 3 § 19, D. (41, 2).
(29) SAVIGNY, *Possession*, p. 60, suiv. Cf. KUNTZE, *Excurse über Rœmisches Recht*, p. 482-483.
(30) IHERING, *loc. cit.*, p. 305 ; cf. BARON, *loc. cit., Iahrb. f Dogmat.*, t. XXIX, p. 203.

En tout cas, si on voulait l'appliquer, comme le fait Ihering, aux transformations du rapport possessoire après la prise de possession, elle serait loin de confirmer la thèse d'Ihering. Le principe d'Ihering est que la volonté est impuissante en pareille matière, que la règle de droit objective, inflexible et invariable, est seule opérante en pareil cas. Or notre règle, si elle s'appliquait aux rapports possessoires du détenteur, prouverait que la volonté du détenteur est inopérante à l'état pur, mais qu'elle devient efficace lorsqu'elle s'incarne dans un fait de contradiction violente(31) : un fait de contradiction violente n'est cependant pas, à première vue tout au moins, une règle de droit objective, puisqu'il s'en faut qu'elle soit indépendante du fait du possesseur.

Il est donc assez inutile, et peut-être même assez dangereux, de faire intervenir ici la règle « *Nemo causam*, etc. »

93. — Par conséquent, laissant donc cette règle de côté, ce que nous devons dire, sous forme de conclusion, c'est que l'*animus domini* du détenteur n'est pas pris en considération, en tant que le détenteur afficherait la volonté de transformer sa détention en possession juridique. Pour que cette transformation soit possible, il faut un fait nouveau qui puisse constituer une contradiction aux droits du propriétaire, ou enfin il faut une interversion de titre juridique.

Cela revient à dire, et en cela Ihering a raison, que l'*animus domini*, à supposer qu'il soit pris en considération par le droit, n'est pas l'*animus* actuel du possesseur, mais l'*animus* qui ressort de la *causa* en vertu de laquelle il possède, étant donné que dans la dernière hypothèse signalée le fait matériel de contradiction du détenteur peut être considéré comme constituant un titre nouveau, absolument comme le vol peut constituer un titre pour l'usurpateur. L'*animus*, s'il est pris en considération, n'est donc pas la volonté actuelle, mais l'*animus* incarné dans la *causa possessionis*.

(31) Cf. KUNTZE, *Besitzlehre* (*Fur und wider R. v. Ihering*), p. 24-25.

C'est ainsi que la théorie subjective de l'*animus domini*, poussée dans ses derniers retranchements, a été amenée à se transformer en une théorie objective qui, au lieu de l'*animus* vrai et actuel, est obligée de se contenter d'un *animus* incarné dans la *causa possessionis*. Au lieu de la volonté concrète, c'est-à-dire de la volonté réelle, telle qu'elle existe chez le possesseur au moment où il invoque sa possession, on s'est contenté d'une volonté abstraite, c'est-à-dire de la volonté cristallisée dans une *causa possessionis*.

94. — Cette théorie intermédiaire a été pour Ihering une théorie de transition entre la théorie subjective de l'*animus* personnel et concret et sa thèse actuelle sur le défaut d'*animus domini*, à laquelle il a donné le nom de théorie objective.

Cette théorie intermédiaire, qu'il a enseignée pendant long-temps, il l'avait appelée la théorie de la cause, ou théorie de la volonté abstraite (32), parce que, s'il admettait encore un *animus domini*, c'était un *animus* exprimé par la *causa possessionis*. La question de possession ne dépendait plus de la preuve d'un *animus* actuel et personnel, mais de la preuve d'un *animus* traduit par la *causa possessionis*, donc de cette *causa* elle-même. Ihering admettait donc bien encore qu'il y avait une différence de principe entre possession et détention ; mais la ligne sépara-tive entre les deux ne dépendait pas de la volonté du possesseur, mais de la nature des titres de possession. C'est ainsi qu'il s'ache-minait peu à peu vers la théorie nouvelle de la suppression de l'*animus domini* et de l'assimilation des notions de possession et de détention.

Dans cette théorie intermédiaire, Ihering disait déjà, comme il dit aujourd'hui : la question de savoir s'il y a possession ou détention ne dépend pas de la volonté actuelle du possesseur, ce n'est pas une question de volonté concrète ; c'est une question

---

(32) Cf. PININSKI, *loc. cit.*, t. II, §§ 14 et 15.

qui dépend de la *causa possessionis*, ou du titre de possession, ou plutôt qui dépend d'une volonté incarnée dans un fait juridique dont le caractère ne peut être transformé au gré du possesseur, qui dépend donc d'une volonté abstraite, c'est-à-dire objectivement manifestée. En d'autres termes, Ihering admettait encore l'*animus domini* comme condition de la possession ; mais c'était un *animus* dont la loi avait déterminé les conditions d'existence et qui ne pouvait être reconnu en dehors des faits juridiques que le droit, ou la coutume, avaient considérés comme en étant la manifestation légale. Et la plus grosse différence pratique qu'il y eût entre cette théorie de la *causa possessionis* et la théorie actuelle d'Ihering, est que dans la première l'*animus* manifesté par la *causa possessionis* restant une condition même de la possession, le demandeur en possession devait faire la preuve de son titre de possession, et il ne lui suffisait pas de prouver qu'il avait le *corpus* possessoire.

Dans sa théorie nouvelle, Ihering n'admet plus l'*animus*, sous aucune forme, même incarné dans un titre juridique, en tant qu'il y aurait là une condition d'existence de la possession : la possession se confond avec la détention consciente ; de sorte que le demandeur au possessoire n'a à prouver que sa possession matérielle, c'est-à-dire le *corpus* ; et c'est au défendeur à établir que le demandeur possède en vertu d'un titre auquel le droit a refusé les interdits.

Dans sa théorie intermédiaire, Ihering reconnaissait encore une différence de principe entre possession et détention ; seulement la distinction entre les deux rapports, au lieu de dépendre d'une question de volonté, restait fixe et immuable, puisqu'elle dépendait de faits purement juridiques, c'est-à-dire des *causæ possessionis* (33).

Aujourd'hui encore cette distinction a gardé la même fixité

(33) Cf. RICCOBONO, *La Teoria del possesso nel diritto Romano* (dans *Archivio Giuridico*, t. L, ann. 1893), p. 250.

puisque c'est encore la règle de droit qui décide dans quels cas il y aura détention ; mais, de plus, la distinction a perdu toute valeur doctrinale, puisque entre possession et détention il n'y a plus de différence de nature juridique et que la détention n'est plus qu'un rapport de possession auquel le droit a enlevé ses effets judiciaires.

Voilà donc entre les deux thèses deux différences tout à fait saillantes, l'une quant à la preuve, l'autre quant au principe; il y en a une troisième en ce qui touche le critérium législatif. Dans les deux théories ce sont les titres de possession qui servent à différencier possession et détention; mais dans l'une c'est la nature du titre et dans l'autre c'est uniquement le caractère accidentel empirique que la loi lui a donné. Dans la première la loi n'a pas à dire que tel titre d'entrée en possession sera exclusif de possession juridique, cela dérive de sa nature même et l'interprète sera autorisé à le dire par voie d'induction; dans la seconde il n'y a pas de titre qui par nature soit exclusif de possession, il faut que la loi, pour des raisons de pratique, ait prononcé cette exclusion; il n'y a plus de système de principe, mais un système empirique: l'interprète a les mains liées, la loi, loi proprement dite ou coutume, a seule qualité pour fixer le critérium de la possession juridique.

95. — C'est donc le cas maintenant de bien fixer, pour l'intelligence de ce qui va suivre, les rapports de terminologie adoptés par Ihering pour désigner les différentes théories par lesquelles a passé suivant lui cette question de *l'animus domini*. Toute théorie qui exige *l'animus domini* est qualifiée par lui de théorie subjective, en tant qu'elle exige une intention spéciale, chez le possesseur, en dehors de la volonté de détenir la chose. Mais cette théorie subjective se divise elle-même en deux autres, la théorie de la volonté concrète qui s'en tient à *l'animus* actuel, et la théorie de la volonté abstraite, ou de la *causa*, qui se contente de *l'animus* manifesté par la *causa possessionis*. Puis, en regard de ces théories

subjectives Ihering place la sienne, qu'il désigne sous le nom de théorie objective, parce qu'il néglige toute question d'intention spéciale chez le possesseur pour s'en tenir aux éléments objectifs des règles juridiques, règles fixées par la loi ou la coutume et entièrement soustraites au domaine de la volonté.

96. — Fatalement la théorie de la volonté abstraite devait conduire à la théorie objective d'Ihering. Incarner *l'animus domini* dans la *causa possessionis*, cela paraît quelque chose de tellement artificiel que forcément Ihering devait arriver à la suppression de *l'animus domini*.

Voici en effet la preuve qui ressort de tous les développements qui précèdent; c'est que, à supposer que *l'animus domini* soit pris en considération en matière possessoire, cet *animus* n'est pas forcément la volonté vraie du possesseur, mais la volonté révélée par son titre de possession.

Nous avons fait cette preuve en nous plaçant aux trois points de vue suivants: 1° au point de vue de la prise de possession avec manifestation unilatérale de volonté contraire au titre d'acquisition, et nous avons vu cette manifestation de volonté impuissante à prévaloir contre le titre lui-même ; 2° au point de vue de la prise de possession avec manifestation bilatérale de volonté contraire au titre d'acquisition, et nous avons vu cette manifestation par voie de convention impuissante en principe à changer le caractère et les effets du titre d'acquisition ; 3° enfin, au point de vue des changements de volonté survenus après l'entrée en possession : ces changements, s'ils restent à l'état de pure déclaration de volonté, fût-elle conventionnelle, et s'ils ne s'incarnent pas dans un titre nouveau, sont impuissants à modifier le rapport possessoire.

Voilà donc où en est arrivée la théorie de l'*animus domini ;* elle ne peut se soutenir qu'à la condition de réduire l'*animus domini* à une fiction de volonté résultant de la *causa possessionis*. Réduite à cette extrémité, la théorie de l'*animus domini* devait fatalement sombrer.

VI

97. — Ainsi donc, sous cette forme nouvelle, la théorie a toujours pour fondement un élément intentionnel ; c'est une volonté supposée, ou imposée, peu importe : ce n'en est pas moins une théorie reposant sur un *animus possidendi* spécial.

Mais que l'on suppose que le droit romain nous présente des hypothèses où n'existe même pas cette fiction d'*animus domini ;* dans lesquelles non seulement il n'y ait pas volonté concrète de posséder à titre de propriétaire, mais où n'existe même pas cette volonté abstraite qui résulte des rapports juridiques acceptés par le possesseur ; que l'on suppose même que la volonté abstraite, c'est-à-dire celle qui est manifestée par l'état de droit connu du détenteur, soit la négation même de l'*animus domini*, et que cependant le droit romain reconnaisse à ce détenteur la possession juridique ; il faudra bien en conclure que le droit romain n'a tenu compte de l'*animus domini* sous aucune forme, ni comme volonté concrète, ni même comme volonté abstraite.

98. — Or, Ihering nous a signalé plusieurs hypothèses de ce genre, deux au moins qui paraissent bien certaines, et dans lesquelles la possession existe malgré l'absence de tout *animus domini* alors même qu'il y a *animus* absolument contraire, c'est-à-dire exclusif de toute prétention à la propriété.

Voici celle qui a paru la plus indiscutable de ces hypothèses (34). Papinien dans la loi 44 § 4 (41, 3) (35) cite le cas d'un fils de

(34) BARON, *loc. cit.* (dans *Iherings Iahrbücher*, t. XXIX, p. 200 et t. XXX, p. 197, p. 207, et RICCOBONO, *loc. cit.* (dans *Archivio Giuridico*, t. L, p. 238). Cf. PININSKI, *loc. cit.*, t. II, p. 555 ; HIRSCH, *loc. cit.*, p. 613 suiv., p. 697.
(35) L. 44, § 4, D. (41,3) : « *Filiusfamilias emptor alienæ rei, cum patremfamilias se factum ignoret, cœpit rem sibi traditam possidere : cur non capiat usu, cum bona fides initio possessionis adsit, quamvis eum se per errorem*

famille qui se trouve devenu *sui juris* à son insu ; son père est mort, mais il l'ignore. Il se croit encore sous la puissance paternelle ; et, se croyant encore fils de famille, il achète un objet, qui d'ailleurs se trouvait ne pas appartenir au vendeur. On se demande si ce fils de famille va pouvoir commencer à usucaper, ce qui revient à se demander s'il a acquis la possession. Or dans sa pensée, et le jurisconsulte insiste sur ce fait, il a voulu acquérir la possession à son père, puisqu'il se considérait lui-même comme ne pouvant acquérir pour lui ni possession, ni propriété. Donc son animus était un *animus alieno detinendi*, le contraire par conséquent de l'*animus possidendi* dont parle Paul, la négation même de l'*animus domini*. Et cependant, du moment qu'il est devenu *Paterfamilias*, même à son insu, du moment que l'obstacle qui s'opposait à ce qu'il eût la possession a disparu, sa détention devient une possession juridique, indépendamment, je dirai plus, à l'encontre même de sa volonté personnelle. C'est donc bien la preuve que la question de savoir si un fait de détention reste une simple détention ou devient une possession juridique ne dépend nullement de la volonté du détenteur, pas même de sa volonté abstraite, incarnée dans une manifestation juridique quelconque, puisqu'ici sa volonté abstraite est une volonté de fils de famille exclusive de toute prétention à la propriété. C'est la preuve que cette question est tranchée objectivement par la loi et dépend uniquement de la situation juridique du détenteur, telle qu'elle est réglée par la règle de droit, et non par la règle de volonté. Voilà donc une détention qui reste détention tant que celui au profit de qui elle existe reste fils de famille, et qui devient possession dès qu'il est devenu *Paterfamilias*, même à son insu. Or, en quoi les éléments subjectifs de la possession se sont-ils modifiés ? En rien, puisque le fils de famille croit

esse arbitretur, qui rem ex causa peculiari quæsitam nec possidere possit ? idem dicendum erit et si ex patris hereditate ad se pervenisse rem emptam non levi præsumptione credat »

encore posséder pour son père. Ce qu'il y a de changé, c'est la qualité juridique du possesseur, ce n'est pas sa volonté. Les conditions internes de sa possession restent les mêmes ; ce qui prouve que, au point de vue des conditions juridiques qui les constituent, détention et possession ne sont qu'un seul et même rapport de droit. Ce qui aurait été détention il y a un instant va devenir possession, sans que les éléments qui constituent le rapport juridique se soient modifiés. C'est donc que la détention est une possession virtuelle à qui cette qualité n'a été enlevée que par suite de circonstances juridiques tout externes et qui ne sont pas inhérentes au rapport possessoire. Ici la circonstance qui empêchait la détention de valoir comme possession, c'était la puissance paternelle qui pesait sur la possession. Supprimez cette circonstance et ce qui eût été détention sera possession.

Donc il semble bien qu'il n'y ait là qu'un seul et même rapport juridique ; et le fait que ce rapport juridique est parfois dépourvu de ses effets normaux dépend, non d'éléments subjectifs ou de la volonté des parties, mais de conditions juridiques purement objectives : et voilà ainsi la théorie d'Ihering en passe d'être définitivement fondée.

99. — Le texte que je viens d'analyser n'est pas le seul qui puisse lui fournir une base solide.

J'en signale un autre dans le même ordre d'idées, mais auquel je ne fais que renvoyer (36). Il s'agit d'une hypothèse analogue, d'une acquisition faite par un fils de famille pendant la captivité de son père ; et le sort de cette acquisition dépend de la question de savoir si le père fait retour dans sa patrie ou s'il meurt chez l'ennemi. Toutefois ici la preuve du défaut d'animus est un peu moins certaine, parce que le fils savait son père captif ; donc on peut dire qu'il avait un *animus* conditionnel, subordonné

---

(36) L. 44, 7, D (41, 3). Cf. PININSKI, *loc. cit.*, t. II, p. 556 ; BARON, *loc. cit.*, p. 197.

au décès de son père chez l'ennemi. Laissons donc ce texte de côté ; Ihering a peut-être eu tort de s'en servir.

Mais voici une autre hypothèse également très probable ; elle nous est fournie par la loi 21 (41,3) (37).

Un possesseur qui était en voie d'usucaper *pro herede*, loue le fonds au propriétaire. Bien entendu, les deux parties sont dans l'ignorance de leurs qualités respectives. Ce propriétaire afferme son propre fonds sans savoir qu'il s'agit d'un domaine qui lui appartient. En vertu des principes du droit commun le bail est nul ; de même que serait nulle la vente ayant pour objet une chose appartenant à l'acheteur. Or, le jurisconsulte Javolenus, de qui provient le texte en question, avait été consulté sur la question de savoir, non seulement si le bail était nul, mais si en pareil cas le bailleur, celui dans l'hypothèse qui était en voie d'usucaper *pro herede* et qui avait donné la chose à bail, allait continuer son usucapion. Remarquez qu'il avait cru louer à un tiers quelconque, qui fût devenu son fermier et par conséquent détenteur pour son compte à lui bailleur. Dans ces conditions la possession lui serait restée et il aurait continué d'usucaper. Donc on pouvait se demander si la nullité du bail allait modifier la situation possessoire des parties ; on se demandait par conséquent si le bailleur allait garder la possession comme c'eût été le cas si le bail eût été valable. Et le jurisconsulte consulté sur ce point répond, comme d'une chose qui ne puisse pas être autrement, que le bail étant nul le bailleur n'aura pas gardé la possession : « *Nullius momenti lo-*

---

(37) L. 21 D. (41,3) : « *Ei, a quo fundum pro herede diutius possidendo capturus eram, locavi eum : an ullius momenti eam locationem existimes, quæro : quod si nullius momenti existimas, an durare nihilo minus usucapionem ejus fundi putes. Item quæro, si eidem vendidero eum fundum, quid de his causis, de quibus supra quæsii, existimes, respondit : si is, qui pro herede fundum possidebat, domino eum locavit, nullius momenti locatio est, quia dominus suam rem conduxisset : sequitur ergo, ut ne possessionem quidem locator retinuerit, ideoque longi temporis præscriptio non duravit. In venditione idem juris est, quod in locatione, ut emptio suæ rei consistere non possit »*

catio est :........ sequitur ergo, ut ne possessionem quidem locator reti-
nuerit. »

Et, si le bailleur n'a plus la possession, c'est que celui entre les mains de qui elle se trouve, celui qui avait loué la chose, dans l'espèce le propriétaire, en a acquis la possession.

Sans doute, le texte ne le dit pas expressément; cela tient à ce que ce n'était pas là le point sur lequel le jurisconsulte était consulté : il n'était consulté que sur la question d'interruption de l'usucapion et il n'a eu à répondre qu'à la question qui lui était posée. Mais il va de soi que si le bailleur a perdu la possession, c'est que celui à qui il a remis la chose en est devenu possesseur. Sinon, il faudrait donc dire que la chose est sans possesseur ; et c'est inadmissible étant donné qu'il s'agit d'une chose qui n'est pas abandonnée et qui se trouve dans l'appropriation d'autrui. Donc, le prétendu fermier, en pareil cas le propriétaire, a acquis la possession.

Et cependant il avait acquis la chose à titre de fermier, croyant contracter un bail valable; par conséquent il l'avait acquise avec l'intention d'en devenir détenteur pour autrui et nullement avec l'intention de la posséder pour lui. Son *animus*, et remarquez ici qu'il s'agit, non pas même de *l'animus* concret, mais de *l'animus* abstrait que lui assignait son titre de possession, était un *animus* de détenteur pour autrui, exclusif de la volonté de posséder pour son compte ; et cependant, parce que le contrat se trouve nul, à son insu et sans s'en douter, il se trouve transformé en possesseur. Il se trouve que la simple détention qu'il comptait avoir va être une véritable possession, non seulement indépendamment de sa volonté, mais contre sa volonté elle-même, en opposition avec ses propres intentions juridiquement manifestées.

La preuve qui ressort de ce texte est donc très forte; aussi a-t-on essayé d'en atténuer la portée. On lui a opposé un rescrit du Code où il est également question d'un fermier qui se prétend propriétaire de la chose qu'il a affermée. Seulement ici la preuve de son droit de propriété est contestée. Il veut donc faire trancher la question de propriété, et par conséquent faire juger la chose au pétitoire. Or, les Empereurs Dioclétien et Maximien répondent qu'avant d'entamer le procès sur là propriété il doit restituer la possession (38). On a vu là une contradiction très nette à la décision de Javolenus. En effet, a-t-on dit, Javolenus attribue la possession au fermier par cela seul qu'il se trouve propriétaire de la chose louée. Dès lors s'il possède et qu'il se prétende propriétaire, on ne voit pas bien comment le bailleur pourrait, avant d'agir au pétitoire et par suite avant d'avoir renversé cette prétention à la propriété, se faire restituer la chose. S'il intente l'action du contrat, le fermier lui objectera que le contrat est nul, et s'il veut agir au possessoire, l'autre se prévaudra de sa possession ; il est vrai que dans les deux cas cela suppose que le fermier fasse la preuve de son droit de propriété, mais cette preuve il a toujours le droit de la faire et il ne manquera pas d'en user. Donc, comment peut-on dire qu'avant d'engager l'affaire au pétitoire il faut restituer la possession, puisque la possession ne sera restituée que si le défendeur, par quelque voie qu'on l'attaque, succombe sur le fond même du droit ? Or, les Empereurs déclarent cependant que le fermier dans l'espèce devra restituer la possession avant que l'on puisse plaider sur la propriété.

Voilà l'objection. La réponse est facile. Car il s'agit ici, lorsque bailleur et fermier sont en contestation sur la question de propriété, de régler la situation possessoire en vue du procès sur la propriété. Le rescrit du code nous le montre très clairement. Les empereurs règlent la question de possession avant que l'on procède au pétitoire. Il est vrai qu'ils la tranchent au profit du bailleur auquel, d'après Javolenus, on dénie la possession, et c'est ce qui a pu, au premier abord, faire naître le doute. Mais nous sa-

---

(38) L. 25 Cod. (2 65) : « *Si quis conductionis titulo agrum vel aliam quamcumque rem accepit, possessionem debet prius restituere, et tunc de proprietate litigare.*

vons par une autre loi du code (39) que lorsque la question de propriété et la question de possession se trouvaient soulevées en même temps, et c'était le cas dans notre hypothèse puisque l'une était liée à l'autre et que la question de savoir qui était possesseur dépendait ici de savoir qui était propriétaire, la question de possession devait être tranchée la première, sans référence à l'autre et en tenant compte uniquement des circonstances qui eussent servi à la régler avant que la question de propriété eût été soulevée ; et cela se comprend puisque c'est la question de possession qui devait fixer les rôles pour ce qui est de la répartition de la preuve dans le procès au pétitoire.

Or, dans notre hypothèse comment faire pour se soumettre aux dispositions du rescrit que je viens de citer, autrement dit comment faire pour discuter la question de possession d'une façon indépendante et en dehors de la question de propriété ? C'était bien impossible puisque les deux questions étaient liées l'une à l'autre. La question de savoir qui était possesseur dépendait de celle de savoir qui était propriétaire : le fermier ne pouvait se prétendre possesseur que s'il prouvait son droit de propriété : il lui était donc impossible, en se plaçant sur ce terrain, de discuter la question de possession avant la question de propriété. Aussi n'y avait-il qu'un moyen de résoudre la difficulté, c'était de déclarer qu'en pareil cas, lorsque la propriété serait contestée, on ne tiendrait pas compte, pour régler les rôles des parties au pétitoire, de la possession pouvant résulter de la qualité de propriétaire, c'est-à-dire de l'influence du pétitoire sur la possession : en tant que la possession résulterait de la qualité de propriétaire, elle ne peut pas servir à préparer l'instance sur la propriété, puisqu'elle suppose cette dernière tranchée et jugée. Donc il faudra dans ce cas s'en tenir à la possession antérieure, telle qu'elle existait indépendamment du contre-coup que peut avoir sur elle la décision

(39) L. 3 Cod. (8-1).

à intervenir sur la propriété. Or cette possession ainsi entendue appartenait dans l'hypothèse au bailleur, le fermier devra donc la lui restituer avant qu'il soit question pour lui d'agir en revendication.

Cette décision du rescrit, qui ne touche qu'à la question de procédure, laisse donc intacte la décision de Javolenus sur l'interruption de l'usucapion, et par suite sur les mutations de possession. Si donc le fermier, après avoir restitué la possession, agit au pétitoire et fait reconnaître son droit de propriété, il s'ensuivra que c'est lui fermier qui aura été possesseur du jour du contrat de bail conclu à son profit et qu'à partir de ce même jour l'usucapion du bailleur aura été interrompue.

Donc la décision de Javolenus reste intacte et avec elle l'appui qu'elle donne à la théorie objective en matière possessoire (40).

100. — Ihering a donc pu cette fois regarder la preuve comme faite.

La question de possession ne dépend nullement de la question d'*animus*. Il n'y pas un *animus possidendi* qui serait distinct de l'*animus detinendi* : possession et détention sont un même rapport juridique ; seulement la détention est une possession dépourvue de quelques-uns de ses effets, et la question de savoir si dans un cas donné il y a possession ou détention ne dépend nullement d'une question de volonté, mais dépend de conditions juridiques objectives, déterminées par la loi en dehors de tout élément subjectif.

Les deux preuves qu'exigeait la théorie objective d'Ihering paraissent bien établies :

1° Il a été prouvé que toute possession impliquait à sa base une volonté portant sur la question de fait, ce qui revient à faire de la détention le point de départ de toute possession juridique ;

Et 2° Il a été prouvé que la possession n'exigeait pas en outre

(40) Voir sur toute cette question BARON, *loc. cit.*, dans *Iherings Iahrbücher fur Dogmatik*, t. XXX, p. 198 suiv.

une volonté portant sur la question de droit, ce qui revient à dire que, non seulement la possession a pour point de départ la détention elle-même, mais que possession et détention ne sont qu'un même rapport juridique.

VII

101. — Restait, ai-je dit, une troisième preuve à fournir ; ou plutôt le mot preuve ici ne serait plus absolument exact, car la preuve peut être considérée comme faite. Il reste à fournir une nouvelle série d'explications. Il reste à expliquer pourquoi, et à raison de quelles circonstances, certains rapports de possession étaient devenus à Rome de simples rapports de détention.

Il fallait faire l'histoire de la détention romaine ; bien entendu, il ne pouvait plus être question ici que de conjectures historiques.

Mais l'exposé de ces conjectures forme peut-être la partie la plus brillante du livre d'Ihering. Ce qu'il nous présente, ce ne sont assurément que des hypothèses, mais des hypothèses qui paraissent si bien correspondre à ce que nous savons de la vie sociale des Romains primitifs, que la vraisemblance du récit fait réellement grande impression.

Il s'agit de savoir pourquoi certains possesseurs n'ont pas été mis à même de défendre leur possession en justice. Il est très certain que ce ne pouvait être que par une raison de dépendance du possesseur par rapport au propriétaire. Car, il ne pouvait pas se faire que deux personnes à la fois eussent la possession d'une même chose ; il fallait donc choisir et donner les interdits à l'un ou à l'autre, ou au propriétaire qui n'a pas la chose en mains, ou au possesseur qui la détient matériellement.

Or, donner les interdits au possesseur, c'est le rendre indépendant du propriétaire, puisque c'est lui donner le moyen de défendre sa possession contre tout le monde, au besoin contre le propriétaire lui-même.

Si donc on suppose des possesseurs qui par leur situation domestique, ou par leur situation sociale, soient sous la dépendance du propriétaire, il deviendra tout à fait vraisemblable que le droit romain leur ait enlevé les interdits.

Ihering, dans un chapitre tout à fait magistral, le chapitre VIII (*Die geschichtliche Entwickelung des Detentionsbegriffs*, Du développement historique de la notion de détention), a présenté la maison romaine comme le siège initial de la détention, le point de départ historique et le berceau de la notion de détention (41).

C'est là en effet qu'est née ce qu'Ihering appelle la détention domestique, c'est-à-dire celle des fils de famille, des petits clients, de tout le petit monde qui gravite sous le couvert de la puissance du maître. Il est par trop vraisemblable que tous ces possesseurs dépendants ne pouvaient pas avoir une possession indépendante et que les interdits devaient rester au chef de la maison. Leur situation sociale condamnait leur possession à n'être qu'un rapport de détention.

Puis, il en fut de même de ce qu'Ihering appelle la détention contractuelle par contraste avec la détention domestique. C'est celle qui résulte de rapports contractuels comme le louage. Or, il est très certain que les premiers locataires à Rome appartenaient à la classe sociale la plus dépendante et la plus déprimée ; ils provenaient des anciens clients qui vivaient sur les terres des grands, bénéficiant de leur protection mais aussi se mettant sous leur dépendance. Or, tout ce qui avait quelque situation à Rome avait sa maison à lui, sa demeure indépendante. Pour demander asile à autrui, il fallait être plébéien et se faire le client d'un

---

(41) *Das ræmische Haus ist der historische Ausgangspunkt des Detentions begriffs, der Ursitz, die Heimath des relativen Detentionsverhæltnisses. »* (IHERING, *Besitzwille*, p 103). Sur tous ces points voir CUQ, *Recherches sur la possession à Rome*, tout le § III, p. 47 et suiv. ; cf. HŒLDER, *Zur Besitzlehre*, VI, dans *Krit. Vierteljahr*, t. XXXIV, p. 245-246.

grand. Il n'y a pas encore bien longtemps qu'il en était de même en Angleterre : quiconque habitait un appartement chez autrui était considéré comme un individu sans foyer indépendant, un individu sans respectabilité, comme disent les Anglais, à ce point qu'on lui refusait le droit électoral. Et ce qui prouve qu'il en fut de même à Rome, c'est l'époque tardive de l'apparition à Rome du louage privé ; Mommsen a démontré que le louage avait été pendant longtemps un contrat de droit public usité par le censeur , pour l'utilisation des terres du domaine public avant de passer de là dans les rapports entre particuliers (42).

Telle était donc la situation du petit locataire Romain à ses débuts. Il faisait partie lui aussi de la maison romaine, et dans une certaine mesure de la *familia* du propriétaire et de sa clientèle. Bref, il était sous sa dépendance, on ne pouvait pas songer à lui donner les interdits.

Le rapport de détention contractuelle est né du rapport de détention domestique. Il s'est étendu de là à tous les autres cas de détention, en ce qui touche les dépositaires, commodataires, mandataires, tous gens qui avaient besoin d'autrui, qui se mettaient à la disposition d'un autre et qui par suite étaient plus ou moins sous sa dépendance.

Ces rapports de détention, qui s'expliquent ainsi par leur origine historique, se sont perpétués avec leur caractère originaire, alors même que la condition sociale des détenteurs se trouvait avoir changé. Il en est ainsi de la plupart des rapports juridiques ; ils se perpétuent avec leurs caractères originaires alors même que ces caractères sont en contradiction avec les changements survenus dans l'état social.

102. — Mais d'autre part, il faut observer aussi, pour comprendre les rapports de la vie sociale à Rome, que à chacun des rapports de détention contractuelle que nous connaissons corres-

(42) Cf. en outre CUQ, *loc. cit.*, p. 58.

pondait une situation juridique engendrant un rapport de possession.

Ainsi à côté du bail ordinaire qui n'engendrait qu'un rapport de détention, il y avait le précaire qui donnait les interdits. Le précaire peut aussi être considéré comme le pendant du commodat. Le commodataire reste sous la dépendance du propriétaire. A celui qui demande à jouir en toute indépendance de la chose d'autrui, le propriétaire fait une concession en précaire, et le précariste aura les interdits. Il est vrai qu'en compensation le propriétaire se réserve la révocation *ad nutum* ; mais rien n'est plus dans la vraisemblance de la vie. A celui qui veut un délai de jouissance assuré, une jouissance limitée ; à celui au contraire qui demande une jouissance illimitée, une possession toujours révocable au gré du propriétaire ; rien de plus légitime.

Enfin, plus tard, à côté du bail ordinaire, nous voyons s'introduire de nouveaux contrats de jouissance destinés à donner satisfaction à des situations économiques toutes nouvelles, ainsi la superficie, la possession de l'*ager vectigalis*, l'emphythéose. Ce sont des contrats de jouissance d'un caractère bien différent du bail ordinaire. Laissons, si vous le voulez, la superficie de côté, mais prenons les deux autres, l'*ager vectigalis* et l'emphythéose. Ce sont des formes de jouissance destinées à l'exploitation des grands domaines, au défrichement des terres incultes du domaine public ou des cités. Il faut que le possesseur ait ici la plus complète indépendance ; on lui donne les interdits (43). Enfin le pendant du dépositaire est le séquestre qui a les interdits. Mais, même en matière de mandat, nous trouvons deux catégories de mandataires. Un mandataire peut en effet se présenter ouvertement comme faisant les affaires d'autrui, ou bien il peut dissimuler sa qualité et se présenter, à l'apparence et vis-à-vis des tiers, comme agissant pour son compte : dans ce dernier cas, c'est ce que nous

(43) La question, il est vrai, est encore quelque peu discutée. Pour la controverse, voir WINDSCHEID, *Pandekt* (7e éd.), t. I, § 154, not. 7, p. 444.

appelons un commissionnaire ou un prête-nom. Or, il est bien certain que tout se passe, même en matière de possession, comme s'il était lui-même le maître de l'affaire et s'il devenait possesseur (44).

103. — On peut donc en tout cela admirer la souplesse et la flexibilité du droit romain. A côté des rapports de détention nés d'un état de dépendance sociale, naissent, au fur et à mesure des changements qui se produisent, des rapports juridiques analogues, mais adaptés à de nouvelles conditions sociales, et qui restent, des rapports de possession.

Que l'on prenne la théorie de l'*animus domini*, telle qu'elle est interprétée par les commentateurs, et telle qu'on voudrait la faire passer, à tort selon moi, dans le droit moderne et en particulier dans l'interprétation du Code civil français, et l'on aura toutes les peines du monde à procurer les interdits à toutes ces catégories nouvelles de détenteurs auxquels le droit romain avait fait une place à part à côté des détenteurs originaires. Avec notre esprit de logiciens et notre tendance à l'uniformité, nous avons supprimé toutes ces variétés de louages qui correspondaient si bien à la diversité des besoins économiques. Les juristes qui s'en tiennent à la rigueur des textes protestent même contre la prétention de maintenir l'emphythéose en droit français, ou du moins ils veulent lui enlever son caractère de droit réel que lui reconnaît cependant, et avec raison, la jurisprudence. Or, enlever à l'emphythéose son caractère de droit réel, c'est enlever les actions possessoires à l'emphythéote ; c'est n'admettre qu'une seule forme de bail, le louage ordinaire, pour toutes les nécessités si variées de l'exploitation économique. Prenez l'emphythéote, c'est-à-dire le fermier à long terme, celui qui a affermé pour 99 ans et qui à ce titre a voulu prendre toutes les apparences de la propriété : le voyez-vous obligé de s'adresser au propriétaire pour faire cesser les troubles

---

(44) BARON, *loc. cit.*, t. XXX, p. 220,221, cf. IHERING, *Mit irkung für fremde Rechtsgeschæfte* (dans *Gesammelte Aufsætze*, t. I (1881), p. 160).

dont sa possession est l'objet, incapable de défendre lui-même sa propre possession et restant sous la dépendance absolue du propriétaire, lequel, la plupart du temps, habite au loin et se désintéresse d'une propriété dont la jouissance lui est enlevée presque à perpétuité ?

C'est le contraire du bon sens, c'est l'antipode de ce qu'exigent les nécessités de la vie pratique.

Voilà les résultats auxquels nous arrive avec notre fureur de logique juridique, avec notre incapacité de doctrinaires à assouplir nos méthodes et, avec elles, nos institutions juridiques suivant les besoins de la pratique et de la vie sociale. Voilà en tout cas, dans l'hypothèse, où conduit la théorie rigoureuse de *l'animus domini*.

Il a donc pu paraître après cela que la théorie d'**Ihering** était définitivement fondée. Elle l'est en raison, car nous sentons enfin le besoin de secouer ce joug de *l'animus domini* qui nous enserre en matière possessoire dans un domaine étroit dont nous ne pouvons plus sortir. Il faut que désormais nous puissions donner le moyen de se défendre à certains détenteurs du bien d'autrui, je ne dis pas à tous les locataires, peut-être à certains d'entre eux. Avec la théorie de *l'animus domini* cela devient impossible. On s'est donc rejeté, comme on le sait, sur la théorie du droit réel ; on a voulu faire sortir le droit réel de l'art. 1743 du Code civil, lequel donne au locataire le droit d'opposer le bail aux ayants-cause du bailleur : or, le seul intérêt vraiment pratique de la réalité eût été de donner au locataire une action pour se défendre contre les troubles apportés à sa jouissance. Mais cette théorie du droit réel n'a guère chance de triompher.

Si au contraire nous rejetons la théorie de *l'animus domini*, il n'y a plus d'impossibilité juridique à cette obtention d'une action possessoire au profit du fermier. L'impossibilité juridique ayant disparu reste une impossibilité légale, ce qui n'est pas la même chose. L'impossibilité juridique est une impossibilité rationnelle tirée des principes du droit ; elle ne peut disparaître que si l'on modifie les principes. L'impossibilité légale n'implique aucun obstacle rationnel tiré des principes : elle dérive uniquement des règles positives du droit. Ces dispositions positives peuvent disparaître pour certains cas ; et, en les faisant disparaître, on ne violera aucun principe, puisqu'il n'y a plus aucun principe engagé. Dès lors l'extension des actions possessoires, rendue aujourd'hui impossible à cause du cercle de fer où les enferme le dogme de l'*animus domini*, nous apparaît comme une éventualité qui n'a plus rien de chimérique. La voie désormais reste ouverte aux réformes, voilà le grand mérite de la théorie d'Ihering.

Il est vrai que pour Ihering il ne peut encore être question que de réformes législatives, ce qui est un assez mince profit, lorsqu'on sait en matière de droit privé le peu qu'il y a à attendre de ce côté, tellement il semble que ce mécanisme ne soit guère destiné qu'aux grandes modifications de l'ordre administratif et gouvernemental. Nous allons voir si nous ne pourrions pas aller plus loin qu'Ihering et, à la place de réformes législatives, ouvrir la voie aux réformes jurisprudentielles, ce qui est le vrai procédé adapté à l'évolution du droit privé, comme devrait l'avoir démontré à tant de gens qui paraissent en avoir le fétichisme sans savoir en retirer le vrai profit historique et social, l'étude du droit romain et de la formation juridique qu'elle nous révèle. C'est le point qu'il nous reste maintenant à aborder.

VIII

103. — La théorie d'Ihering nous a paru fondée en raison. Elle a paru l'être également en histoire, c'est-à-dire sur le terrain des sources et du droit romain classique. J'ai cité, d'après Ihering, les textes qui semblent bien la mettre en lumière.

Cela veut-il dire maintenant que cette théorie doive être acceptée aveuglément dans toutes ses parties et que tous les éléments de la formule soient également vrais?

Sur ce point je fais mes réserves, et je commence par présenter certaines observations préalables qui sont déjà tout à fait de nature à nous faire hésiter sur l'ensemble de la thèse.

104. -- Parmi les objections qui se présentent des premières, en dehors de toute analyse minutieuse des sources, la plus saillante est la contradiction qui existe entre les deux ouvrages principaux d'Ihering sur la possession, et par suite entre sa théorie du *corpus* possessoire et sa théorie de l'*animus*.

Pour Ihering, le *corpus* possessoire est la manifestation extérieure du droit de propriété. Je rappelle que je n'ai pas absolument accepté cette définition, mais peu importe ; puisque ce sont ici les opinions d'Ihering que nous comparons entre elles, nous devons les accepter telles qu'il nous les donne.

Donc pour Ihering le corpus possessoire est l'exercice visible du droit de propriété, le fait d'agir en propriétaire ; et la possession n'a été protégée par le droit qu'en vue de garantir la propriété elle-même. Ainsi, lorsqu'il s'agit du *corpus*, Ihering n'a en vue que le droit de propriété.

Logiquement, c'est également le droit de propriété qu'il devrait avoir en vue lorsqu'il s'agit de l'*animus*. Remarquez que pour lui l'*animus* c'est le fait d'exercer d'une façon consciente le *corpus* lui-même, c'est la volonté appliquée à la détention. Or, si le *corpus* est le fait d'agir en propriétaire, l'*animus* correspondant à ce *corpus* ainsi défini sera le fait de vouloir agir en propriétaire. Ce sera la volonté d'avoir l'exercice de fait du droit de propriété.

Donc, si l'on combine la théorie nouvelle d'Ihering sur l'*animus* avec sa théorie ancienne sur le *corpus*, on arrive forcément à une résurrection de l'*animus domini*. Le *corpus* pour lui, c'est le fait d'agir en propriétaire et l'*animus* est la volonté appliquée au corpus lui-même ; ce sera donc la volonté d'agir en propriétaire. Or, la volonté d'agir en propriétaire est inconciliable avec un titre antérieur exclusif de la prétention au droit de propriété ; la chose est absolument évidente.

Il n'y a pas à objecter que la volonté d'agir en propriétaire n'é-
quivaut pas entièrement au fait de vouloir être propriétaire ; car
si l'on a par avance déclaré qu'on ne voulait pas être propriétaire
le droit ne peut tenir compte d'une volonté qui consisterait à faire
ce qu'on s'est engagé à ne pas faire. La théorie possessoire romaine a bien pu admettre au bénéfice des interdits les voleurs,
mais à condition qu'ils ne se fussent pas par avance reconnu cette
qualité, parce qu'alors, à s'en tenir au fait, on ignore s'il y a vol.
Si maintenant elle protégeait ceux qui d'avance manifesteraient
leur intention de voler, ce serait à coup sûr le renversement du
droit et du bon sens, et ce n'est pas là certainement ce qu'Ihering
a voulu dire ; donc son *animus detinendi*, c'est-à-dire la volonté
appliquée à l'exercice du droit de propriété devrait être inconciliable avec une volonté antérieure exclusive de la propriété.

La contradiction d'Ihering est donc d'avoir mis au premier plan
la question de droit en ce qui touche le *corpus* et de vouloir la
rejeter en ce qui touche l'*animus*. Pour lui, l'*animus* ne vise pas
le droit de propriété et cependant il se réfère à l'élément matériel
de la possession, le *corpus* : comment veut-on qu'il en soit ainsi si
le *corpus* lui-même est modelé sur le droit de propriété ? Le possesseur devra se conduire volontairement, donc sciemment, comme
un propriétaire, et cependant il pourra avoir affirmé sa volonté
de ne pas prétendre à la propriété : vouloir se conduire en propriétaire et renoncer à se dire propriétaire, n'est-ce pas absolument inconciliable ?

Et cependant, cette adaptation du *corpus* possessoire aux formes extérieures de la propriété a été affirmée à nouveau par Ihering dans sa dernière étude sur la possession, parue alors qu'il
avait déjà rejeté le dogme de l'*animus domini* (45).

Ainsi donc, au point de vue doctrinal, les deux théories princi-

(45) IHERING, *Der Besitz*, § 9 (reproduit dans *Iahrbücher f. Dogmat*, t. XXXII,
p. 77, traduit par M. de Meulenaere et inséré dans ses *Œuvres choisies
d'Ihering*, t. II, p. 246 suiv.).

pales d'Ihering sur la possession, sa théorie du *corpus* et sa théorie de *l'animus*, sont inconciliables (46).

105. — Elles sont inconciliables également au point de vue historique. Ainsi Ihering, pour démontrer que *l'animus* ne pouvait pas avoir en vue la prétention à la propriété, s'est appuyé sur cette idée si vraisemblable que la possession avait dû précéder la propriété. Il dut y avoir un temps où l'on protégeait le simple fait d'être en contact matériel avec la chose, avant que l'on ait eu la conception d'une relation immatérielle élevée à la hauteur d'un droit. La possession ayant une existence juridique antérieure à la propriété, c'est ce qu'il y a de plus vraisemblable au monde. Il est possible sans doute, et même infiniment probable, que la construction juridique de la théorie possessoire romaine ait été ébauchée alorsque la notion du *dominium ex jure quiritium* existait déjà depuis longtemps (47) ; ce que je veux dire c'est qu'avant d'en arriver à cette notion un peu compliquée de la propriété quiritaire, les Romains avaient certainement déjà la conception d'une possession individuelle à laquelle les mœurs et la coutume servaient de garantie et de protection aux mains des particuliers ; et lorsque l'idée d'une propriété perpétuelle, immatérielle et inviolable, à l'égal du foyer domestique lui-même, vint à s'appliquer aux fonds de terre consacrés en quelque sorte par la cérémonie de la limitation, l'idée de possession se maintint pour les terres du domaine public et les parcelles occupées par les particuliers (48).

(46) Cf. RICCOBONO, *loc. cit.* (*Archivio Giuridico*, t L, p. 231). Cf. KUNTZE, *Zur Besitzlehre für et wider R. von Ihering*, p. 88.

(47) Cf. CUQ, *loc cit..* p. 7, p. 35 et suiv., p. 47.

(48) Cf. VOIGT, *Ueber die staatsrechtliche Possessio und den ager compascuus der rœmischen Republik* § 3 (dans *Abhandlungen der Kœnigl. Sæchs. Gesellschaft der Wissenschaften zu Leipzig* — (*Philologisch — Historische Classe*), t. X, p. 233). Voir sur ce point une thèse remarquable de la Faculté de Lille, A. DUBOIS, *de l'occupation et de la concession par l'Etat ou par la « Gens ». — Leur rôle dans l'histoire de la propriété à Rome* (Lille, 1893), titre II, p. 117 suiv. ; et en ce qui touche ce qu'il pourrait y avoir d'un peu trop absolu dans certaines opinions émises par l'auteur, voir l'étude magistrale de M. BEAUDOUIN, *La limitation des fonds de terre dans ses rapports avec le*

Eh bien, que l'on prenne maintenant la théorie d'Ihering sur le *corpus* ; le *corpus* c'est l'élément matériel de la possession se modelant à l'image de la propriété. Cela suppose la propriété existant avant la possession, puisque celle-ci n'aurait été inventée que pour défendre la première. Du reste l'idée fondamentale d'Ihering c'est que la possession n'a eu de raison d'être que comme garantie de la propriété : forcément il faut pour cela que la propriété l'ait précédée.

Pour établir sa théorie du *Corpus*, Ihering est obligé de supposer que la propriété a précédé la possession, et pour établir sa théorie de l'*animus* il suppose que la possession, en tant que théorie juridique, a devancé la propriété (49).

106. — J'aborde maintenant une autre série d'objections, celles qui proviennent des textes.

On sait qu'Ihering ne tient compte en matière possessoire que de l'*animus* du détenteur. Or, on nous dit au Digeste que l'on peut acquérir la possession *animo solo*, pourvu que l'on emprunte le *corpus* d'autrui ; et Paul, il est vrai que c'est toujours ce malheureux Paul, qui pose cette règle, donne comme exemple l'acquisition de possession par l'intermédiaire d'un esclave ou d'un fermier (50).

Or, le fermier qui prête son *corpus* est un détenteur; comme détenteur, il a l'*animus* spécial à sa détention, et cependant ce n'est pas cet *animus*-là qui compte au point de vue de la possession ; l'*animus* qui compte pour fonder la possession, c'est l'*animus* qui existe chez le bailleur. C'est celui-ci qui acquiert par son *animus* personnel en empruntant le *corpus* du fermier. Il semble donc bien ressortir de là que l'*animus* dont on tient compte pour fixer le

droit de propriété, dans *Nouv. Revue historique du droit*, 1893 et 1894, et principalement ann. 1894, p. 157, note 2.

(49) Cf. *supra*, n° 64.

(50) L. 3, § 12 D. (41,2). « *Ceterum animo nostro, corpore etiam alieno possidemus, sicut diximus per colonum et servum.* » Cf. PAUL SENTENT., lib. V, tit. 2, § 1.

rapport possessoire, n'est pas seulement l'*animus* du détenteur, c'est-à-dire la volonté de détenir, mais que ce soit la volonté spéciale et distincte de devenir le maître de la chose, la volonté de la posséder pour soi.

C'est la confirmation des deux textes de Paul sur l'*animus possidendi*. Paul nous avait dit que l'*animus* exigé pour fonder la possession était un *animus* spécial que n'avaient pas les détenteurs pour autrui ; cet *animus*, dont le détenteur était dépourvu, il nous le montre maintenant chez un autre que le détenteur, chez celui pour qui celui-ci détient, et c'est cet autre qui est qualifié de possesseur, parce que c'est lui qui a l'*animus possidendi*.

Il y a donc un *animus possidendi* distinct de l'*animus* inhérent à la détention ; donc possession et détention sont choses distinctes.

Peut-être, dira-t-on que les textes qui nous parlent de la possibilité d'une acquisition de posssession *animo solo* sont aussi des textes de Paul et que par suite cela ne prouve rien, qu'il n'y a là que la confirmation d'une doctrine que nous avons quelque droit de croire toute personnelle à Paul. Cette fois, cependant, nous ne sommes plus en présence d'une explication rationnelle, comme dans les deux textes cités par Ihering. Lorsqu'il s'agit d'une explication rationnelle on peut la restreindre à celui qui la donne ; mais nous sommes en présence d'une solution positive qui est la possibilité d'une acquisition de possession *corpore alieno*, et cette solution n'a rien de personnel à Paul : elle est admise par tous les jurisconsultes romains.

Or, ce que je dis, c'est que cette solution, du moment qu'on la rattache à la question d'*animus*, implique forcément chez celui qui acquiert la possession un *animus possidendi* distinct de l'*animus* personnel au détenteur en qui se réalise le *corpus*. Remarquez que si on disait purement et simplement que, dès que le fermier acquiert pour le bailleur, celui-ci est investi de la possession, qu'il le veuille ou non, qu'il le sache ou non, on serait d'accord avec la thèse d'Ihering : ce serait une solution juridique objective, indépendante de toute question d'*animus*. Mais ce n'est pas ce que disent nos textes. Ils disent : l'*animus* en pareil cas se réalise chez le maître, chez le bailleur. Cela est si vrai qu'en matière d'acquisition par les esclaves ou fils de famille on continuait à exiger en principe pour l'acquisition de la possession au profit du maître la connaissance personnelle chez ce dernier de l'acquisition de la chose ; cela prouve que cette acquisition de possession au profit du maître se fondait sur l'*animus* personnel du maître. Et c'était à titre d'exception qu'on s'était départi de cette connaissance personnelle de la prise de possession pour les acquisitions relatives au pécule (51) : ici la possession était acquise au maître avant qu'il eût connaissance de l'acquisition. Mais c'était une exception ; d'où il suit qu'en principe la règle de l'acquisition *corpore alieno* repose sur l'existence d'un *animus* personnel au maître, *animus* distinct de celui du détenteur, ce qui semble bien cette fois établir une différence de principe entre possession et détention (52).

Ce texte d'ailleurs n'est pas le seul duquel on puisse induire cette différence ; nos sources nous présentent d'autres hypothèses dans lesquelles on voit l'*animus* du détenteur se transformer en un *animus possidendi* nécessaire à faire acquérir la possession (53) : sur ce point je crois qu'il ne peut y avoir aucun doute. Et c'est en effet là la plus grosse objection que l'on puisse adresser sur le terrain des sources à la thèse d'Ihering : mais elle est capitale, car elle s'attaque à la base même de sa théorie.

Telles sont donc les objections principales que je puis faire à la théorie d'Ihering.

---

(51) Cf. L. 44 § 1 D. (41,2). « *Nam si non ex causa peculiari quæratur aliquid, scientiam quidem domini esse necessariam.* »

(52) Cf. L. 12, pr. Cod. (7,32) « ... *Vel quispiam alius, per quem licentia est nobis possidere.* »

(53) Cf. KARLOWA, *Rœmische Rechtsgeschichte*, t. II, p. 332, not. 1 ; VAN BEMMELEN, *Les notions fondamentales du droit civil* (1892) p. 205, not. 1 ; HIRSCH, *Prinzipien des Sachbesitzerwerbes und Verlustes*, § 32 (ch. VI), 107, p. 683 suiv.

IX

107. — Toute la question revient donc au point de vue des sources à se demander comment se concilient les textes cités par Ihering et qui accordent la possession à leur insu à des personnes dépourvues, non seulement d'*animus domini* (la thèse de l'*animus domini* est bien définitivement condamnée et il n'y a pas à songer à la relever), mais d'*animus possidendi*, donc comment concilier ces textes avec ceux qui font au contraire reposer l'acquisition de la possession sur l'existence d'un *animus* spécial au possesseur distinct de celui du détenteur ?

Or, voici l'expérience que je propose : acceptons le point de départ de la théorie d'Ihering sur l'*animus* : admettons que l'*animus* ne soit pas un *animus domini*, c'est-à-dire une volonté ayant pour objectif l'exercice d'un droit.

108. — Et ceci, je crois bien qu'il faut l'admettre. On peut joindre à toutes les preuves qu'en donne Ihering les deux textes suivants qui me paraissent décisifs.

On sait que, lorsqu'il s'agit de possession, nous ne trouvons nulle part l'expression d'*animus domini*. Sans doute, il n'y aurait peut-être pas grand argument à tirer de là, si ces désignations techniques d'*animus domini* étaient absolument étrangères à la langue du droit romain, si nous ne voyions nulle part qu'il fût question d'une volonté ainsi qualifiée. Mais il n'en est pas ainsi. Par exemple la loi 43 § 1 (6, 2) cherchant à spécifier quelles sont les conditions de la Publicienne, déclare que la première condition de la Publicienne est une juste cause qui soit de nature à justifier chez le possesseur la prétention à la propriété, qui lui permette de se croire propriétaire. Or, le texte précise et déclare que pour cette raison tous les cas de possession ne jouiront pas de la Publicienne, parce que pour avoir la Publicienne il ne suffit

14*

pas d'être possesseur, il faut se croire et se dire propriétaire ; et comme exemple on cite le précaire qui est un cas de *Justa possessio* sans que cependant le précariste puisse se croire propriétaire. C'est dire de la façon la plus nette que l'*animus domini* est une des conditions de la publicienne, tandis qu'il n'est pas une des conditions nécessaires de la *Justa possessio* (54) ; et la loi 22 § 1 (9, 4) formule plus nettement encore l'opposition entre la *Justa Possessio* et la *Possessio animo domini* en disant des précaristes : « *licet enim juste possideant, non tamen opinione domini possident* ». Voilà donc l'opposition nettement posée. On met d'une part la *Justa possessio* et d'autre part la *possessio animo domini*. La *Justa possessio*, c'est la possession ordinaire ; la possession *animo domini*, c'est la possession nécessaire pour la publicienne, ou encore, comme dans la loi 22 § 1 (9, 4), la possession exigée pour être tenu des actions noxales.

Insistons encore quelque peu sur la rédaction de cette dernière loi. Les partisans de la théorie régnante répondront ceci : Le texte signifie, diront-ils, que le précariste possède bien qu'il n'ait plus l'*animus domini* ; c'est une exception à la règle (55). Or, ce n'est pas du tout ce que dit le texte. Il ne dit pas : « *Possident licet non animo domini possideant.* » S'il s'exprimait ainsi, il présenterait la possession dépourvue d'*animus domini* comme une exception à la règle ; mais le « *Licet* », le « quoique » n'est pas placé avant la seconde phrase, il gouverne la première. « *Licet juste possideant* », dit le texte, bien qu'ils possèdent, toutefois ils n'ont pas l'*animus domini* ; ce qui veut dire : bien qu'ils aient une possession complète, et remplissant toutes les conditions d'une *Justa possessio*, cette possession ne coïncide pas avec l'*animus domini*,

<hr/>

(54) L. 13, § 1 D. (6-2) : « *Interdum quibusdam nec ex justis possessionibus competit Publicianum judicium : namque pigneraticiæ et precariæ possessiones justæ sunt, sed ex his non solet competere tale judicium, illa scilicet ratione, quia neque creditor neque is qui precario rogavit eo animo nanciscitur possessionem, ut credat se dominum esse.* »

(55) Cf. ACCARIAS, *Précis de droit romain*, t. I, n° 214 (4° éd., p. 540).

et c'est pour cela qu'ils ne seront pas tenus des actions noxales.

109. — L'*animus domini* nous est présenté comme un élément extrinsèque, qui n'est pas forcément inhérent à la *justa possessio*. Donc, nous pouvons concéder à Ihering ce premier point : l'*animus possidendi*, s'il existe, n'est pas un *animus domini*, puisque les textes opposent formellement la *Justa possessio* à la *Possessio opinione domini*.

Ce serait donc un *animus* portant sur le fait et non sur le droit. Ce serait la volonté appliquée à la détention. Acceptons donc ce point de départ d'Ihering. Autrement dit, l'*animus* ce sera la volonté de réaliser le *corpus* possessoire (56).

Seulement, au lieu d'appliquer cette volonté au *corpus* tel qu'Ihering l'a défini, appliquons-la au *corpus* tel que j'ai essayé de le faire concevoir.

Je l'ai présenté comme un état de fait qui ne serait pas forcément l'exercice du droit de propriété, mais comme la manifestation extérieure de l'appropriation économique de la chose ; c'est-à-dire un état de fait tel qu'il révèle le maître de fait de la chose, celui qui l'ait sous sa dépendance et qui la fasse servir à la satisfaction de ses besoins économiques.

L'*animus* appliqué à cette nouvelle conception du *corpus* sera donc la volonté de réaliser cette appropriation économique de la chose, la volonté d'agir comme le maître de fait de la chose. La possession nous apparaîtrait comme la réalisation consciente et voulue de l'appropriation économique des choses : et voyons maintenant quels résultats va nous donner cette définition nouvelle de la possession.

(55) Cf. PININSKI, *Der Thatbestand des Sachbesitzerwerbs*, t. II, p. 152, suiv. IHERING, *Rôle de la volonté...* p. 30, suiv., p. 52, not. 1. (*Besitzwille*, p. 36) ; BEKKER, *Das Recht des Besitzes*, p. 153 ; KLEIN, *Sachbesitz und Ersitzung*, p. 29, not. 69. Il faut signaler également l'expression caractéristique de Windscheid qui traduit l'*animus possidendi* par le terme que voici : *Aneignunswille*. (*Windscheid, Pandek.* I, § 149 et § 154). Il est vrai que la même expression est également employée par BRINZ (*Pandekt.*, t. Ier, § 135, édit. 1876, p. 495), lequel tient encore cependant pour l'*animus domini*.

110. — Le possesseur sera donc celui qui apparaîtra dans le monde des faits extérieurs comme le maître de fait de la chose et. qui voudra l'être.

Dès lors, tout dépend de savoir quels sont les faits desquels on pourra dire qu'ils révèlent ainsi le maître de la chose.

En principe, il faut poser cela en règle et par suite en présomption, ce seront les faits qui constitueront une relation durable et intéressée avec la chose, donc le fait de s'en servir et de l'exploiter dans son intérêt à soi.

Cela doit exclure bien entendu tous ceux qui exploitent la chose dans l'intérêt d'un autre, par exemple l'ouvrier qui a chez lui la chose d'autrui pour la réparer, le gérant d'affaires, ou le régisseur qui est installé sur un domaine et l'exploite pour le compte du propriétaire. Nous en dirons autant en droit romain de l'esclave et du fils de famille qui sont des instruments d'acquisition pour le maître. Dans tous ces cas, il est par trop évident que celui qui se révèle comme le maître de fait de la chose, c'est celui qui en tire profit, celui pour lequel elle est une valeur économique. Or, dans toutes ces hypothèses, celui qui tire profit de la chose, celui à qui elle sert et à qui elle rapporte des revenus, ce n'est ni l'ouvrier qui la travaille, ni le régisseur qui l'administre, ni même le fils de famille qui n'a aucun patrimoine à lui : c'est le propriétaire, ou plutôt, pour ne pas mettre en avant la question de droit, c'est celui pour le compte duquel travaille l'ouvrier, pour le compte duquel administre le régisseur et pour l'enrichissement duquel se développe l'activité économique de l'esclave ou du fils de famille.

Donc pour exclure toute cette catégorie de détenteurs, je n'ai pas besoin de prétexter leur défaut d'*animus domini*, ou encore de parler de précarité, il me suffit de la conception que j'ai donnée du *corpus*. Le *corpus* n'est pas le fait seulement d'être en contact avec la chose, c'est le fait d'en paraître le maître. Or celui qui travaille pour quelqu'un n'est pas un maître, c'est un subordonné.

Je reviens donc à ma formule : les faits qui révéleront le maître de la chose seront ceux qui consisteront dans une relation durable, et j'ai ajouté dans une relation intéressée avec la chose ; relation intéressée, ce qui vise les faits consistant à exploiter la chose et à s'en servir pour soi et dans son intérêt.

111. — Cela veut-il dire maintenant que tous ceux qui se serviront de la chose et qui l'exploiteront dans leur intérêt devront forcément être considérés comme maîtres de la chose, et par suite comme possesseurs ?

Pas encore : le fermier exploite dans son intérêt, et cependant il n'est pas possesseur.

Or, reprenons la formule que j'ai donnée : la possession, c'est un rapport de fait entre l'homme et la chose, rapport tel qu'il révèle le maître de la chose ; et ce rapport est un rapport voulu, sinon il ne serait qu'un accident sans valeur au point de vue du droit.

Cette formule est la formule même d'Ihering dans laquelle je n'ai changé qu'une chose, la définition du *corpus*.

Eh bien, ceci posé, tout rapport d'exploitation économique, tel qu'est celui du fermier par exemple, est-il forcément un rapport d'appropriation économique ?

Telle est la question.

Etre en rapport d'exploitation économique avec la chose, c'est l'avoir en mains, c'est s'en servir et l'exploiter pour son compte au sens propre du mot, s'il s'agit d'une chose rapportant revenus.

Etre en rapport d'appropriation économique avec la chose, c'est disposer de la chose de telle sorte que tout le monde doive dire de celui qui en dispose ainsi qu'il en est le maître, de telle sorte que dans l'opinion publique le rapport de domination économique qui existe pour chacune des choses mises en valeur s'établisse à son profit (57).

Or, le rapport d'exploitation économique s'établit par une vue superficielle des choses sans qu'il y ait à rechercher sur quel

(57) Cf. *Supra*, nº 56-1º.

titre juridique repose la possession. C'est ainsi que pour savoir qui profite actuellement de la chose et qui en touche les revenus, il suffit de voir qui actuellement a la chose en mains, qui la cultive et qui en perçoit les récoltes ; et il n'y a pas à se demander en vertu de quel titre juridique ce détenteur possède ainsi, exploite et jouit des revenus. C'est le fait matériel, actuel et brutal auquel il suffit de se référer.

C'est cependant à cette vue superficielle qu'Ihering s'est arrêté : pour lui le possesseur c'est celui qui exploite et touche les revenus et cela suffit sans qu'il y ait à rechercher pourquoi il est en rapport avec la chose et à quel titre il l'exploite.

Remarquez que si on avait considéré la possession comme une institution établie en faveur de ce que nous appelons les tiers, de ceux qui ne sont pas en rapport juridique avec la chose, cette conception simpliste de la théorie possessoire se fût imposée (58), parce que les tiers ne connaissent que ce qu'ils peuvent voir. Ils voient un individu installé sur un domaine et le cultiver ; ils ne savent pas à première vue, et à moins qu'il s'agisse de gens du pays informés de tout ce qui s'y rapporte, si c'est le fermier ou le propriétaire.

Mais ce n'est pas ainsi que les Romains ont envisagé le rapport possessoire. Le rapport possessoire a été envisagé en vue des interdits, en vue de savoir à qui accorder la défense provisoire de la chose. Or, ceci n'intéresse que fort peu les tiers ; et celui qui intente les interdits, c'est celui qui invoque la possession, donc celui qui est à même de connaître les rapports juridiques existant entre lui et la chose.

Celui qui prétend aux interdits n'est pas seulement celui qui exploite, mais celui qui peut dire pourquoi il exploite ; et la question qui se pose au point de vue du droit est de savoir si sa

---

(58) Aussi voyez IHERING, *Possession*, dans *Œuvres choisies* (traduction de Meulenaere), t. II, p. 249-250, suiv. (dans *Iahrb. f. Dogm.*, t. XXXI, p. 85, suiv.)

relation avec la chose est de telle nature qu'elle mérite la faveur des interdits.

112. — Or, pour résoudre au point de vue du droit la question ainsi posée, il ne fallait pas s'en tenir seulement aux relations actuelles et actuellement visibles du possesseur et de la chose, il fallait prendre en considération tous les éléments de fait qui caractérisent la possession elle-même. Autrement dit, il fallait s'élever au-dessus de la conception d'un simple rapport d'exploitation pour s'attacher au rapport d'appropriation économique ; et le rapport d'appropriation économique n'est pas forcément constitué par le fait d'exploiter, il est constitué par le fait de se poser en maître.

Mais, le fait de se poser en maître implique un élément de volonté ; car la maîtrise de la chose, je l'ai déjà dit bien souvent, n'est pas un fait brutal de domination matérielle ; c'est un rapport durable, et par suite un rapport qui résulte de la volonté d'avoir la chose à soi et pour soi.

Toute jouissance n'implique pas que celui qui l'exerce se pose en maître de la chose. Supposez que celui qui jouit de la chose ait déclaré n'avoir qu'une jouissance concédée pour laquelle il paie redevance à autrui, de telle sorte qu'en réalité celui qui profite du rendement économique de la chose c'est tout autant celui qui touche le loyer que celui qui perçoit les récoltes : direz-vous que celui qui jouit ainsi est le maître de la chose ? ou bien direz-vous que le maître de la chose est celui qui en a disposé au profit de celui qui en jouit, qui se réserve d'en disposer encore, qui se réserve de reprendre la chose dans un délai convenu, et au besoin même de faire cesser la jouissance de celui qui détient en aliénant la chose elle-même, puisqu'à Rome le bail est inopposable aux ayants-cause du bailleur ? Je vois bien ici à qui appartient l'exploitation économique ; mais dira-t-on que en pareil cas celui qui exploite est celui qui se pose en maître? Absolument pas. Le rapport d'appropriation économique existera au profit de celui qui ne s'est dessaisi que provisoirement de la chose, qui touche redevances et qui a gardé le droit de disposition ; qui par conséquent se pose en maître, tandis que l'autre se pose en subordonné (59).

En un mot se poser en maître, ce n'est pas seulement exercer des faits de maîtrise, c'est prétendre à la maîtrise de la chose ; ce n'est pas seulement jouir, c'est avoir une jouissance indépendante.

Donc celui-là apparaîtra dans le monde des faits extérieurs comme le maître de la chose dont le rapport de fait avec la chose impliquera la prétention de se conduire en maître et non en subordonné.

Il n'y a pas de subordonnés que ceux qui exploitent dans l'intérêt d'autrui, comme ces ouvriers ou régisseurs, dont je parlais tout à l'heure ; ceux-là aussi se posent en subordonnés qui reconnaissent la maîtrise d'autrui.

113. — Je me résume : se poser en maître, c'est vouloir être le maître (60).

---

(59) Cf. *supra* n° 101.

(60) Cette formule avec tous les développements qui précèdent répond à l'objection présentée *supra* n° 73.

Cette objection se présentait en effet dans le système qui, séparant d'une façon absolue et tout à fait artificielle le *corpus* de l'*animus*, était obligé de s'en tenir pour la description de l'état de fait possessoire à l'état de choses matériel et actuel ; de sorte que la possession dans ce système se caractérisait purement et simplement par la relation avec la chose ; tandis que pour être complète la possession doit tenir compte également de la relation avec les personnes : il faut se demander, non seulement comment le possesseur en agit à l'égard de la chose, mais quelle est sa situation de fait et apparente par rapport aux personnes qui ont pu avoir des prétentions sur la chose ou exercé quelque pouvoir sur la chose. La relation avec les personnes se manifeste alors par le titre d'entrée en possession, dans lequel en effet se révèle la volonté de posséder, c'est-à-dire ce que l'on veut être par rapport à ceux qui prétendaient jusque-là en être maîtres.

Volonté de posséder qui est, comme on le verra mieux plus loin, l'expression de la maîtrise que l'on prétend avoir et qui n'est une maîtrise sur la chose, même au point de vue extérieur, que si elle s'impose à l'égard des personnes qui ont pu avoir antérieurement une maîtrise analogue.

Voilà pourquoi dans ce système le dilemme que j'exposais plus haut (n° 73) se trouve écarté ; car ce qui caractérise la possession, c'est non seulement

Et c'est en effet ce que disent tous nos textes. Ils disent ceci : pour être possesseur il faut vouloir posséder. Ce qui signifie que pour être possesseur il faut vouloir se poser en maître : il est en effet bien certain que celui qui refuse de se poser en maître ne peut pas être considéré en fait comme le maître de la chose. Dire que pour posséder il faut vouloir posséder, c'est dire que la possession implique l'idée de maîtrise, et il est par trop certain que pour se poser en maître il faut n'avoir pas renoncé à l'être.

Or, voilà tout ce que Paul a voulu dire en parlant de l'*animus possidendi*. On a contesté sa théorie sous prétexte qu'il la présentait uniquement comme une explication rationnelle de solutions positives, ou encore comme un essai de construction juridique.

Mais, si j'établis que Paul et les autres jurisconsultes romains ont fait de l'*animus possidendi*, non seulement un principe théorique destiné à justifier certaines dispositions du droit, mais qu'ils en ont fait le critérium même de la question de possession, c'est-à-dire l'élément décisif de la question de savoir s'il y avait ou non possession, il ne sera plus juste de dire que l'*animus possidendi* n'a été qu'une invention de théoricien; il faudra reconnaître que c'est lui qui a inspiré les solutions mêmes de la pratique, donc qu'il a formé la base de la théorie possessoire romaine.

Sur ce point, je rappelle d'abord les textes déjà cités sur l'acquisition *corpore alieno*, également sur l'acquisition *ex causa peculiari* qui par exception, mais par exception seulement, pouvait avoir lieu à l'insu du maître; toutes solutions qui impliquent, comme je l'ai établi, l'existence d'un *animus possidendi* considéré comme volonté d'être possesseur.

Mais voici un autre texte de Paul tout aussi probant (61). Un

le pouvoir révélé par la façon de se conduire avec la chose, mais celui qui révèle la façon dont s'est établi le rapport possessoire à l'égard des autres intéressés ; de sorte que peu importe le pouvoir de fait plus ou moins limité, dans son exercice matériel et actuel, ce qui le caractérise et le domine au point de vue possessoire, c'est l'ensemble des prétentions sur lesquelles il repose par rapport aux autres intéressés.

(61) L. 41, D. (41,2) : « *Qui jure familiaritatis amici fundum ingreditur,*

individu prend possession d'un fonds ; pour savoir s'il est possesseur ou non, il faudra voir dans quelle intention il s'y est installé.
S'il l'a fait uniquement à raison de ses bonnes relations de
voisinage, et comme un ami qui use de la tolérauce que le maître
lui accorde, il n'aura pas la possession, car il n'aura pas voulu
s'installer en possesseur. Voilà donc *l'animus possidendi* servant
de critérium pour distinguer la possession juridique de la simple
possession matérielle.

Autre fait que je signale. Le précaire confère la possession ;
or nos textes nous présentent deux sortes de précaires, l'un qui
implique la possession et l'autre qui ne l'implique pas, suivant
l'intention des parties : c'est la volonté de posséder qui est le critérium de l'acquisition de la possession par le précariste. Ainsi,
dans la loi 10 § 1 (41 , 2). Ulpien parle d'un précariste qui a deman-
dé que la concession en précaire lui fût faite de façon à le mettre
en possessic.. matérielle sans lui donner la possession juridique:
« *Precario autem rogavit non ut possideret, sed ut in possessione esset.* »

Même distinction dans la loi 6 § 2 (43 , 26): « *Is qui rogavit ut*
precario in fundo moretur non possidet, sed possessio apud eum qui
concessit remanet ; nam et fructuarius, inquit, et colonus et inquilinus
sunt in prædio et tamen non possident. »

Or ce sont là des textes d'Ulpien ; ce ne sont plus des textes de
Paul. Ulpien affirme, d'une façon plus précise encore que Paul,
l'existence de *l'animus possidendi*.

Seulement il faut se souvenir que cet *animus possidendi* n'est
pas un *animus domini*, c'est la volonté de se poser en maître, *ani-*
mus rem sibi habendi, ce n'est pas la volonté de se dire propriétaire.

Voilà pourquoi j'ai déjà laissé entendre que Paul pouvait avoir
parlé de *l'animus possidendi* sans avoir inventé pour cela la théorie
de *l'animus domini*.

L'animus domini, nous ne le trouvons nulle part. Mais nous

non videtur possidere quia non eo animo ingressus est, ut possideat, licet cor-
pore in fundo sit. »

trouvons à sa place un *animus possidendi* qui est la volonté d'avoir la chose pour soi, donc de se poser en maître de la chose.

114. — En un mot, pour établir le rapport d'appropriation économique, il ne suffit pas de s'en tenir aux apparences de fait, telles que l'exploitation de la chose ; il faut remonter à la prise de possession et voir dans quelles circonstances et à quelles conditions juridiques elle a eu lieu : il faut qu'à un moment donné celui qui se prétend possesseur ait affirmé sa maîtrise sur la chose.

C'est en effet ce qui ressort de tous les textes. A s'en tenir à la théorie d'Ihering qui se contente de la détention, telle qu'elle résulte de l'état de fait actuel, il n'y aurait pas à tenir compte du titre d'entrée en possession ; et cependant le droit Romain, toutes les fois que la question de possession est posée, se réfère à la prise initiale de possession.

Voici en effet les trois règles que l'on peut poser à ce sujet, et que je n'ai plus qu'à rappeler ici :

1° C'est la *causa possessionis* qui décide de la question de savoir s'il y a possession ou détention.

2° C'est la manière d'agir du possesseur antérieur qui décide de la question de savoir si l'usurpateur clandestin d'un immeuble a acquis la possession ; et pour cela il faut se reporter à la prise de possession, savoir si à ce moment le possesseur absent a connu ou non l'usurpateur, et si, l'ayant connu, il a essayé de le repousser. Le fait actuel de détention est donc insuffisant à faire de l'usurpateur un possesseur.

3° C'est l'état d'esprit du détenteur au moment de la prise de possession qui décide s'il y a ou non possession. En effet, la possession une fois acquise se perpétue malgré la folie survenue du possesseur.

Si donc un individu qui est en état de folie détient actuellement une chose, vous ne pouvez savoir s'il en est possesseur ou détenteur que si vous remontez à la prise de possession, afin de voir si à ce moment il a pu avoir ou non la volonté de posséder.

Donc, ce qu'on demande c'est qu'à un moment donné il y ait eu de la part du possesseur affirmation de la volonté de posséder. Une fois cette relation du possesseur avec la chose affirmée, il est bien certain qu'elle se perpétue alors même que le possesseur perd la raison. Car il suffit qu'à un moment donné le possesseur ait apparu comme le maître de la chose. Cette relation qui a eu besoin d'un fait de volonté pour se différencier des relations analogues qui l'avoisinent, une fois déterminée et spécifiée, n'a plus besoin d'une affirmation réitérée pour subsister.

115. — Jusqu'alors je n'ai établi que les points suivants : d'abord que la possession impliquait un élément de volonté ; en cela je suis d'accord avec Ihering.

En second lieu j'ai établi que cette volonté portait sur le fait et non sur le droit ; et ici encore j'accepte la théorie d'Ihering.

Seulement voici où je m'en sépare : le fait sur lequel porte l'*animus* n'est pas le simple fait d'avoir la chose et d'en jouir ; c'est le fait d'en être le maître ; de sorte que la volonté d'être le maître de la chose implique qu'on n'a pas renoncé à cette maîtrise ; et par suite il y a un *animus possidendi* distinct de la volonté d'avoir la chose en mains et d'en jouir, distinct par conséquent de l'*animus detinendi* dont parle Ihering.

116. — Cet *animus possidendi* était inutile pour Ihering étant donnée sa conception du *corpus*, il était en outre dangereux ; dangereux, car si le *corpus* n'est que la visibilité de la propriété, l'*animus* qui pourrait s'y appliquer, en outre de l'*animus detinendi*, ne pourrait être qu'un *animus domini* (62), lequel est condamné par les textes. C'était d'ailleurs une conception inutile car le *corpus* d'Ihering n'a pas besoin d'un nouvel *animus* pour se compléter et se caractériser, il est complet et suffisamment clair par lui-même puisqu'il est modelé sur un droit, et un droit aussi nettement précisé que la propriété. Il suffit donc qu'il y ait un *animus*

(62) V. *Supra*, n° 104.

s'appliquant aux faits qui réalisent le *corpus*, volonté d'exercer le *corpus* possessoire, c'est l'*animus detinendi* d'Ihering. Il est absolument inutile que cette volonté précise ce que devra être l'état de fait lui-même et qu'elle vienne indiquer la portée exacte du *corpus* possessoire : cette portée lui est donnée par son adaptation au contenu d'un droit, elle n'a besoin d'aucune autre indication provenant de la volonté. Du moment au contraire, dans la théorie que j'expose, que l'adaptation au droit n'est plus là pour caractériser le *corpus* possessoire, la simple volonté de réaliser le fait sans qu'elle révèle la portée que le fait doit avoir, l'*animus detinendi* en d'autres termes, ne suffit plus à compléter l'état de fait possessoire. La visibilité de la propriété dépendait d'un pur fait extérieur, la visibilité de l'appropriation économique dépend d'une maîtrise que la volonté régit et que le titre juridique caractérise ; aussi a-t-elle besoin pour être précisée et trouver son critérium juridique de tenir compte de la volonté juridique d'où dérive le *corpus* possessoire. Il y a donc un *animus possidendi* qui se distingue de l'*animus detinendi* d'Ihering, et qui devient un élément du *corpus* possessoire lui-même. Il a suffi de modeler le *corpus* sur une conception économique, au lieu de la forme juridique dans laquelle Ihering l'avait en quelque sorte coulé, pour en faire sortir à nouveau la nécessité d'un *animus possidendi* spécial, en conformité avec les textes et avec les exigences du droit tout à la fois.

X

117. — Ceci établi, alors se pose une seconde question. Après avoir démontré l'existence de cet *animus possidendi*, il faut dire à quelles conditions le droit en tient compte ; autrement dit, quelles en seront les manifestations acceptées par le droit.

A côté de la question d'existence, se pose donc la question de réalisation de l'*animus possidendi*.

Si la possession n'était, comme le voulait Bruns, qu'une manifestation extérieure de volonté, et si les interdits n'étaient qu'une garantie accordée par le droit à un pur fait de volonté, et comme la reconnaissance de l'autonomie de la volonté, l'*animus possidendi* serait l'élément fondamental du rapport possessoire et il faudrait en conclure :

1° Qu'il faut faire dépendre le rapport possessoire de l'*animus* vrai et actuel, donc de la volonté concrète du possesseur ;

2° Que cet *animus* doit être prouvé directement par le possesseur, puisqu'il est la condition essentielle du droit aux interdits.

Mais la possession n'a rien de ces prétentions métaphysiques. La possession est un pur fait économique et des plus simples : c'est l'état de fait qui permet de dire d'un individu qu'il est le maître de la chose. Ce n'est pas autre chose.

Si la question de volonté entre comme un élément possible dans ce rapport juridique, c'est uniquement parce que les faits apparents peuvent être démentis par la situation juridique du possesseur ; c'est uniquement parce que celui qui détient et qui apparaît comme celui au service économique duquel la chose est affectée, peut avoir démenti par un acte de volonté antérieur cette situation apparente ; il faut donc pour désigner qui est le maître de la chose tenir compte de la désignation qui en a été faite par le détenteur lui-même. Si le détenteur a déclaré que le maître de la chose ce n'était pas lui, il faut bien faire entrer cette déclaration en ligne de compte comme un fait qui vienne caractériser et spécifier l'état de fait lui-même.

118. — La volonté n'est plus qu'un élément secondaire destiné à corriger les apparences de l'état de fait actuel ; la volonté devient comme un élément du *corpus* lui-même, comme un procédé de détermination de l'état de fait possessoire.

J'ai dit en effet (63) que très souvent, à s'en tenir à l'apparence

---

(63) Cf. *Supra*, spécialement n° 57. Cf. Leist, compte-rendu de l'ouvrage de Hirsch, dans *Krit-Vierteljahr*, 1894, p. 182 suiv. et en particulier p. 185.

des faits visibles, on ne peut pas toujours distinguer clairement si celui qui détient est véritablement le maître de fait de la chose, celui qui doit avoir avec elle une relation durable qui lui permette de s'en approprier les profits économiques ; pour savoir s'il a cette maîtrise il faut donc se reporter au titre juridique en vertu duquel il est entré en possession, donc à sa volonté juridiquement exprimée. Le titre de possession devient la caractéristique de la possession ; il en révèle les caractères, il ajoute à l'état de fait possessoire l'élément de caractérisation qui lui manquait. Le droit ne tient pas compte d'un état de fait pris à l'état brut et dégagé de ses origines juridiques ; pour tenir compte d'un état de fait il faut le prendre dans son ensemble et dans la connexité de ses causes, de ses tenants et aboutissants. S'en tenir au fait actuel sans tenir compte des faits antérieurs qui le caractérisent, c'est faire de l'abstraction artificielle et vaine, c'est nier la complexité des rapports sociaux pour s'en tenir à une résultante purement théorique : le droit dans ses origines est un produit de l'état social et non de l'abstraction du raisonnement ; il se donne pour mission de régir les faits sociaux tels qu'ils se présentent dans la vie et non des faits dénaturés, et détachés de l'ensemble des éléments et des causes qui les caractérisent. Du moment donc que la possession entrait dans le domaine du droit elle devait être envisagée dans toute la complexité des faits qui la constituaient, c'est-à-dire en envisageant l'état de fait actuel dans tous ses éléments, donc dans sa cause juridique. La possession devait tenir compte de la cause juridique, non pour en apprécier la valeur en droit, car la possession laisse de côté le fond du droit, mais elle devait en tenir compte comme d'un fait destiné à spécifier, ou comme disaient nos anciens jurisconsultes, à colorer, l'état de fait lui-même. L'*animus* possessoire ainsi entendu devient le complément forcé du *corpus* possessoire, la condition sans laquelle celui-ci reste une manifestation vague, incertaine, dénuée de cause qui la caractérise et se prêtant à toutes les interprétations possibles, incapable donc le plus souvent de faire apparaître à elle seule cette maîtrise économique et cette main mise de l'homme sur la chose, dont elle doit être, comme dit Ihering, l'extériorité et comme l'éclatante visibilité (64).

119. — De là résultent ces deux conséquences. Si l'*animus* n'est pas l'élément essentiel de la possession, mais un accessoire du *corpus* lui-même, l'élément que le *corpus* est censé impliquer jusqu'à preuve contraire :

1° L'*animus possidendi* est forcément présumé chez le détenteur et c'est le défendeur au possessoire qui doit établir que son adversaire détient en vertu d'un titre exclusif de l'*animus possidendi* ; cela vient de ce que le *corpus* étant déjà suffisant par lui-même à donner l'apparence de la maîtrise de fait, sans cependant, comme je viens de le dire, en fournir la certitude, cette apparence doit être tenue pour conforme à la réalité, sauf le droit pour le défendeur d'établir que le rapport de cause à effet vient détruire chez le détenteur le rapport de fait actuel ;

2° La volonté étant prise en considération, non pas pour être protégée en elle-même et pour elle-même, mais pour spécifier et préciser un rapport de fait entre le détenteur et la chose, ce n'est pas à la volonté concrète qu'il faut s'attacher, mais à celle que révèlent les actes et manifestations juridiques qui donnent à ce rapport de fait ses caractères, sa valeur propre et qui en précisent le sens et la portée, qui en font un fait dont le droit ait à tenir compte, donc un fait juridique et non un simple phénomène, transitoire et sans portée, de l'activité changeante de l'homme, celle qui ne doit pas laisser d'empreinte dans la fixité des rapports sociaux, donc dans le domaine du droit.

Il est certain en effet, comme je le disais déjà plus haut, que même au point de vue du fait, un rapport de détention est susceptible de nuances très multiples, et ces nuances résultent du titre

---

(64) Ce sont ces idées que l'œuvre si suggestive de Pininski (*Thatbestand des Sachbesitzerwerbes* avait déjà mise si vivement en lumière, en partie tout au moins.

en vertu duquel on possède ; le titre de possession entre donc en ligne de compte, non pas pour sa valeur juridique, mais comme un fait qui se relie au rapport de détention, qui donne à ce dernier sa signification complète et dont on ne peut pas le séparer. Détacher le rapport de détention de sa cause initiale, c'est le dénaturer au point de vue du fait lui-même, puisque l'un est issu de l'autre et caractérisé par l'autre.

Admettre que l'on corrige l'appréciation du fait actuel par celle qui résulte du titre de possession, ce n'est pas faire de la possession l'arme protectrice de la volonté de l'individu, puisque s'il en était ainsi c'est à la volonté actuelle qu'il faudrait s'attacher, c'est en faire la garantie d'un état de fait qui ne s'est pas créé tout seul, qui s'est soumis à une cause juridique, et qu'il faut accepter, au risque de ne rien comprendre à la mission du droit ici-bas, avec les caractères juridiques qu'il s'est donnés, caractères qui, jusqu'à manifestation contraire suffisante, s'imposent et doivent être respectés.

Donc la question de savoir qui est possesseur dépend de la connexité entre le rapport de détention actuelle et le titre initial d'où il dérive ; et par suite la volonté dont on tient compte en matière possessoire, c'est la volonté abstraite résultant de la *causa possessionis*.

120. — Je vais plus loin. Je dirai avec Ihering que la volonté des parties, unilatérale ou bilatérale peu importe, ne peut pas à son gré, arbitrairement et transitoirement, dénaturer le titre initial d'entrée en possession, de façon à intervertir par un pur acte de volonté le rapport possessoire ; c'est ainsi que bailleur et fermier, à moins de modifier les conditions économiques du louage, ne pourraient pas modifier le rapport possessoire qui dérive du contrat de louage.

Et cela, parce que la possession n'est pas la consécration par le droit de toutes les nuances de la volonté des parties ; elle n'est pas l'œuvre du contrat ; et, si c'est déjà beaucoup que l'art. 1138

du Code civil ait fait du contrat le mode de transmision de la propriété, il n'y aura jamais, autant qu'on voudrait faire du contrat
le mode générateur de la possession, d'article 1138 en matière possessoire. La possession est un état de fait ou plutôt un état économique pour lequel la volonté des parties n'est qu'un élément secondaire destiné à en préciser les caractères : cette volonté n'est
à prendre en considération qu'autant qu'elle soit de nature à se concilier avec le fait par lequel se manifeste pour le détenteur son
contact avec la chose. En tant qu'elle serait en contradiction avec
lui, elle devient impuissante à créer la possession ; car ce qui est
capital ici, c'est d'abord le fait visible, avec l'appréciation normale qu'en donnent les usages de la vie courante ; et l'élément contractuel n'intervient qu'en tant qu'il vient caractériser, au point
de vue des usages et de la pratique journalière, l'état de fait lui-
même ; et non en tant qu'il voudrait en dénaturer la portée visible et le sens généralement accepté.

La possession, c'est la situation de fait qui révèle le maître de
la chose ; or, cette situation dérive avant tout des conditions de
fait qui constituent le rapport existant entre le détenteur et l'objet.
Si ces conditions de fait par elles-mêmes révèlent un état de dépendance, la volonté des parties ne peut pas, à moins de modifier
le rapport économique lui-même, changer l'état des chose qui en
résulte, et régler à son gré le rapport possessoire : le rapport possessoire restera attaché aux faits tels qu'ils résultent du contrat
interprété d'après les usages courants, et il prendra pour base
la volonté légale au lieu de la volonté vraie, c'est-à-dire celle à
laquelle la coutume rattache l'interprétation du contrat et non
la volonté contraire que les parties auront manifestée ; car cette
volonté reste un pur concept démenti par les faits et la possession
dérive du fait, elle n'est pas une création de la volonté. La convention est libre et souveraine en matière d'obligations, elle les
crée, les caractérise et les modifie à son gré, sous réserve du res-
pect de la morale et de l'ordre public ; elle ne peut rien contre les

faits; et la possession c'est la traduction dans le domaine du droit des faits de la vie réelle, c'est la réflexion qu'ils en donnent, et acceptée par le droit telle qu'elle résulte de l'image qui la produit, et non telle que voudrait la rendre une volonté qui ne se traduit par rien de transparent dans l'ordre des faits.

Si donc il est admis par exemple dans les mœurs que le louage ne crée au locataire qu'une situation subordonnée, les parties ne peuvent pas, à moins de modifier la situation économique du fermier, travestir, par une simple convention qui ne changerait rien aux conditions ordinaires du bail, cette situation de fait telle que l'opinion générale la caractérise et l'admet : elles ne peuvent pas changer les faits, donc elles ne peuvent pas leur donner un faux nom.

L'*animus possidendi* devient une volonté abstraite, déterminée si l'on veut par une présomption *juris et de jure* contre laquelle toute manifestation de volonté contraire reste impuissante ; volonté qui résulte par conséquent du titre d'entrée en possession, et qui en résulte objectivement, c'est-à-dire sans que la volonté vraie des parties puisse intervertir le rapport possessoire que les habitudes de la vie économique et sociale ont attaché à la *causa possessionis*.

121. — Peut-être pourrait-on objecter contre cette manière de voir la distinction indiquée plus haut entre les deux espèces de précaires, celui qui d'après l'intention des parties donne la possession et celui qui d'après une intention contraire ne la donne pas. On pourrait dire que c'est la convention des parties, et non la nature juridique du précaire, qui détermine ici la question de possession.

Ce serait cependant une fausse interprétation des textes. Le passage d'Ulpien que j'ai cité indique très clairement que le précaire exclusif de possession n'est pas seulement celui qui résulte d'une convention par laquelle on aurait exclu la possession, mais celui dont les conditions de jouissance, au point de vue des faits qui les caractérisent, et non à celui de la convention qui s'y applique, sont considérées comme insuffisantes à fonder la possession. Le défaut de possession résulte, non pas d'une simple convention qui ait exclu la possession, mais des conditions de fait spéciales dans lesquelles s'exerce le précaire, donc des conditions économiques du titre juridique. Ulpien ne parle pas en effet de celui qui a sollicité une concession en précaire à condition de ne pas posséder. Il parle du précariste qui s'est purement et simplement installé sur le fonds et il conclut de la nature même de cette installation qu'il ne possède pas (65) : « *Is qui rogavit ut precario in fundo moretur non possidet.* » Il s'agit d'un individu qui par grâce demande à s'installer sur la terre d'autrui ; sa situation dépendante est inconciliable avec l'idée de possession. Le précariste au contraire qui s'installe en maître indépendant devient un véritable possesseur.

La question de possession, d'après les textes, dérive, non d'un pur acte de volonté, mais des conditions économiques du contrat, ou plutôt, puisqu'il n'y a pas toujours contrat, des conditions économiques que révèle l'acte par lequel s'est fondé, et s'est en quelque sorte affirmé, l'état possessoire actuel (66).

(65) L. 6 § 2 D. (43,26).

(66) On comprend facilement à quoi fait allusion la modification que j'apporte à la première partie de ma formule : c'est qu'en effet la possession ne reste pas indissolublement liée au contrat, ni à la *causa possessionis,* en tant que celle-ci devrait s'entendre du titre juridique.

C'est ainsi que l'interversion de titre peut résulter d'une simple résistance de fait, auquel cas la possession se déplace : cette résistance de fait, qui est l'acte constitutif et affirmatif de l'état possessoire actuellement existant, fonde la possession, et non plus le titre antérieur, la *causa possessionis* entendue *stricto sensu,* laquelle se trouve effacée par le fait même au point de vue du rapport possessoire (cf. *supra* n° 92, note 26). De même il peut y avoir entrée en possession par un pur acte de fait sans titre juridique: exemple au cas d'usurpation violente (*supra,* n° 58). La cause de la possession actuelle peut donc être un fait tout aussi bien qu'un titre juridique ; et le titre juridique, lorsqu'il y en a un, n'immobilise pas, et ne fixe pas d'une façon définitive et immuable la situation possessoire, puisqu'une cause de fait intervenue postérieurement l'emporte sur la cause juridique initiale. Donc ce qu'il faut dire, c'est que la possession est fondée par l'état de fait actuel rattaché à sa cause la plus pro-

XI

122. — Il me reste maintenant, pour en avoir fini, à préciser exactement la différence pratique existant entre la conception que je viens de donner de la possession et celle qui ressort de la théorie d'Ihering sur l'*animus*.

Cette différence, je l'ai déjà dit, n'est pas dans la preuve. Elle est dans le critérium à établir en ce qui touche la distinction à faire entre possession et détention ; c'est-à-dire entre la possession donnant droit aux interdits et celle qui n'en bénéficie pas.

Pour Ihering, ce critérium est un critérium purement législatif ; en ce sens que pour lui toute détention au sens large du mot en principe est une possession et que c'est à la loi à exclure expressément de la possession les hypothèses qu'elle croirait devoir ranger dans le domaine de la simple détention.

Pour Ihering, quiconque a la chose en mains et l'exploite dans son intérêt est un détenteur et quiconque est un détenteur a la possession. La loi seule peut faire descendre cette possession au rang de simple détention.

Donc, pour Ihering, il n'y a aucun principe juridique, il n'y a aucun fait d'observation, qui puisse permettre au jurisconsulte de faire lui-même cette distinction ; le jurisconsulte a les mains liées, le législateur seul a la parole.

C'est l'antipode de l'évolution historique que le Digeste nous présente en matière de possession. Où donc Ihering a-t-il vu à Rome cette intervention directe du législateur pour prononcer sur les cas d'exclusion de possession ? C'est partout la doctrine qui apparaît comme chargée de cette mission ; ce sont les jurisconsultes qui prononcent, et ils prononcent en mettant en avant des

chaîne, envisagé dans l'acte constitutif direct qui l'a fondé et qui le caractérise.

motifs juridiques, des raisons d'observation personnelle comme fait Paul ; ou encore ils avancent des solutions *utilitatis causa*. Toujours c'est la doctrine qui élabore progressivement, lentement, quelquefois avec hésitation et non sans quelques retours en arrière, toute la théorie possessoire.

Eh bien, ce que je dis, en me fondant sur cette évolution du droit romain, c'est que ce critérium que l'on cherche, ce n'est pas du tout celui qu'Ihering nous présente ; mais c'est l'observation des faits sociaux, ce sont les transformations économiques qui nous le fournissent. C'est dans les usages de la vie juridique qu'il faut le chercher, et c'est à la doctrine à l'en extraire par voie d'observation.

Ce critérium est celui-ci : Il y a possession là où il y a un rapport de fait suffisant à établir l'indépendance économique du possesseur.

Ce rapport de fait se rattache généralement à un titre juridique qui serve à le caractériser ; mais il peut se rattacher aussi à un pur acte de maîtrise constitué par un fait de violence ou de résistance, peu importe : cela suffit à fonder l'indépendance économique du possesseur (cf. *supra*, note 66).

123. — Quant à la question de savoir quelles seront les conditions d'où résultera, en dehors des conditions de fait, résistance ou violence, auxquelles il vient d'être fait allusion, cette indépendance économique du possesseur, nous ne pouvons pas la résoudre à priori et une fois pour toutes, car elle dépend des usages de la vie sociale et de la façon dont on envisage les différents rapports juridiques qui unissent l'homme aux choses soumises à son exploitation.

Ainsi le louage romain pouvait être considéré comme fondant un rapport de dépendance économique, et cela s'explique par l'histoire, je l'ai montré plus haut (67). Il pourrait se faire tout au

_____

(67) Cf. *Supra*, nº 101.

contraire que le louage moderne, ou du moins certains baux, fussent considérés au point de vue des conceptions nouvelles et des usages de la vie présente comme donnant au fermier la maîtrise de fait de la chose et par suite l'indépendance possessoire. Il devrait en être ainsi certainement par exemple de l'emphytéose, en dehors de toute question de droit réel ; et pour ma part je soutiendrais hardiment, en développant les observations que j'ai déjà présentées plus haut (68), que l'emphytéote, même s'il n'a pas un droit réel, a la possession.

Le grand mérite de la théorie d'Ihering est sans doute d'avoir marqué un pas en avant et d'avoir ouvert la voie aux réformes ; toutefois la théorie d'Ihering est trop étroite car elle ne se prête qu'aux modifications par voie législative ; si c'est la loi qui seule a pu exclure de la possession certains cas de détention et en général presque tous les cas de précarité, à plus forte raison ce sera à la loi, et à elle seule, de les faire rentrer, lorsque le besoin s'en fera sentir, au nombre des cas de possession. De sorte qu'à l'apparence la thèse d'Ihering donne la possession, et par suite les interdits, à tout le monde ; mais dans l'état actuel de la législation moderne, elle n'ouvre aucun cas nouveau à l'application de la possession ; de plus, pour ceux qui se trouvent être écartés du rapport possessoire, elle exige, pour les y faire rentrer, une intervention législative. Pratiquement cela revient à dire que c'est la loi qui seule peut déterminer de nouveaux cas de possession.

La théorie que je propose est au contraire une théorie plus souple et plus flexible qui demande les réformes non pas à la loi, mais à la doctrine, comme à Rome ; et qui place le critérium de la possession juridique dans la constatation et l'interprétation des faits sociaux ; qui voit la possession dans tout rapport de fait

(68) Cf. *Supra*, n° 81. Evidemment c'est là une solution tout à fait contraire à la doctrine courante : Cf. AUBRY ET RAU, *Cours de Droit Civil français*, § 185, not. 24 (t. II, p. 126).

admis par l'usage comme fondant l'indépendance économique du possesseur.

Cette doctrine est une doctrine d'évolution historique ; une doctrine de développement et d'extension de la théorie possessoire par le fait du progrès des mœurs et des besoins économiques. Or, c'est précisément l'évolution que nous a présentée le droit romain : au fur et à mesure que s'étendait ou se modifiait l'activité économique, on voyait surgir, à côté des anciens rapports de détention, de nouvelles situations juridiques correspondantes, mais cette fois constitutives de possession (69). D'où venaient donc ces réformes? Qui les a introduites ? Quelle est la loi qui les a sanctionnées ? L'histoire ne le dit pas, et la vérité est que la loi n'est pas intervenue. Ce sont les mœurs qui ont tout fait, aidées par cet admirable instrument de progrès juridique que constituait l'action combinée du Préteur et des jurisconsultes, c'est-à-dire doctrine et jurisprudence réunies. Ici, c'est la doctrine qui a développé le rapport possessoire en élargissant les théories juridiques d'après les besoins nouveaux de la vie sociale. Encore fallait-il pour cela un principe sur lequel la doctrine pût s'appuyer, et ce principe était celui de l'indépendance économique du possesseur ; il n'y avait qu'à constater les cas nouveaux qui la réalisaient.

124. — Je n'ai pas besoin d'ajouter que cette théorie n'a rien de commum avec celle de l'*animus domini*, qui place le critérium de la possession dans la volonté de se dire propriétaire et qui par conséquent ferme la voie à toute réforme ; car la condition de l'*animus domini* constitue un cercle de fer qui s'oppose à l'émancipation de tout rapport de détention fondé sur l'idée de reconnaissance de la propriété d'autrui.

125. — Enfin reste un mot pour finir, celui qui va clore tout ce long exposé en donnant la réponse à la question par laquelle

(69) Cf. *Supra*, n° 102.

il s'ouvrait (70). On comprendra en effet facilement maintenant, si l'élément de volonté n'a en matière possessoire que le rôle secondaire que je lui ai attribué, s'il n'a d'autre but que de mieux révéler celui qui doit être considéré comme le maître de la chose, que, lorsque le fait matériel de détention se trouve dominé par un double rapport juridique, l'un accepté par le possesseur et l'autre ignoré de lui, l'on s'attache, pour qualifier la détention, au rapport juridique vrai, alors même qu'il reste ignoré, plutôt qu'au rapport conventionnel. Je fais allusion ici au fils de famille qui prend possession ignorant qu'il est devenu *sui juris*, la fameuse hypothèse de la loi 44 § 4 D. (41, 3) (71), celle qui a valu à la thèse d'Ihering d'importantes adhésions, comme celle de Baron par exemple, ou encore au propriétaire qui prend la chose à bail ignorant qu'il s'agit d'une chose qui lui appartienne, l'hypothèse de la loi 21 D. (41, 3). Au point de vue des faits, doit-on tenir compte, pour déterminer quel est le maître de la chose, de la qualité juridique que le possesseur croyait avoir ou de celle qu'il a eue réellement ? telle est la question qui se pose.

Il n'a pas voulu, dira-t-on, se poser en maître, puisque, fils de famille, il acquérait pour son père, et que, dans l'autre hypothèse, propriétaire sans le savoir, il croyait faire un bail valable. L'objection, semble-t-il, s'adresse à toute théorie qui exigerait comme condition de la possession un *animus* supplémentaire distinct de la volonté d'exercer les faits par lesquels se réalise le *corpus* possessoire, qu'il s'agisse d'*animus domini*, ou d'un *animus possidendi* vague et indéterminé.

L'objection porterait à coup sûr contre une théorie qui verrait dans l'*animus possidendi* une véritable condition subjective, absolument séparée et distincte de l'état de fait possessoire, et qui dût exister sous forme indépendante : dans une théorie qui voit dans

(70) *Supra*, n° 107.
(71) *Supra*, n°s 98, 99.

la possession une consécration de la volonté individuelle, il est certain qu'il faut s'attacher à la volonté vraie et non à une volonté imaginaire contraire à la réalité. Mais telle n'est pas la conception que j'ai donnée de l'*animus possidendi*; s'il est pris en considération, ce n'est pas à titre de condition distincte et indépendante, ayant une valeur en soi, c'est en tant que fait susceptible de donner une qualification juridique à l'état de fait du détenteur : cette qualification juridique provient d'un état de droit qui domine l'état de fait du possesseur et le plus souvent cet état de droit se trouve correspondre à sa volonté, mais quelquefois il lui est contraire, témoin les cas déjà cités d'une volonté conventionnelle qui serait opposée aux effets normaux en matière possessoire du titre d'entrée en possession (72).

Ici, la question qui se pose est tout à fait similaire. On objecte que le possesseur actuel n'a pas voulu être possesseur; et je répondrai : sans doute, il ne l'a pas voulu, parce qu'il a ignoré sa véritable qualité juridique. Mais la possession n'a pas pour but de s'incliner devant toute manifestation de volonté ; la possession a pour but de consacrer et sanctionner un état de fait lequel doit être qualifié d'après la situation juridique de celui qui le réalise. Toute la question est donc de savoir si, pour qualifier cet état de fait du possesseur, il faut s'en tenir à la qualité juridique vraie plutôt qu'à la qualité apparente de celui qui possède.

A la question ainsi posée, on conçoit que l'on ait pu répondre en s'attachant à la qualité vraie du possesseur plutôt qu'à sa qualité apparente, mais fausse quoique voulue. Car en réalité c'est la qualité vraie du possesseur qui détermine sa situation économique et son pouvoir sur les choses du monde extérieur : l'exemple du fils de famille nous en fournit une démonstration aussi complète que possible, puisque, bien qu'il se croie incapable d'avoir un patrimoine, il se trouve au contraire qu'il acquiert pour lui et que

(72) Cf. *Supra*, nᵒˢ 89 à 93.

les choses avec lesquelles il est en contact c'est lui seul qui désormais, qu'il le sache ou non, doive en avoir la maîtrise et lui seul qui doive avoir le droit d'en disposer. Pour ne pas prendre cette qualité vraie en considération et s'en tenir à celle que le possesseur croit avoir et qu'en réalité il n'a pas, il faudrait présumer que ce détenteur, s'il eût connu sa véritable qualité juridique, eût refusé la qualité de possesseur qui s'y trouvait attachée, et abandonné, pour y arriver, puisque sa volonté seule s'y fût trouvée insuffisante, la détention qu'il a acquise. Une telle présomption était inadmissible.

126. — Je n'ai pas besoin non plus d'ajouter que cette théorie se concilie fort bien avec les textes qui supposent l'existence d'un *animus tenendi* chez celui qui détient pour autrui ; car, si la possession implique volonté de se poser en maître, cela suppose apparemment que celui qui, tout en ayant la chose en mains, refuse d'en être possesseur, reconnaisse cette maîtrise chez autrui. Il faut donc bien qu'il ait lui-même une volonté qui caractérise son rapport de détention, la volonté de ne pas vouloir posséder et de se contenter de l'exploitation de la chose sans en avoir la maîtrise proprement dite, c'est l'*animus tenendi* tel qu'on peut l'opposer à l'*animus possidendi*.

127. — Donc, je puis définir la possession : LA RÉALISATION CONSCIENTE ET VOULUE DE L'APPROPRIATION ÉCONOMIQUE DES CHOSES. Elle sera constituée par le fait seul que le détenteur apparaîtra au point de vue économique comme le maître de la chose, et il y aura lieu de prendre en considération le titre d'entrée en possession en tant seulement que ce titre serait en contradiction avec les apparences que révèle le fait de la détention, et en tant qu'il donnerait à la possession du détenteur un caractère de dépendance économique exclusif de toute idée de possession juridique.

De sorte que nous pouvons de la façon suivante établir une sorte de classification entre trois théories possessoires qui seraient celles-ci :

1º Celle d'Ihering qui fonde la possession sur le RAPPORT D'EX-
PLOITATION ÉCONOMIQUE (73) : ici tout détenteur est possesseur,
sauf exception expresse de la loi ;

(73) La théorie d'Ihering, dans son ensemble, est tout ce qu'il y a de plus
difficile à caractériser, à raison de l'antinomie que présentent ses deux thèses
prises à part ; la formule que je présente ici résulte de l'impression d'ensemble fournie par le dernier ouvrage d'Ihering (*Besitzwille*), lequel vient corriger
les déductions qu'on aurait pu légitimement tirer de sa thèse sur le *corpus*
possessoire. A s'en tenir à cette dernière thèse, la possession pour Ihering
paraissait constituée par un rapport de manifestation juridique, puisque c'était
la manifestation du droit de propriété : or l'exploitation économique, prise
dans son ensemble et au point de vue du titre qui la constitue, n'est pas toujours forcément la visibilité de la propriété. Mais nous savons aujourd'hui par
la thèse d'Ihering sur l'*animus* que la possession résulte de toute exploitation
de la chose consciente et voulue, alors même qu'il s'agirait d'une exploitation exclusive de toute manifestation extérieure du droit de propriété, témoin
nos cas de détention ordinaire qui pour Ihering devraient être des cas de possession. Voilà pourquoi la formule définitive de la théorie d'Ihering est bien
celle que je donne ici : la possession, pour lui, correspond au RAPPORT D'EX-
PLOITATION ÉCONOMIQUE.

Pour concilier ces deux points de vue d'Ihering à l'apparence si contradictoire, il faut par une analyse artificielle scinder l'élément de fait qui constitue le rapport possessoire et détacher l'état de fait actuel de sa cause initiale. Il faut s'en tenir à la situation de fait actuelle et fugitive, prise comme
dans un instantané, sans remonter au fait d'où elle dérive et faire de cette
situation fugitive, instantanée, le *corpus* possessoire. Ainsi conçu, le *corpus*
peut être caractérisé et constitué par tout contact avec les choses ou toute
manière d'être qui soit conforme aux habitudes d'un propriétaire ; ainsi détachée de sa cause la façon d'être du fermier, dépositaire, mandataire, etc., par
rapport à la chose, et prise dans la manière dont il se comporte avec elle,
sera exactement la même que celle du propriétaire. Voilà pourquoi le *corpus*,
si on l'incarne dans l'état de fait actuel dégagé de la cause, juridique ou non,
d'où il dérive, peut être modelé sur la propriété et convenir tout aussi bien
à nos détenteurs précaires qu'aux possesseurs proprement dits.

Appelons détention, si l'on veut, le fait de se comporter en propriétaire
par rapport à une chose, étant admis qu'il s'agit du fait envisagé dans ses
manifestations actuelles et visibles et détaché de la cause initiale à laquelle
entend le rattacher celui qui l'exerce ; et réservons le mot de possession au
rapport du détenteur avec la chose rattaché à sa cause initiale et caractérisé
par elle.

Or, pour Ihering, la simple détention, ainsi définie, vaut possession pourvu
qu'elle soit consciente et voulue. La volonté qui s'y rattache ne remonte pas
à la cause par laquelle le détenteur a voulu la situation qu'il exerce, elle se
borne à la volition successive des faits matériels par lesquels se réalise au
jour le jour le rapport de fait avec la chose.

Il en résulte que Ihering part du point de vue de la propriété pour aboutir
à une conception de la possession qui soit l'antipode du point de vue juridique, et en particulier de tout point de vue partant de l'idée de propriété : il
aboutit à identifier possession et détention ; c'est-à-dire à incarner la posses-

2° A l'extrême opposé, la théorie de Savigny, devenue la théorie dominante, qui fonde la possession sur le RAPPORT D'APPROPRIATION JURIDIQUE, et pour qui il n'y a de possesseurs que ceux qui prétendent à la propriété ;

Et enfin 3° on peut placer entre ces deux théories, et comme formant un degré intermédiaire, la théorie que je viens d'exposer et qui fonde la possession sur le RAPPORT D'APPROPRIATION ÉCONOMIQUE, et qui déclare possesseur quiconque au point de vue des faits apparaît comme ayant une jouissance indépendante, et comme étant celui, de tous ceux entre qui existe un rapport de fait avec la chose, qui doive être considéré à juste titre comme le maître de fait de la chose.

XII

128. — Il va de soi que de ces différences de solution résulte

sion dans l'exploitation économique sans référence à la cause d'où dérive cette exploitation, laquelle seule peut en expliquer le caractère et la portée.

Or, rien de plus artificiel que cette scission entre l'état de fait actuel et sa cause initiale ; puisque même au point de vue de la visibilité de la propriété, qui est le point de vue d'Ihering, ce n'est pas le fait abstrait d'exploitation matérielle, mais le fait coloré et caractérisé par sa cause et son point de départ, qui constitue pour tout le monde, et dans les relations sociales, la visibilité du rapport qui unit les hommes aux choses du monde extérieur : lorsqu'on voit un individu cultiver un domaine, on se demande tout de suite à quel titre il le cultive ; on sait parfaitement s'il est fermier, ou s'il se prétend maître absolu, ou s'il s'est installé sur la terre sans autre titre que sa possession ; et c'est cet ensemble de faits qui constitue dans l'opinion publique l'idée que l'on se fait de son rapport avec la chose, donc l'idée que l'on se fait de sa possession : sa possession dérive de cette complexité d'impressions ; diviser cet ensemble pour rattacher la possession à l'état de fait actuel dégagé de sa cause initiale, c'est aller contre les faits, contre les mœurs et contre la vérité des choses.

Je n'ai pas besoin de dire que c'est aller contre tous les textes du droit romain, puisque nous savons, c'est le point capital, et c'est pourquoi je l'ai mis si souvent en relief, que pour savoir s'il y a possession les textes ne s'attachent qu'au titre d'entrée en possession, ou à l'acte qui a fondé l'état possessoire actuel (cf. *supra*, note 66).

Cela expliquera en tout cas que, lorsque j'envisageais la théorie d'Ihering uniquement au point de vue du *Corpus*, tel qu'il le définit, j'ai pu qualifier sa conception de la possession de *rapport d'appropriation juridique* (SUPRA, n° 56² in fine), alors que, pour conclure, lorsque j'envisage sa théorie dans son ensemble, je la caractérise finalement par cette formule : *Rapport d'exploitation économique.*

entre la théorie d'Ihering et celle que je propose une divergence radicale en ce qui touche à la fois le fondement de la théorie possessoire et l'origine historique de la possession.

Toute la thèse d'Ihering est orientée vers une seule idée, le modelé de la possession sur le contenu de la propriété, afin de faire de la possession une garantie de la propriété. La possession n'aurait été élevée à la hauteur d'une institution juridique que pour servir de place de sûreté à la propriété.

Dans une théorie de ce genre toute possession n'est et ne peut être que l'exercice visible d'un droit, et comme le dédoublement d'un droit : c'est la partie matérielle, ou la face extérieure, qui s'en trouve détachée, qu'il s'agisse d'ailleurs d'un droit proprement dit ou d'une situation juridique quelconque : possession des droits ou possession d'état, les deux rapports se ramènent ainsi à l'unité.

Et voici alors commenton doit se figurer l'origine de la théorie possessoire.

Il arriva un moment où l'on s'aperçut que la propriété était d'une preuve à peu près impossible et que par suite il fallait s'en tenir, provisoirement du moins, aux présomptions matérielles ; or les plus sûres étaient encore celles qui résultaient de l'exercice de fait des facultés comprises dans la propriété. On comprit par suite l'importance de la possession pour le propriétaire, et le Préteur inventa pour le profit de celui-ci des armes qui lui permissent de défendre sa possession. Cette première intervention du Préteur se produisit vraisemblablement à propos du règlement de la possession intérimaire dans l'instance sur la propriété. La possession est créée en vue de la propriété ; elle se modèle sur la propriété ; et les actions qui doivent la défendre sortent de l'action même qui sert à défendre la propriété, la *reivindicatio* : rien de mieux construit et rien de plus net.

Il est vrai que cette conception aurait dû conduire également à ne protéger cet exercice de fait que chez ceux qui prétendraient à la propriété ; et ici, par conséquent, se place dans l'ensemble de la thèse d'Ihering, et au sujet de l'*animus*, une contradiction que j'ai longuement développée.

Quoi qu'il en soit, la possession n'est pas protégée pour elle-même, mais en vue de la propriété. C'est la propriété possible que l'on a voulu défendre dans la théorie possessoire, comme c'était la propriété commençante que l'on protégeait par la Publicienne.

129. — La théorie que je propose prend pour point de départ l'indépendance historique, devant conduire à l'indépendance doctrinale, de la possession par rapport à la propriété. La possession n'a pas été inventée pour servir de rempart à la propriété : elle a précédé la propriété (74) ; et une fois la propriété constituée, elle a servi à en élargir les bases, à la consolider sans doute là où elle existait et où elle paraissait légitime, mais parfois aussi à en atté- nuer la rigueur, sinon à la remplacer là où la théorie du *dominium* paraissait trop étroite ou trop rigoureuse.

C'est par la possession que l'appropriation individuelle a com- mencé ; cette possession individuelle a été d'abord protégée par les mœurs avant que le préteur lui eût fourni ses interdits (75), et lorsque, par la forte empreinte de l'Etat, le *dominium* eût été constitué, la possession garda sa place historique dans le domaine du droit : elle reste la forme sommaire de l'appropriation indivi- duelle, protégée par le Préteur, parce que de tradition elle avait toujours été respectée, et protégée en vue de garantir à l'individu, et jusqu'à preuve d'un droit supérieur, ses droits à l'appropria- tion individuelle au sens large du mot : donc, devant servir à la

---

(74) Cf. SCHUPPE, *Das Recht des Besitzes* (Breslau, 1891), p. 6 et suiv.

(75) Cette hypothèse acquerrait une véritable certitude documentaire si l'ancienne thèse de Niebuhr sur l'origine de l'interdit *Uti possidetis* se trou- vait définitivement démontrée ; après être tombée quelque peu en discrédit, elle paraît en voie aujourd'hui de reprendre faveur. M. Cuq en tout cas vient de lui consacrer, dans l'étude que j'ai déjà si souvent citée, une défense des plus savantes et de nature à ébranler fortement les convictions opposées.

garantie de la propriété là où cette appropriation individuelle se trouvait correspondre au *dominium*, et pour cette hypothèse la thèse d'Ihering se trouve en effet justifiée, mais ayant aussi pour objet de faire respecter, provisoirement tout au moins et jusqu'à preuve d'un droit supérieur, toute autre forme d'appropriation individuelle présumée légitime, alors même qu'elle n'eût aucun rapport avec le *dominium*; et c'est par là que le Préteur en arriva graduellement à étendre le domaine de la propriété en dehors des cadres étroits du *dominium*, propriété prétorienne et propriété provinciale, par une suite de protections possessoires, d'abord provisoires au début, devenant par la suite définitives et aboutissant ainsi à la création d'une action spéciale, servant à reconnaître et à garantir le droit définitivement formé. Enfin cette théorie possessoire, par sa souplesse et son élasticité, pouvait servir également à donner à l'appropriation individuelle des droits contre la propriété elle-même, lorsque, sans parler des cas où elle faisait prévaloir contre le propriétaire lui-même une attribution prétorienne, comme dans le *Bonorum possessio*, elle fournissait les interdits à certains détenteurs précaires même à l'encontre du propriétaire : ce sont les cas exceptionnels que l'on a appelés des cas de possession dérivée. C'étaient des hypothèses où il s'agissait de choisir sur le domaine du fait, et au point de vue d'une défense d'urgence, à qui il fallait donner la préférence, du propriétaire qui s'est dessaisi de la chose ou de celui qui l'a en mains ; et là où il y avait intérêt à armer le détenteur plutôt que le propriétaire, voire même contre le propriétaire, le droit romain n'a pas hésité à le faire, comme il n'aurait pas hésité davantage, en dehors des cas que nous connaissons, s'il s'en fût présenté d'autres où il y eût intérêt pratique à préférer le détenteur même précaire au *dominus*. Sans doute il ne s'agissait que de défense et de garantie provisoires ; mais c'était un provisoire qui pouvait souvent rester définitif. Ici donc, la possession, loin de servir la propriété, paraît faite pour fournir des garanties contre la propriété elle-même ; il lui arrive donc parfois de servir de réaction contre la propriété : nous sommes loin cette fois du point de vue d'Ihering.

La possession c'est donc le domaine de l'appropriation individuelle au sens le plus large du mot, en dehors des cadres étroits du *dominium ;* elle a été protégée pour la défense des intérêts économiques de tous ceux qui jouissent d'une appropriation jugée suffisante, sans qu'il y ait eu la moindre référence au *dominium,* quelquefois même en vue d'obtenir une plus large extension de la propriété ou encore pour en atténuer la rigueur ; c'est la revanche du fait contre le droit, ou, si l'on veut, le terrain d'éclosion de nouveaux droits individuels en voie de formation, à l'encontre du droit absolu, inflexible et inextensible, de la vieille propriété romaine.

130. — L'étude que je viens d'esquisser avait pour objet la théorie possessoire du droit romain ; mais le droit romain a tellement sur ce point dominé la formation des législations modernes que, prendre parti dans la question de possession en droit romain, c'est presque préparer par là même une interprétation du droit moderne en cette matière. Quoi qu'il en soit, il est facile de voir que tous les développements qui précèdent ont été orientés en vue de fournir une explication de la théorie possessoire en droit français non moins que dans le droit romain. Si, comme je l'ai indiqué (76), le droit français a fait de l'*animus domini* une simple qualité de la possession en vue de quelques-uns de ses effets, et nullement un de ses éléments d'existence, il sera facile d'adapter à notre droit civil toute la conception qui précède et de définir chez nous, comme je l'ai fait pour le droit romain, la possession, LA MANIFESTATION DE L'APPROPRIATION ÉCONOMIQUE DANS LE DOMAINE DES CHOSES EXTÉRIEURES ; et je suis persuadé que de

(76) Cf. *Supra,* n° 81.

16°

cette conception ainsi dégagée de toute référence à la propriété on peut, en rendant sa liberté à l'interprétation doctrinale, espérer de voir sortir enfin un nouveau courant d'évolution juridique, actuellement tari dans sa source par l'obstacle inflexible qu'oppose à toute innovation la thèse aujourd'hui surannée de l'*animus domini* (77).

R. SALEILLES.

(77) Disons en terminant que cette théorie de l'*animus domini* commence enfin, grâce à l'influence de Ibering, à être abandonnée (cf. JEAN APPLETON, Thèse, loc. cit., p. 93, et ASCOLI, dans *Bulletino dell' Istituto di Diritto romano*, 2ᵉ ann., fasc. 6).

BIBLIOGRAPHIE [1]

ACCARIAS. — Précis de droit Romain.

C. APPLETON. — Histoire de la propriété prétorienne et de l'action Publicienne.

[1] Je n'ai pas l'intention bien entendu de fournir ici une bibliographie complète de la Possession ; il y faudrait pour cela tout un volume, surtout si l'on voulait donner une bibliographie raisonnée du sujet, ce qui n'a encore été fait nulle part, si ce n'est dans les dernières éditions de Savigny, pour ce qui est des auteurs anciens. Ce sont cependant là les seules bibliographies qui aient une réelle utilité, et peut-être finira-t-on par comprendre qu'à moins d'opérer des classements raisonnés, toute liste d'auteurs, si complète soit-elle, ne sera guère qu'un assez vain étalage d'érudition, si toutefois c'est encore là de l'érudition.

Si j'ai cru devoir céder à l'usage courant, ce n'est pas seulement qu'il peut être utile au cours du texte de s'en tenir aux noms des auteurs purement et simplement pour s'en référer, pour l'indication plus complète de l'ouvrage que l'on a en vue, à la liste des auteurs cités ; c'est surtout parce que la connaissance de la littérature étrangère, en ce qui touche la possession, me paraît avoir été beaucoup trop négligée chez nous et qu'en dehors de quelques noms que personne ne peut ignorer, tels que ceux de Savigny, Bruns, Randa, Ihering, on soupçonne à peine l'incomparable richesse de la littérature juridique relative à la possession, telle que nous la présente la science du droit commun allemand, et encore moins les ressources de toutes sortes qu'elle peut offrir par les horizons qui s'en dégagent sur tous les points de la science du droit. J'ai pensé que, tout en me bornant à énumérer les auteurs auxquels j'ai cru devoir renvoyer, je fournirais à ceux qui seraient tentés de reprendre à nouveau le problème quelques premiers jalons qui serviraient à les diriger dans ce domaine si touffu de la littérature possessoire. En se reportant aux auteurs que j'indique on aura par eux les éléments d'une bibliographie à peu près complète du sujet, surtout avec Savigny, pour ce qui est des anciens, Ihering et Windscheid (*Pandekten*, 7me édit.), pour ce qui est des modernes. On s'expliquera ainsi, par le peu de prétention de cette liste bibliographique, que des auteurs importants, considérables même comme Puchta, ne s'y trouvent pas mentionnés, et en général la plupart des auteurs de Pandectes ou de Manuels de droit romain, français ou étrangers, ni même certaines études ou ouvrages spéciaux comme ceux de Scheurl par exemple (*Zur Lehre vom rœmischen Besitzrecht*) ou de Olivart (*La posesion, su nocion en el derecho, etimologia, valor juridico, base de su defensa*, Madrid, 1884), ni surtout ce qui a trait aux interdits. Telles sont les observations qui m'ont paru indispensables pour expliquer à la fois ce qu'il y a trop et ce qu'il y a de trop peu dans la liste que je présente ici.

J. APPLETON. — (Thèse) Essai sur le fondement de la protection possessoire (Paris, Larose, 1893).

A. ASCOLI. — Dans *Bulletino dell'Istituto di Diritto Romano*, 2me ann., fasc. 6, ann. 1889.

BARON. — Abhanlungen aus dem preussischen Recht (Berlin, 1860.

— Zur Lehre vom Erwerb und Verlust des Besitzes dans *Iahrbücher für die Dogmatik des heutigen rœmischen und deutschen Privatrechts* (Revue d'Ihering, t. VII, 3, 1864).

— Zur Lehre vom Besitzwillen (dans *Jahrb. f. Dogm.*, t. XXIX (1890), p. 192 suiv.).

— Noch einmal der Besitzwille (dans *Iahrb. f. Dogm.*, t. XXX, 2-3 (1890), p. 197 suiv.).

BEAUDOUIN. — La limitation des fonds de terre dans ses rapports avec le droit de propriété (dans *Nouvelle Revue historique de droit français et étranger*, ann. 1893 et ann. 1894).

BEKKER. — Ueber Besitz und Besitz Klage (dans *Kritische Vierteljahresschrift*, t. XVIII).

— Das Recht des Besitzes bei den Rœmern (Leipzig, 1880).

— Zur Reform des Besitzrechts (dans *Jahrb. f. Dogm.*, t. XXX, 4-6 (1891), p. 235 suiv.).

VAN BEMMELEN. — Les notions fondamentales du droit civil (Amsterdam, 1892).

BIERMANN. — Traditio ficta.

BOECKING. — Pandekten.

HENRI BOND. — Possession in the Roman Law (dans *Law quaterly Review*, juillet 1890).

BRINZ. — Pandekten.

BRUNS. — Das Recht des Besitzes im Mittelalter und in der Gegenwart (1848).

— Der æltere Besitz und das possessorium ordinarium (dans *Jahrbuch des gemeinen deutschen Rechts*, t. IV, 1860, et reproduit dans *Kleinere Schriften* (1882), t. Ier, p. 136 suiv.).

BRUNS. — Besitz Klagen (1874).

— Das Heutige Rœmische Recht (dans *Holtzendorff's Ency-klopædie der Rechtswissenschaft*, t. I, p. 434).

BRUNNER. — Zur Rechtsgeschichte der rœmischen und germani-chen Urkunden.

BURCKARD. — Die civilistischen prœsumptionen (1886).

CAPONE. — Saggio di ricerche sulle vicende della proprietà e sulla origine storica del possesso in Roma (dans *Archivio Giuridico*, 1893).

ED. CUQ. — Les institutions juridiques des Romains.

— Recherches sur la possession à Rome sous la République et aux premiers siècles de l'Empire (dans *Nouv. rev. hist. de droit*, 1894, p. 5 suiv.

DERNBURG. — Entwicklung und Begriff des juristischen Besitzes des rœmischen Rechts.

— Pandekten.

DUBOIS. — De l'occupation et de la concession par l'Etat ou par la Gens. Leur rôle dans l'histoire de la propriété à Rome (Thèse, Lille, 1893).

DUNCKER. — Besitzklagen und Besitz.

ECK. — Windscheid und Jhering.

— Compte-rendu des ouvrages de Pininski et Strohal, cités plus bas (dans *Zeitschrift fur das Gesammte Handelsrecht*, t. XXXII, p. 594 et 597.

ESMEIN. — Théories de la possession en Allemagne (dans *Nouv. rev. hist. de droit*, 1877).

EXNER. — Rechtserwerb durch tradition.

GOLDSCHMIDT. — Der Kauf auf probe oder auf Besicht §§ 4 et suiv. dans *Zeitschrift für das gesammte Handelsrecht*, t. I, 1858).

— Compte-rendu du livre de Kindel (*die Grundlagen des rœmi-chen Besitzrechts* dans *Zeitsch. f. d. g. H. R.*, t. XXX, p. 283.

— Studien zum Besitzrecht (aus *Festgabe fur Gneist*, Berlin, 1888).

HARBURGER. — Das constitutum possessorium.

HELLMANN. — Compte-rendu du livre d'Übbelohde (*Die interdicte des rœmischen Rechtes*, série de Gluck), dans *Kritisch. Viertel Jahresschrift*, 1893.

HIRSCH. — Die prinzipien des Sachbesitzerwerbes und Verlustes.

HOELDER. — Pandekten.

— Zur Besitzlehre (Compte-rendu d'Ihering et de divers autres), dans *Krit. Viert. Jahr. sript.*, t. XV (1892).

IHERING. — Mitwirkung für fremde Rechtsgeschæfte (§ III, Erwerb von Besitz und Eigenthum), dans *Gesammelte Aufsœtze aus den Jahrbuchern für die dogmatik des heutigen rœmischen und deutschen privatrecht*, t. Ier (1881).

— Geist des Rœmischen Rechts (*L'esprit du droit Romain*, traduction de M. de Meulenaere).

— Scherz und Ernst in der Jurisprudenz.

— Ueber den Grund des Besitzesschutzes (*Fondement des interdits possessoires*, traduction de M. de Meulenaere).

— Die Besitzwille (*Du rôle de la volonté dans la possession*, traduction de M. de Meulenaere).

— Der Besitz (article publié dans l'*Handwœrterbuch der Staatswissenschaften*, t. II et reproduit dans les *Jahrbüch. f. Dogmat.* t. XXXII, 1-2, 1893, traduit sous le titre de *Possession. Théorie simplifiée et mise à la portée de tout le monde*, par M. de Meulenaere dans ses *Œuvres choisies d'Ihering* (1893), t. II, p. 215 suiv).

KARLOWA. — Rœmische Rechtsgeschichte (t. II).

KINDEL. — Grundlagen des rœmischen Besitzrechts.

KLEIN. — Sachbesitz und Ersitzung.

KNIEP. — Vacua possessio.

KOHLER. — Das Signiren als Besitzergreifungsakt (dans *Zeitschrift für das privat und œffentliche Recht der Gegenwart*, revue de Grunhut, t. XII).

KUNTZE. — Excurse über Rœmisches Recht.

Kuntze. — Zur Besitzlehre, für und wider Rudolf von Ihering (Leipzig, 1890).

— Ihering, Windscheid, Brinz.

Landsberg. — Die Glosse des Accursius.

Leist. — Compte-rendu de l'ouvrage de Hirsch dans *Krit. Viertel Jahrsch.*, 1894, p. 182 suiv.

Lenz. — Das Recht des Besitzes.

Leonhard. — Dans *Krit. Viert. Jahrsch.*, t. XXIII.

John Lichtwood. — Possession in Roman Law (dans *Law quaterly Review*, janvier 1887).

Meischeider. — Besitz und Besitzschutz (Berlin, 1877).

Merkel. — Ihering (dans *Jahrb. f. Dogm.*, t. XXXII, 1893).

Pernice. — Labeo.

— Dans *Zeitsch. f. d. Ges. Handels Recht*, t. XXII.

Pfersche. — Die Interdicte des rœmischen Civilprocesses.

Pininski. — Der Thatbestand des Sachbesitzerwerbs nach gemeinem Recht (2 vol. Leipzig, 1885-1888).

Randa. — Der Besitz (3me éd., Berlin, 1879).

Riccobono. — La Teoria del possesso nel diritto Romano (dans *Archivio Guiridico*, t. L).

Ruffini. — L'actio Spolii.

Rudorff. — Notes sur Savigny (*Der Besitz*).

Rumelin. — Selbstcontrahieren.

Saleilles. — La controversia possessionis et la vis ex conventu à propos de l'interdit Uti possidetis (dans *Nouv. rev. hist. du droit*, t. XVI, 1892, p. 245 suiv.

Savigny. — Das Recht des Besitzes, 7me édit. (*Possession*, traduction Stœdtler).

Schulin. — Lehrbuch der Geschichte des Rœmischen Rechts.

Schuppe. — Das Recht des Besitzes (Breslau, 1891).

Seitz. — Besitzrecht.

Stampe. — Die Lehre von der abtretung der Vindication (dans *Archiv. für die civilistische Praxis*, 1893).

STINTZING. — Der Besitz, eine rechtswissenschaftliche Abhand-
lung (München, 1889).

STROHAL. — Succession in der Besitz nach rœmischem und heu-
tigem Recht, 1885.

VILLEQUEZ. — Du droit du chasseur sur le gibier.

VOIGT. — Ueber die Staatsrechtliche Possessio und den Ager
compascuus der rœmischer Republik (extrait des *Abhandlungen der philologisch historischen Classe der Kœnigl. Sæchsis-
chen Gesellschaft der Wissenschaften*, t. X).

WINDSCHEID. — Pandekten, 7ᵐᵉ édit.

ZOLL. — Dans *Zeitsch. f. das priv. und œffent. R. der Gegenw.*,
t. XVII.

TABLE

DIJON. — IMPRIMERIE DARANTIERE, RUE-CHABOT-CHARNY, 65.

www.ingramcontent.com/pod-product-compliance
Lightning Source LLC
Chambersburg PA
CBHW072304210326
41519CB00057B/2610